PLATON

DAS GASTMAHL

Übersetzt und erläutert von
OTTO APELT

neubearbeitet von
ANNEMARIE CAPELLE

Griechisch - deutsch

FELIX MEINER VERLAG
HAMBURG

PHILOSOPHISCHE BIBLIOTHEK BAND 81

1926 Erste Auflage (nur deutsch)
1960 Zweite Auflage mit gegenübergestelltem griechischen Text, neubearbeitet von *Annemarie Capelle*. Mit ausführlicher Literaturübersicht, zusammengestellt von *Paul Wilpert*
1973 Nachdruck mit Ergänzungen zur Literaturübersicht von *Karl Bormann*
1981 Dritte, verbesserte Auflage, mit ergänzter Literaturübersicht von *Karl Bormann*

CIP-Kurztitelaufnahme der Deutschen Bibliothek

Plato:
Das Gastmahl : griech.-dt. / Platon. Übers. und erl. von Otto Apelt. Neubearb. von Annemarie Capelle. — 3., verb. Aufl. / mit erg. Literaturübersicht von Karl Bormann — Hamburg : Meiner, 1981.
 (Philosophische Bibliothek ; Bd. 81)
 Einheitssacht.: Convivium
 ISBN 3-7873-0541-6
NE: GT; Apelt, Otto [Übers.]; Capelle, Annemarie [Bearb.]

© Felix Meiner Verlag GmbH, Hamburg 1981
Alle Rechte, auch die des auszugsweisen Nachdrucks und der photomechanischen Wiedergabe, vorbehalten
Schrift: Palatino=Antiqua
Herstellung: R. Himmelheber & Co., Hamburg
Printed in Germany

INHALT

Vorbemerkung des Verlags IV

Einleitung des Herausgebers V

Literaturübersicht XXII

Inhalt und Gliederung des Dialogs XXXII

ΣΥΜΠΟΣΙΟΝ 2

Das Gastmahl 3

Anmerkungen 146

Register 153

Vorbemerkung

In jahrelangem steten Bemühen hatte Otto Apelt einem Platonischen Dialog nach dem anderen eine neue deutsche Form gegeben, die ausgezeichnet war durch gründliche philologische Fundierung, philosophische Einsicht und feines Sprachgefühl. Daß es ihm gelungen war, während des ersten Weltkrieges eine vollständige deutsche Platon=Ausgabe zu schaffen, war ihm selbst eine Überraschung. Unter Beigabe eines Gesamtindex wurden 1922 die 22 Teilbändchen zu einer Gesamtausgabe in 7 Bänden zusammengefaßt.

Nur einen einzigen fremden Bestandteil enthielt diese Aus= gabe: eine Übersetzung des „Symposion" von dem dem Stefan= George=Kreis nahestehenden Kurt Hildebrandt. Der Verlag hatte sie veröffentlicht, kurz bevor er zu Apelt in engere Bezie= hung trat. Nachträglich entschloß sich Apelt jedoch, auch das „Gastmahl" nach den gleichen Grundsätzen noch herauszu= geben. Seine im Jahre 1928 erschienene Übersetzung ist daher vielen Besitzern der anderen Apeltschen Übersetzungen unbe= kannt geblieben; ihre Neuausgabe jetzt wird vielen Freunden Platons und Apelts eine Freude sein.

Eine bedeutende Bereicherung dieser Ausgabe bildet die Bei= gabe des griechischen Textes. Der Verlag dankt der Clarendon Press, Oxford, für die Erlaubnis, den Text der berühmten Burnet'schen Ausgabe, die seinerzeit auch Apelt seiner Über= setzung zugrunde gelegt hatte, zu verwenden. Auf die Er= gebnisse neuerer Forschungen wird in Anmerkungen hinge= wiesen.

Daß unser Dialog nicht nur durch seine künstlerische Kon= zeption und das in ihm behandelte allgemein=menschliche Pro= blem einen besonders weiten Kreis bewegt, sondern auch der wissenschaftlichen Einzelforschung immer neue Aufgaben stellt, zeigt die umfassende Bibliographie der seit dem Jahre 1926 er= schienenen, sonst schwer übersehbaren Veröffentlichungen, die Professor Paul Wilpert zu verdanken ist. Als Grundlage für weitere wissenschaftliche Arbeit wird sie willkommen sein.

Hamburg, im Mai 1960   Der Verlag

EINLEITUNG DES HERAUSGEBERS

Unter denjenigen Werken, die Platon auf der Höhe seines philosophischen und dichterischen Schaffens gestaltete, tritt die menschliche Gestalt des Sokrates besonders in zwei Dialogen in Erscheinung. Es sind *Symposion* und *Phaidon*, die damit in eine enge Verbindung zu zwei Werken aus Platons frühester schriftstellerischer Periode treten, nämlich zur *Apologie* und zum *Kriton*. Aber während über diesen beiden Jugenddialogen die Schatten des nahen Todes des Sokrates und mehr noch der an ihm verübten Ungerechtigkeit liegen und während im viel späteren Werk der künstlerischen Reife, dem Phaidon, die letzten Stunden des Sokrates im Gefängnis dargestellt werden, haben wir im Symposion ein Bild voller Lebensfreude vor uns. Ja, in keinem Werk Platons kommt wohl so sehr die attische Charis zur Geltung wie in diesem, und die heitere Stimmung, die über dem nächtlichen Gelage liegt, ist nur der des „glücklichen Sommertages" im *Phaidros* vergleichbar.

Dieses Werk Platons ist der Bericht des Aristodemos, eines Mannes aus dem sokratischen Kreise, der selber an dem berühmten „Gastmahl" teilgenommen hatte. In seiner äußeren Anlage ist es, als Ganzes gesehen, in dreiteiliger Komposition aufgebaut, so daß von vornherein die Vermutung naheliegt, dem Mittelteil komme besondere Bedeutung zu.

Den äußeren Anlaß zu diesem nächtlichen Fest gab der erste Tragödiensieg des jugendlich schönen Dichters *Agathon* im Januar 416 v. Chr. Während er noch am selben Tage eine laute Feier für einen größeren Kreis veranstaltet hatte, waren nun am darauffolgenden Abend die engeren Freunde in sein Haus geladen, alles Männer, die zu den bekanntesten Persönlichkeiten des damaligen Athens zählten. Neben Agathon, dem Tragödiendichter, finden wir *Aristophanes*, den Komödiendichter, und neben *Sokrates*

den Arzt *Eryximachos. Phaidros* (uns aus dem sokratisch=platonischen Kreise auch sonst bekannt, vor allem durch Platons Epigramm auf ihn und seinen späteren Dialog „Phaidros") und *Pausanias* kennen wir besonders aus dem Sophisten=Gefolge des Protagoras; Pausanias war schon dort als erklärter Liebhaber des Agathon genannt worden. Es sind also weder Philosophen noch namhafte Sophisten, mit denen Sokrates hier zusammentrifft.

Ob dieses Gastmahl im Jahre 416 v. Chr. wirklich ein= mal die genannten Männer vereinigt hat oder ob es sich auch hier bei Platon um eine *innere* Zusammenschau bedeu= tender Persönlichkeiten dieser Zeit handelt wie im „Pro= tagoras", sei dahingestellt. Auch die Frage, ob irgendein literarisches Vorbild gegeben war, ist hier von sekundärer Bedeutung, denn allein auf die innere Wahrscheinlichkeit des Dargestellten kommt es an. Mit Recht scheint hervor= gehoben zu sein, daß *Alkibiades* so, wie er im Symposion auftritt, nur *vor* der sizilischen Katastrophe erscheinen konnte. Platon braucht hier einen Alkibiades, der noch ganz auf der Höhe seines Ansehens und — seiner Hybris steht. Dagegen die Wiedergabe des von Aristodemos Berichteten durch *Apollodoros* an seine Freunde dürfen wir in die letz= ten Jahre vor dem Tode des Sokrates (399) setzen. Als ein Moment von besonderer Bedeutung für die Geschichtlich= keit des Berichteten hat Platon es hervorgehoben, daß Apollodoros über manche Punkte seines Berichtes sich bei Sokrates nachträglich vergewissert hat.

Über die *Liebe* oder den Liebesgott, *Eros,* wollen die Teil= nehmer des Festes auf Vorschlag des Phaidros reden und ihn verherrlichen.[1] Es sollen also nicht, wie sonst bei Sym= posien, Gesang oder Verse dem zweiten Teil des Festes die höhere Weihe geben, sondern alle Teilnehmer sollen zu demselben Thema ihren Beitrag liefern, ohne daß daran gedacht wäre, dem besten Redner den Preis zu erteilen, und lediglich eine rein äußere Reihenfolge soll dabei ein= gehalten werden.

---

[1] Wozu schon Euripides den Weg gewiesen hatte.

Einleitung

Dem Preise des Gottes Eros sollen die Reden gelten, also der Liebe. Eros ist im Griechischen das Liebes=Verlangen; wie jede andere seelische Kraft, die überwältigend in Erscheinung treten kann, dem Griechen der älteren Zeit nicht anders vorstellbar als in der Gestalt eines Gottes. Doch geht es hier nicht um die Liebe zwischen den beiden Geschlechtern, sondern um den männlichen Eros, die Knabenliebe, jene Erscheinung, die teils in den historischen Gegebenheiten der dorischen Wanderung,[2]) teils in dem ungewöhnlich stark ausgeprägten Schönheitsgefühl[3]) der Griechen ihren Ursprung hatte. Nicht bei allen griechischen Stämmen (z. B. den Ioniern) war sie vertreten. Platons eigene, ursprünglich nicht rein negative, Einstellung zur Knabenliebe erkennen wir am besten aus seinen Jugenddialogen. Mit Recht ist aber hervorgehoben worden,[4]) daß er sich schon früh mit vollem Bewußtsein in einem Zustand ironischer Distanzierung befindet. Und in seinem Alterswerk, den „Gesetzen", kennt er nur noch die radikale Verdammung.[5]) Platons Verhältnis zu diesen Dingen beurteilen wir am besten nach dem seelischen Erlebnis, das Jahrzehnte seines Lebens entscheidend beeinflußt, ja beherrscht hat, seiner Freundschaft zum Prinzen *Dion*. Was ihm dieser bedeutet hat, liegt in den wenigen Zeilen seines einzigartigen Epigramms (Nr. 6 Diehl) auf den ermordeten Freund († 354/53) beschlossen.

---

[2] Vgl. U. v. Wilamowitz, „Staat und Gesellschaft der Griechen" (in „Kultur der Gegenwart", Teil II, Abt. IV 1, Berlin und Leipzig 1910) S. 91 f.

[3] Vgl. U. v. Wilamowitz, Platon I^1 368, 1.

[4] S. Johannes Geffcken, Griech. Literaturgeschichte, II, Anm. S. 85, A. 26: „Platons Spott über Hippothales im Lysis zeigt ja schon die Überwindung des Gefühls".

[5] Gesetze, Buch I 8 und VIII 5 f. Platons innere Entwicklung in dieser Frage erkennen wir am besten aus v. Wilamowitz, Platon I^1 386: „Indem er das Ewige als das Schöne erkannte, erfüllte sich seines Herzens Sehnsucht, und alle labyrinthischen sinnlichen Gefühle erfuhren eine Heiligung zugleich und eine Rechtfertigung; sie brauchten nicht als böse Fleischeslust durch Askese ausgetrieben zu werden, sondern wurden dem Dienste des Göttlichen in Selbsterziehung und Seelenführung eingeordnet".

Es entsprach sophistischer Gepflogenheit, eine einzelne Person oder einen Gegenstand von den verschiedensten Seiten zu charakterisieren, um ihn zu preisen. Hier wird die Aufgabe um so reizvoller, als sechs Redner unterschiedlichster Art sich damit befassen. Es gilt dabei aber das antike Prinzip der Reden im Auge zu behalten, daß der Schriftsteller eine Rede nie im getreuen Wortlaut wiedergibt, denn er sagt nicht das, was der Redner gesagt hat, sondern gesagt haben *könnte*, und hat damit den breitesten Spielraum für eigene Stilisierung und eigene Gedanken.

Phaidros, der Sophistik nahe stehend wie Pausanias, eröffnet mit einem glanzvollen Prooemium den Agon. Er fragt nach dem Ursprung des Eros, seiner ἀρχή, er bringt mythische und historische Beispiele für die Macht seines Wirkens. Er wartet mit den paradoxen Behauptungen auf, daß Eros keine Eltern habe und daß man Staat und Heer[6]) aus Liebhabern und Geliebten aufbauen solle. Er übt auch die bei den Sophisten beliebte Dichterkritik, hier an Aischylos, verschmäht es aber selber nicht, den Orpheusmythos zu entstellen. Mittelpunkt seiner Rede aber ist die Tugend, die ἀρετή, denn der ἔρως ist es, der den Liebenden zu ungewöhnlichen Taten begeistert. Wahre ἀρετή hat nach ihm nur der Liebende. Bemerkenswert ist, daß er den Besitz der Glückseligkeit, der εὐδαιμονία, von der Tugend abhängig macht. Der Begriff der Glückseligkeit wird uns noch weiterhin als bedeutsam für das Symposion begegnen.

Ihm folgt *Pausanias*, dessen Rede ein ganz neues Moment hereinbringt durch die Scheidung eines himmlischen und eines irdischen Eros, mit der schon Euripides vorangegangen war. Er untersucht kritisch den νόμος des Eros, das ganz verschiedene Verhalten der griechischen Stämme zu ihm. Scheint er doch einen geradezu klassischen Beweis für die

---

[6] So absurd uns eine solche Einrichtung erscheint, so zeigte sie doch eine ethische Bewährung in der sog. heiligen Schar der Böotier, in der dieser Gedanke verwirklicht war. Denn diese hat sich in den Schlachten bei Leuktra (371 v. Chr.) und Chaironeia (338 v. Chr.) bis zum letzten Mann geopfert. — Auf der dorischen Insel Kreta war die Knabenliebe durch uralte Sitten und Gebräuche im öffentlichen Leben verankert.

sophistische These zu geben, daß im νόμος, im Herkommen, nur etwas Relatives zu sehen sei. Er charakterisiert ihn als ποικίλος, schillernd, und spricht damit zugleich das Charakteristikum seiner eigenen Rede aus. Denn obwohl er den himmlischen Eros nachdrücklich vom gemeinen trennt, ist dieser doch alles andere als unsinnlicher Natur bei ihm. Pausanias preist eben jenen Eros, der wie in Sparta so in der adligen Welt Athens durchaus nicht völlig verpönt war.[7]) Es ist der Eros, bei dem neben dem sinnlichen Moment geistige Beziehungen eine bedeutende Rolle spielen konnten. Pausanias stellt den männlichen Eros als gemeinsames Streben nach höheren Zielen, nach der ἀρετή, dar, wobei jedoch bei ihm ähnlich wie bei Phaidros der Begriff dieser ἀρετή ganz allgemein bleibt. Man muß sich bei dieser Rede des Pausanias auch ständig gegenwärtig halten, daß er sie im Angesicht Agathons hält. Geschickter konnte dieser Eros, der trotz seiner Bezeichnung „himmlisch" seinen irdischen Ursprung nicht verleugnen kann, nicht gepriesen werden, denn es erweckt durchaus den Anschein, als diene er tatsächlich höheren Zielen.

Der Arzt *Eryximachos* erkennt das Walten des Eros nicht nur im Menschen, sondern auch in der großen Natur, im All. Er ist der erste unter den Rednern, der unter Eros nicht vorwiegend die Knabenliebe versteht. Vor allem möchte er seiner eigenen Wissenschaft, der Medizin, eine besondere Kenntnis des Eros zuschreiben. Im Mikrokosmos und im Makrokosmos ist das Streben eines doppelten Eros zu erkennen. Nur den guten gilt es zu fördern, der auf allen Gebieten die entgegengesetzten Strebungen zur Harmonie führt. Er ist für ihn das Prinzip der Ordnung und des Guten, das aber nicht immer die Oberhand behält. Eryximachos tritt mit seiner Rede auf die Seite der Naturphilosophen und knüpft an manche ihrer Lehren an, so an Empedokles' Lehre von Liebe und Streit und an den Arzt

---

[7] M. Pohlenz, Aus Platos Werdezeit, S. 375: „Er ist der Typus der vornehmen Herren Athens, die in der Knabenliebe etwas Selbstverständliches sehen und die gegenüber modern auftauchenden ethischen Skrupeln die Rechtfertigung ihrer Passion aus den gesellschaftlichen Anschauungen entnehmen".

Alkmaion von Kroton. Auch diese Rede eröffnet neue Aussichten: vom Menschen hinweg lenkt sie den Blick auf das All, als dessen erhaltendes Prinzip Eros nun erscheint.

Aristophanes, der ihm folgt, verläßt ganz den sophistisch= lehrhaften Ton und begibt sich ins Märchen, den Mythos. Platon konnte hier, in Anlehnung an aristophanische Komödien, seiner Phantasie freies Spiel lassen und schuf eine Groteske, die in ihrer drastischen Lebendigkeit ihre Wirkung auf keinen Leser verfehlen kann. Man hat gemeint, Bestandteile aus den Mythen anderer Völker in diesem Mythos wiederzuerkennen, aber er ist so griechisch wie nur möglich. Doch dahinter steht etwas Tiefernstes: Aristophanes kennzeichnet als erster den Eros als seelisches Verlangen, nämlich als das Verlangen nach der anderen Seele, mit der man eins werden will. Die Worte des Hephaistos an die zweigeteilten Menschen: „Was wollt Ihr denn eigentlich voneinander?" bringen es eindeutig zum Ausdruck, daß es nicht die leibliche Vereinigung,[8] sondern ein in der ursprünglichen Natur des Menschen begründetes Verlangen nach seelischer Vereinigung, nach *Ganzheit*, ist, denn der Mensch strebt danach, durch die Vereinigung mit einem anderen wieder ein Ganzes zu werden. Nicht dem Arzt, auch nicht den beiden sophistisch gebildeten Männern, die vor ihm gesprochen hatten, sondern dem Komödiendichter behielt Platon es vor, Eros als seelenzusammenführende Macht zu preisen.

Agathon hingegen stellt in den Mittelpunkt seiner Betrachtung die *Schönheit*, κάλλος, des Liebesgottes, und so tritt das ästhetische Moment in seiner Erosdarstellung besonders hervor. Nur bei ihm und Sokrates gewinnt Eros zeitweise persönliche Gestalt. Agathon schildert die sinnlichen Reize des Gottes, so wie ihn die bildende Kunst darstellen mochte. Als feinfühliger Ästhet zeichnet er mit allen Mitteln des gorgianischen Stils Eros als schönen Jüngling. Doch wer so schön ist, muß auch gut sein, und so schreibt er

---

[8] „Eros ist nicht nur allgemeiner natürlicher Trieb, der überall wirkt, sondern er ist etwas Persönliches und nur aus der Natur der menschlichen Begrenztheit verstehbar" (Ernst Hoffmann, Über Platons Symposion, S. 13).

ihm mit leichter Hand alle vier (platonischen) Tugenden zu, damit an Phaidros und Pausanias anknüpfend, die den Gott gerade als Führer zur ἀρετή charakterisiert hatten. Jedoch das Hauptgewicht seiner Darstellung liegt auf der Schön= heit des Gottes.

Am Ende von Agathons Rede stehen wir am Schnitt= punkt der Gesamtkomposition. Wie wird sich *Sokrates* zu den Reden seiner Vorgänger stellen? Wird er sie verwerfen oder ergänzen?

Es geschieht wieder Unerwartetes, wie so oft in diesem Werk. Denn mit einem einzigen Begriff schafft Sokrates, sowie er zu reden anhebt, eine völlig neue Situation: mit der ἀλήθεια, der *Wahrheit*. Sokrates wird im Gegensatz zu seinen Vorgängern die Wahrheit sagen über den Eros. Aber was ist dies für ein Eros?

Sokrates, der Redenfeindliche, muß sich hier — wie im Menexenos — dazu bequemen, eine Rede zu halten. Aber ehe er das tut, schafft er sich die logischen Grundlagen da= für in einem Vorgespräch mit Agathon. Da erweist es sich, daß dieser ohne jede Kenntnis seines eigentlichen Wesens vom Eros gesprochen hatte. Damit wird also seine Rede, die einen so großartigen Eindruck hinterlassen hatte, hin= fällig. Auf Grund der nunmehr neu erkannten Wesenszüge zeichnet Sokrates seinerseits ein mythisches Bild des Eros, der

„arm, zerrüttet, unbeschuht"

ist, und

„dies edle Haupt hat nicht mehr, wo es ruht" . . .

wie es in nahem Anklang bei Eduard Mörike[9]) heißt. Aber der Mythos ist in diesem Falle für Platon nur eine lockere Verhüllung rationaler Erwägungen.

Nachdem Sokrates in dieser Weise die Erosgestalt charak= terisiert hat, wendet er sich seinem Wirken zu und beruft sich für seine Darstellung auf sein Gespräch mit einer hohen Frau, der *Diotima*[10]) aus Mantineia in Arkadien. Er

---

[9] Peregrina=Gedichte V.

[10] „Was hat Diotima dem Liebenden zu sagen? Sie ist imstande, ihn derart in die Mysterien der Philosophie einzuweihen, daß er sich selber in seinem Eros zu begreifen erst nunmehr beginnt" (Ernst Hoffmann, a. a. O. S. 19).

nimmt das Bild von der animalischen Zeugung bei Mensch und Tier, um es auf den geistigen Eros zu übertragen. Man muß sich in diesem Abschnitt stets gegenwärtig halten, daß es sich hier um die weitere Ausmalung eines Bildes, einer Analogie, handelt, wo nicht jeder einzelne Zug mit logischen Mitteln untersucht werden darf, andernfalls kommt es leicht zu Mißverständnissen.[11])

Drei Begriffe sind es vor allem, auf denen sich diese Analogie aufbaut: Zeugung, Unsterblichkeit, Glückseligkeit, τίκτειν, ἀθανασία, εὐδαιμονία. Sie werden von Sokrates auf seinen neu gestalteten Eros übertragen, und zeugen heißt nunmehr in der eigenen Seele und der des anderen *Tugend* erzeugen. Die wahre Tugend zu erzeugen gelingt aber nur demjenigen, der selber die Idee des Schönen erschaut hat. Und es heißt auch, gemeinsam mit ihm Gespräche erwecken, die zur Welt des Immateriellen hinaufführen, d. h. in Platons Sinne zu den Ideen, hier insbesondere zur Idee des Schönen, dem Schönen an sich oder dem Urschönen, wie man es auch genannt hat. Unsterblichkeit aber gewinnt der Mensch nur im Anschauen der Idee des Schönen, und damit Glückseligkeit.

Es ist kein leichter Aufstieg von den irdischen Erscheinungsformen des Schönen zur Idee des Schönen, der verglichen wird mit dem stufenweisen Vorwärtsschreiten derer, die die Weihen der eleusinischen Mysterien erlangen. Es ist der Weg des Philosophen durch die Dialektik, den Sokrates damit darstellt.

Hat Sokrates damit die fünf Reden seiner Vorgänger hinfällig gemacht und entwertet? Der Gedanke, daß diese Reden eine sorgfältig hergestellte Stufenfolge darstellen, eine allmähliche Aufwärtsentwicklung zur Rede des Sokrates, ist abzulehnen, denn ein so schematisches Vorgehen widerspricht dem Wesen dieses Kunstwerks. Aber wir dürfen feststellen, daß in den vorhergehenden Reden Elemente enthalten sind, die in Sokrates' Rede nach *völliger Wandlung* wiederkehren.

Phaidros und Pausanias hatten ihre Reden vorwiegend

---

[11] So z. B. bei v. Wilamowitz, Platon II 172 f.

auf den Begriff der *Tugend* gegründet; auch die Begriffe Unsterblichkeit und Glückseligkeit waren schon von ihnen berührt worden. Nun aber sind sie durch Sokrates' Rede gewandelt. Denn Tugend im eigentlichen Sinne des Wortes ist nunmehr nur noch *die* Tugend, die durch den strebenden Philosophen erworben wird. Eros aber ist nunmehr Liebe zum Immateriellen, zur Welt der Ideen, vorwiegend zur Idee des Schönen, und der Liebende ist allein der Philosoph, der in stufenweisem Aufstieg zu ihr emporstrebt.

Platon nimmt zwar von den Eingeweihten der eleusinischen Mysterien dieses Bild vom Aufstieg des Philosophen. Trotzdem hat dieser Aufstieg nichts mit Mystik zu tun. Denn es ist der Weg durch die strenge Wissenschaft der Dialektik,[12] der hier zum Höchsten führt, wenn auch am Ende des Weges die Ratio der glückseligen Schau weicht, wie es Platon ausführlich im VII. Brief dargestellt hat.

Die Tugend, die für Phaidros und Pausanias verbindlich ist, steht auf *einer* Ebene mit der Tugend, für die Protagoras — der größte unter den Sophisten — eintritt und mit der er ein für seine Art der Erziehung richtunggebendes Programm aufstellt. Für den Philosophen, der den von Platon dargestellten Weg verfolgt, ist sie nicht mehr maßgebend, ist nicht Tugend im eigentlichen Sinne.

Aber auch von dem Eros des Eryximachos nimmt Platon Abstand. Denn die Lehre des Eryximachos ist für ihn genau so enttäuschend wie für den Sokrates des Phaidon, aus dem Platons eigene Erfahrungen sprechen, die νοῦς-Lehre des Anaxagoras. Zwar hatte Anaxagoras versprochen, das geistige Prinzip in der Welt aufzuweisen, aber sein Weltbild war letzten Endes doch materieller Art geblieben. Nicht anders müssen wir Eryximachos' Weltbild betrachten. Die Physis ist für ihn das Sichtbare, Körperhafte. Platon dagegen hat ihren Begriff gewandelt: für ihn ist die Physis nunmehr die *Welt der Ideen*, die auch für alles Sichtbare die Ursache ist.

Auch Aristophanes' Erosvorstellung ist in Sokrates' Rede aufgehoben. Das Streben nach der zugehörigen anderen

---

[12] Vgl. U. v. Wilamowitz, Platon I 386 und 387.

Seelenhälfte ist für Platon *nicht* das Wesen des Eros, sondern nur das gemeinsame Streben auf dem Stufenweg des Philosophen. Dies allein bietet die Gewähr für den geistigen Eros, soweit er sich auf andere Menschen bezieht. Und die Heilung von vielen Leiden, die Aristophanes' Eros den Menschen verheißt, so daß sie glückselig (189 D) werden können, ist nicht die eigentliche Heilung der Seele. Denn diese liegt nach sokratisch=platonischer Anschauung allein darin, daß der Mensch zur „Wahrheit" gelangt.

Eine völlige Umwandlung sowohl des Eros[13]) als auch der anderen damit zusammenhängenden Begriffe müssen wir in Sokrates' Rede erkennen, und Platon selbst gibt einen deutlichen Hinweis darauf, wenn er Sokrates in den letzten Worten seiner Rede sagen läßt, vielleicht sei diese etwas ganz anderes als eine der herkömmlichen Lobreden auf Eros. Denn er spricht in seiner Rede vom philosophischen, vom übersinnlichen Eros, dessen Endziel die Erzeugung der Tugend ist. Auch der Begriff der Schönheit, der in Agathons Rede die Hauptrolle spielte, hat sich gewandelt zur „Idee des Schönen". Mit Recht ist sie das Zentrum des ganzen Werkes genannt worden. Wie Sokrates zu ihrer Schilderung kommt, wird sein Stil dithyrambisch.[14]) Waren die Reden der anderen Hymnen auf Eros, so wird sein Preis des immateriellen Eros zum Dithyrambus. Um zum Verständnis dieser Partie der Sokrates=Rede zu gelangen, müssen wir auch die drei anderen Werke[15]) dieser Periode hinzuziehen, in denen Platon ausführlicher seine Ideenlehre entwickelt. Aber in keinem von diesen ist so glücklich wie im Symposion der Weg des Philosophen vom Einzelnen zum Allgemeinen dargestellt. Das Allgemeine — zu ihm geht sein ganzes Streben, d. h. in Platons Sinne zu den Ideen, die heute wohl niemand mehr als tote logische Begriffe, sondern im Sinne Platons als wirkende und wirk=

---

[13] Er kann verschieden definiert werden: als Streben nach Weisheit, nach dem Guten, nach Glückseligkeit, nach Unsterblichkeit, und all dies zusammengefaßt, nach Schönheit.
[14] Z. B. 210 D: „hinausstrebend auf das weite Meer des Schönen".
[15] Phaidon, Staat, Phaidros.

liche Wesenheiten, wenn auch unsinnlicher Natur, auf=
fassen wird.

Daß wir die Idee des Schönen und damit Sokrates' ganze
Rede nicht etwa in rein ästhetischem Sinne verstehen, da=
vor bewahrt uns die immer wieder betonte Parallele mit
der animalischen Zeugung. Erzeugung der wahren Tugend
im Anschauen der Idee ist das τέλος des Philosophen.
(209 A; 212 A). Denn die Idee des Schönen muß nach pla=
tonischer Grundauffassung identisch sein mit der *Idee
des Guten*, die zugleich höchster Zweck, τέλος, alles Seien=
den ist, wie sie im „Staat" als Ursache alles Lebens dar=
gestellt ist. Doch im Symposion handelt es sich nicht um
eine logische Entwicklung oder dogmatische Darstellung
der Ideenlehre, wie in den anderen Werken dieser Epoche,
denn: „Wissenschaftliche Belehrung will das Symposion
nicht geben; es fehlt ja die Dialektik, durch die sie allein
erzielt wird" (v. Wilamowitz). Von der Abkehr des Philo=
sophen von der Sinnenwelt, von seinem Bemühen um die
Befreiung von den Affekten ist keine Rede im Symposion.
Auch die Lehre von der Wiedererinnerung, eine Haupt=
stütze der platonischen Philosophie, hat hier keinen Platz.
Es ist darum unzulässig, im Symposion ein „Programm der
Akademie" zu sehen[16]).

Es zeigt sich somit, daß der Begriff der „platonischen
Liebe", oft falsch verstanden, am besten aus der Rede des
Sokrates im Symposion gedeutet wird, als von Liebe er=
fülltes Streben zur Physis im neuen Sinne, den Ideen. Die
Vorstellung von dieser platonischen Liebe durchdringt auch
andere Werke Platons, vornehmlich aber den „Lysis", der
als Vorstufe der Symposion gilt[17]) und allein den Zweck
der Definition des „Lieben" hat. Denn letzten Endes ist
diese Liebe die Liebe zu einem τέλος, das Endzweck aller
anderen Zwecke ist, über das nichts mehr hinausführt. Doch
in keinem anderen Werk gelangt es so unmittelbar zur

---

[16] So v. Sybel und nach ihm Pohlenz, Aus Platos Werdezeit, 390 f.
[17] Sokrates selbst hatte im „Lysis" von sich bekannt, sein ganzes Streben gehe darauf, einen Freund zu gewinnen.

Darstellung wie im Symposion. Wer zum τέλος gelangt ist, wird „gottgeliebt" (212 A).

Man hat die priesterhafte Künderin dieser Liebeslehre, Diotima, mit der Gestalt der Aspasia im „Menexenos" verglichen. Aber, abgesehen davon, daß auch Diotima eine geschichtliche Persönlichkeit sein mag, haben sie nichts gemeinsam[18]. Denn Aspasia ist in der Rede des „Menexenos" Sophistin, Diotima dagegen Künderin göttlicher Wahrheiten. Spricht sie gelegentlich mit Sokrates im Ton „einer vollendeten Sophistin", so bezieht sich das nicht auf den Inhalt, sondern die Form ihrer Rede[19].

Im Symposion geschieht immer das Unerwartete. Schien mit der Rede des Sokrates ein nicht mehr überschreitbarer Höhepunkt erreicht, so gewährt die Preisrede des Alkibiades auf Sokrates einen ganz neuen Ausblick und nochmalige Höhe. War bisher der Eros im allgemeinen dargestellt worden, so erkennen wir nun sein Wirken an einem besonderen Beispiel, an der inneren Begegnung des Sokrates und Alkibiades. Alkibiades' Erscheinen und seine unerwartete Begegnung mit Sokrates bringt in das Werk, das bisher vorwiegend aus Reden bestanden hatte, ein hoch dramatisches Element. Wir bleiben also nicht ausschließlich im Bereich des Logos stehen.

Alkibiades bricht mit einer Schar lärmender Genossen, die sich in dionysischem Rausch befinden, in die bisherige Geruhsamkeit des Symposion ein, ein Augenblick, den Feuerbach auf seinem Gemälde meisterhaft festgehalten hat. Zunächst sieht Alkibiades Sokrates nicht. Dann aber, bei einer plötzlichen Wendung, erkennt er ihn und ist von seinem Anblick wie vom Blitz getroffen.

Und alsbald ergibt es sich wie mit unausweichlicher Notwendigkeit: während die anderen Teilnehmer Eros ge-

---

[18] Anders v. Wilamowitz, Platon II 173 f.
[19] Während Platon in den anderen Werken seiner mittleren Schaffensperiode seine Ideenlehre Sokrates in eigenem Namen verkünden läßt, bedient er sich hier der vermittelnden Gestalt der Diotima. Diese Tatsache spricht dafür, daß das Symposion v o r diesen Werken liegt, in denen Platon sich von einer Mittelsperson frei gemacht hat.

priesen haben, wird Alkibiades nunmehr Sokrates selber preisen. Die innere Beziehung wird deutlich, sobald es sich herausstellt, daß auch Alkibiades und seinen Meister der Eros verbindet – noch immer verbindet.

Die Rede des Alkibiades, die wie selbstverständlich z. T. hymnischen Charakter annimmt, hat zwei ganz verschiedene Bereiche: einmal will sie Wesen und Wirkung des Sokrates darstellen, zum anderen aber sein Verhalten in der realen Welt, seine Bewährung den unmittelbaren Erfordernissen des Lebens gegenüber[20]). Dabei bedient sich Alkibiades zweier Vergleiche; er vergleicht Sokrates einmal mit Marsyas, sodann mit einem Silen. In dem Vergleich mit Marsyas ist die innere Ergriffenheit, die er in den Menschen hervorzurufen vermag, der Vergleichspunkt; als Silen aber charakterisiert er ihn in seiner Kunst der Verstellung, weil er jegliches eigene Wissen ableugnet und in seinem Verhältnis zu den Jünglingen nicht der Liebende ist, wie es stets den Anschein hat, sondern vielmehr der Geliebte. Das „ironische" Verhalten des Sokrates ist es, was Alkibiades als silenenhaft bezeichnet.

Zunächst die Wirkung seiner Gespräche. Sie ergreifen die Seele unmittelbar, selbst dann noch, wenn man sie nur in der Wiedergabe anderer Menschen hört. Die Wirkung anderer Redner verblaßt vor der des Sokrates völlig, sogar die des größten, des Perikles, denn die sokratischen Reden sind die einzigen, die – nach Alkibiades' späteren Worten (222 A) – Vernunft haben. Das Leben selbst, das man bisher gelebt hat, wird durch diese Gespräche auf einmal fragwürdig[21]); sie zielen also auf die zentrale Frage nach dem Sinn des Lebens des einzelnen Menschen.

Aber nicht dies allein ist es, was Alkibiades gepackt hat. Er hat in begnadeten Augenblicken einen Blick in Sokrates' Innere getan, und dieser Blick war wie eine göttliche Offenbarung (217 A). Er enthüllt nun den engsten sokra=

---

[20] Nämlich den Sokrates, „der die Tugend nicht aus blödem Eudämonismus übt, sondern weil er die absolute Überzeugung von dem einzigen Werte der Tugend in sich trägt und darum garnicht anders kann" (M. Pohlenz, a. a. O. 392).
[21] S. Ernst Hoffmann, a. a. O. S. 22.

tischen Freunden seine Erlebnisse mit dem dämonischen[22]) Mann, die für ungeweihte Ohren nicht bestimmt sind. Immer muß man sich dabei gegenwärtig halten, was Alkibiades als letzten Grund seiner Hingabe an Sokrates angibt: es war der gewaltige Drang, an dem Erkenntnisreichtum und der Weisheit des Sokrates teilzunehmen, also letzten Endes ein pädagogischer Eros[23]).

Denn es ist etwas Gemeinsames, was die namentlich genannten Freunde (218 B) mit Alkibiades und Sokrates verbindet: „Habt Ihr alle doch teilgenommen an der philosophischen Raserei!" Es ist „der Stachel der philosophischen Reden", wie Alkibiades sagt. Er, der Begabtesten einer, hat ihn am meisten in seiner Seele gefühlt, aber erst Sokrates hat diesen Stachel geweckt. Alkibiades wird ihn zeitlebens fühlen, auch wenn er sich anderen Bereichen zuwendet. Wir erkennen hierin auch Sokrates' Einfluß auf Platon als des ersten Anregers, dessen Wirkung auf allen Gebieten der Philosophie ungeahnte Ausmaße annehmen sollte. Die Gestalt des Sokrates selbst wird im Lauf der Zeit immer mehr zurücktreten, der Stachel, den er in den Seelen hinterlassen hat, ist nunmehr der Stachel der Philosophie selber geworden.

Der Blick in Sokrates' Innere, der Alkibiades zuteil geworden ist, hat ihm eine ungeahnte *Schönheit* enthüllt. Nun erkennen wir auch, was Alkibiades' Rede mit der des Sokrates und dem Erosgedanken verbindet: denn die Schönheit, die bei Agathon noch eine leere Form gewesen, von Sokrates in seiner Rede mit höchstem Inhalt erfüllt worden war, hier tritt sie in Alkibiades' Rede als zentraler Begriff noch einmal hervor, wenn auch diesmal in der Form, daß sie einer menschlichen Seele, der höchste ἀρετή eigen ist, innewohnt, nämlich der des Sokrates: „Eine Schönheit über alle Begriffe hinaus würdest du dann in

---

[22] Dämonisch, d. h. nach 202 D ein Mittleres zwischen Gott und Mensch.
[23] „Seine die Seelen emporführenden Reden werden durch die Berührung mit den schönen Knaben und Jünglingen erst geweckt, geboren, und so wird er der Führer der Jugend zum Schönen und Guten" (v. Wilamowitz, Platon I[1] 384).

mir erblicken, eine Schönheit, die von deiner Wohlgestalt völlig verschieden ist". Ist es doch die *wahre Schönheit* (218 Ende), zu der sich die leibliche Schönheit des Alkibia=
des verhält wie der „Schein zur Wahrheit". Aber Sokrates lehnt für sich jeden Anspruch darauf ab.

Alkibiades schildert den Freunden, wie dieser Sokrates Herr war über den irdischen Eros, selbst damals, als die stärkste Versuchung an ihn herantrat, an ihn, der doch besonders empfänglich ist für die Reize der jugendlichen Schönheit. Hat es auch den Anschein, als sei *er* der ewig Liebende, so wird er in Wirklichkeit immer nur selbst zum Geliebten, der sich nur ständig verstellt. Aber gerade diese Tatsache, daß der irdische Eros über Sokrates keine Gewalt hat, macht seine Anziehungskraft auf Alkibiades um so größer, seine Wirkung wird geradezu eine dämonische.

Auch das Wesen der sokratischen Gespräche ist Alkibia=
des offenbar geworden. Während sie dem Außenstehenden lächerlich einfältig vorkommen und immer dasselbe zu sagen scheinen, offenbaren sie dem Eingeweihten alle Grundlagen eines tugendhaften Lebens und umfassen alle Gebiete des menschlichen Seins überhaupt (222 A).

Man kann schwerlich bestreiten, daß uns ein einwand=
freieres Zeugnis über Wesen und Wirkung des Sokrates in der Überlieferung gegeben wäre als dieses, denn es trägt den Stempel unmittelbaren Erlebens. Das Motiv der Wahr=
heit, die Sokrates für seine Erosdarstellung beansprucht hatte, ist auch hier in Alkibiades' Rede vorhanden (214 E f.), seine Trunkenheit tut ihr keinen Abbruch, im Gegenteil. Was aber Alkibiades selber betrifft, so zeigt sich Platon hier als vollendeter Darsteller eines besonderen Seelenzu=
standes, wie er es in seinen späteren Werken so nie mehr vermocht hat: „Ratlos also und ganz in der beispiellosen Gewalt dieses Mannes konnt ich nicht Rast noch Ruhe finden". Dank seinen Anlagen schien Alkibiades dafür vor=
bestimmt, Sokrates und seinem Ruf zur Philosophie zu folgen, und doch wurde gerade er ein Abtrünniger. Die innere Zerrissenheit, die daraus folgte, die Liebe zu Sokra=
tes, die sich doch nicht verleugnen ließ („der Stachel der sokratischen Mahnungen sitzt zu tief in seiner Brust", v.

Wilamowitz), Platon hat sie in höchster dramatischer Kunst dargestellt. Der irdische Eros, der Alkibiades zu Sokrates trieb, wandelte sich durch Sokrates' Wirkung in einen überirdischen, und Sokrates, in der dämonischen Wirkung seiner Persönlichkeit, trägt Züge des großen Dämons Eros selber. Wandlung des Eros auch hier, dargestellt am Sokrates=Erlebnis des Alkibiades. Wenn Alkibiades Sokrates darauf in der praktischen Bewährung darstellt, wie er die Tugenden der ἀνδρεία und σωφροσύνη verwirklicht, so ist dies ein Sokrates, der durchaus nicht erdenfremd ist[24]).

Platon hat also im Symposion das Porträt des Sokrates mit dem, was ihm selber am nächsten lag, der Entwicklung der Idee des Schönen und damit der Ideenlehre überhaupt, verbunden. Der Sokrates, den Alkibiades darstellt, ist der historische Sokrates, dagegen der Sokrates des Mittelteils entwickelt rein platonische Gedanken. Worin besteht nun die Verbindung zwischen dem Mittelteil und dem letzten Teil? Sie kann nur darin bestehen, daß für Platon niemand anders als Sokrates den philosophischen Eros zu verkör= pern schien. Hat er auch mit der Ideenlehre als solcher, wie Platon sie ihn im Symposion entwickeln läßt, nichts zu tun, so stammen doch die Grundlagen der Ideenphilosophie Platons von ihm[25]), hier in der Rede des Sokrates vor allem die Begriffe ἀρετή und εὐδαιμονία. Zwei Zwecke sind so durch eine innere Einheit im Symposion wirklich verbun= den: die Entwicklung der Idee des Schönen und die Dar= stellung des Sokrates.

Eine neues Thema wird von Sokrates und den zuletzt noch übrigen Teilnehmern des Festes in Angriff genom= men, die Frage nach der inneren Einheit von Tragödie und

---

[24] Wenn Alkibiades schildert, wie Sokrates auch im Felde „außergewöhnliche geistige Zustände" (Geffcken) überfallen, so ist dies dieselbe Erscheinung wie das seltsame Erlebnis des Aristodemos, der von Sokrates noch unmittelbar vorm Hause des Agathon im Stich gelassen wird, weil ihn ein Problem wie mit Gewalt überfällt und zum Nachdenken zwingt.

[25] „Der Weg ist nun zu einer Methode der Erziehung gewor= den, er ist nicht mehr sokratisch, sondern platonisch" (v. Wilamowitz, Platon I 385).

Komödie. Aber nach allem, was bisher gesagt und geschehen ist, wäre seine Ausführung nicht mehr sinnvoll gewesen. Die Zechgenossen schlafen darüber ein, aber es sind noch nicht die „Schlummerflöten des Todes"[26], die unhörbar erklingen, wie am Ende des „Phaidon". Denn Sokrates ist als einziger unermüdet, und so hebt für ihn ein neuer Tag an, ein neuer philosophischer Tag.

Annemarie Capelle

Als Abfassungszeit für das Symposion nimmt man etwa das Jahr 380 v. Chr. an, jene glückliche Zeit, da Platon seine Akademie gegründet hatte (387 v. Chr.) und auf weitesten Einfluß hoffen konnte. Doch darum sind wir keineswegs gehalten, das Symposion als ein Programm der Akademie anzusehen, wie v. Sybel und M. Pohlenz es getan haben. — Vor dem alten Gymnasion, das sich im Bezirk der platonischen Akademie befand, erblickte der Eintretende das Standbild des Eros, des Sinnbildes und Beschützers der Jugend. S. Hans Herter, Platons Akademie, Bonner Universitäts=Schriften, Heft 4, 1946; und v. Wilamowitz, Platon I¹ S. 361 über Euripides.

---

[26] Wie es in dem Gedicht von C. F. Meyer, „Das Ende des Festes", heißt.

LITERATURÜBERSICHT
zusammengestellt von Paul Wilpert

A. Text

Die heute meistbenützte kritische Textausgabe ist von

Burnet, I., Platonis opera (Scriptorum classicorum bibliotheca Oxoniensis) Oxonii 1900 ff.

Daneben sind folgende Ausgaben zu nennen:

Platonis opera omnia ed. C. Fr. Hermann (Bibl. Teubn.) Lipsiae 1856 ff.; Neudruck 1921—1936.

The Symposium. Ed. with introd., crit. notes and comm. by R. G. Bury. 2nd ed. Cambridge, 1932.

Ausgaben mit Übersetzung:

Gastmahl. Griechisch und deutsch. Übertr. von Fr. Boll. Vorwort von R. Herbig (Tusculum=Bücher 112) München, 1926. 2. Aufl. 1937.

Plato (Loeb Classical Library). Mehrere Mitarbeiter. Bd. V: Lysis, Symposium, Gorgias. Transl. by W. R. M. Lamb. London — Cambridge (Mass.), 1925. 3rd impr. rev. 1945 (griechisch — englisch).

Oeuvres complètes. T. IV 2. Le Banquet. Texte établi et trad. par L. Robin. 4e éd. Réimpression (Coll. des Universités de France). Paris, 1951 (erstmals 1929).

Le Banquet. Texte établi et traduit par E. Chambry. Illustrations de G. Lepape (Les classiques de l'amour). Paris, 1953.

Symposion. Ed. and transl. by P. Krarup (Klassikerforeningen) Copenhagen, 1955.

B. Übersetzungen

a) ins Deutsche

Sämtliche Dialoge (22 Einzelbände mit Einleitung und Platon= Index als Gesamtregister zusammengefaßt in 7 Bänden). Übersetzt und hrsg. von Otto Apelt in Verbindung mit C. Ritter, K. Hildebrandt u. G. Schneider. Gastmahl in der Übersetzung von Hildebrandt. (Philosophische Bibliothek) Leipzig 1922.

Sämtliche Werke in 2 Dünndruckbänden. Deutsch von F. Schleiermacher, F. Susemihl, Hieron. Müller, W. Wiegand. Gastmahl in der Übersetzung von Schleiermacher. Wien (Phaidon) 1925.

Sämtliche Werke (Dünndruckausgabe in 3 Bänden) Deutsch v. F. Schleiermacher, F. Susemihl, L. Georgii, J. Deuschle, W. Teuffel, W. Wiegand, E. Eyth. Das Gastmahl in der Übersetzung von Susemihl. Berlin (Lamb. Schneider) 1940, Heidelberg 1950.

Sämtliche Werke. Nach der Übersetzung von F. Schleiermacher (Bd. I—III: In der Übersetzung) und Hieronymus Müller mit der Stephanus-Numerierung hrsg. von W. F. Otto, E. Grassi u. G. Plamböck. (Z. Tl. mit Anpassung an die moderne Auffassung des Platontextes u. Änderungen.) Symposion in Bd. II. (Rowohlts Klassiker der Literatur und der Wissenschaft.) Hamburg, 1957—1959.

Das Gastmahl. In der Übersetzung von Fr. Schleiermacher neu hrsg. von P. Brandt. Dresden, 1924.

Gastmahl oder von der Liebe. In der Übers. von Fr. Schleiermacher neu hrsg. von C. Woyte (Reclams Univ. Bibl. 927). Leipzig, 1925.

Über Liebe und Unsterblichkeit. Die sokratischen Gespräche, Gastmahl, Phaidros, Phaidon. [Die deutsche Übersetzung von Fr. Schleiermacher auf Grund des griechischen Textes neu bearb. und] mit einer Einführung [hrsg.] von K. Kerényi (Das Erbe der Antike, 1). Zürich, 1946.

Symposion. Deutsch von Fr. Norden. Berlin, 1923.

Das Gastmahl. Reden und Gespräche über die Liebe. Aus dem Griechischen neu übertr., eingel. u. erl. von W. O. Gerhard Klamp. Stuttgart, 1924.

Ein Gastmahl. Übertr. v. E. Müller (Insel-Bücherei 389). Leipzig, 1926. Wiesbaden 1947. 1950.

Das Gastmahl. Verdeutscht von R. Kassner. Jena, 1927. 1959.

Gastmahl. Neu übersetzt und erläutert von Otto Apelt. (Philosophische Bibliothek Bd. 81) Leipzig 1928. 1943².

Ritter, C.: Platonische Liebe, dargestellt durch Übersetzung und Erläuterung des Symposions. Tübingen, 1931.

Das Gastmahl. Übertr. u. szenisch bearb. von Fr. Kohler u. E. Müller. Wien, 1932.

Gastmahl. Übertr. u. eingel. von K. Hildebrandt. Leipzig, 1912. 1934⁵ (Unveränderter Neudruck 1941).

Das Gastmahl. Berlin, Hyperion-Verlag, 1943.

Das Gastmahl. Übers. v. B. Snell. Hamburg, M. v. Schröder, o. J.

Von der Liebe ein Gespräch. Übersetzt von G. Schulthesz Sohn. Zürich, 1782. Wien, 1949.

Das Gastmahl. Übers. von F. Susemihl. Bonn, 1948.

Das Gastmahl oder von der Liebe. Übertr. und erl. von A. Hübscher (Piper-Bücherei, 51). München, 1952.

Gastmahl-Phaidros. Übertr. und eingel. von E. Salin (Sammlung Klosterberg, Europäische Reihe). Basel, 1952.

Meisterdialoge. Phaidon, Symposion, Phaidros. Eingel. v. O. Gigon. Übertr. v. R. Rufener (Die Bibliothek der Alten Welt). Zürich=Stuttgart, 1958.

Vering, C.: Platons Dialoge in freier Darstellung. I: Protagoras, Gorgias, Menon, Kriton, Phaedon, Gastmahl, Phaedros (sic!). Frankfurt, 1929.

b) ins Englische

Symposium or Supper. Newly transl. by Fr. Birrell and Shane Leslie. London, 1925.

Symposion, or The drinking party. Transl. by M. Joyce. London, 1935.

The Dialogues. From the Third Jowett Translation. Ed. by W. C. Green (Black and Gold Library). New York, [1948].

The Portable Plato. Ed. by Scott Buchanan [Rep., Symp., Protag., Phaed.] (The Viking Portables, 40). New York, 1948.

Symposium. Transl. by W. Hamilton (Penguin Classic). New York, 1952.

The Dialogues of Plato. Transl. by B. Jowett. 4th ed., revised by order of the Jowett Copyright Trustees, under the general editorship of D. J. Allan and H. E. Dale. 4 Vols. Oxford, 1953.

Euthyphro, Apology, Crito and Symposium. Revised Jowett translation by M. Hadas. Chicago, 1954.

Phaedrus, Ion, Gorgias, and Symposium, with passages from the Republic and Laws. Transl. from the Greek and ed. by L. Cooper. Ithaca, 1956.

Five Great Dialogues. Apology, Crito, Phaedo, Symposion, Republic. Introd. by L. R. Loomis (Classics Club College Editions). New York, o. J.

c) ins Französische

Oeuvres complètes. T. III: Banquet, Phédon, Phèdre, Théétète, Parménide. Avec des notices et des notes. Trad. nouvelle par E. Chambry. Paris, 1938. 1945.

d) in andere moderne Sprachen.

Il Simposio. Versione e saggio introd. di. G. Calogero. Bari, 1928. 2ª ed riveduta 1946.

Il Convito. Trad. di Fr. Acrie e introd. e comm. di A. Guzzo. Firenze, 1930.

Dialoghi III: Convito — Liside. Trad. da C. Diano (Filosofi antichi e medievali). Bari, 1934. 2ª ed. 1946.

Il Simposio. Con introd. e comm. di U. Galli (Bibl. di filol. class.). Torino, 1935.

I dialoghi dell' amore. Carmide, Liside, Convito. Fedro. Trad. di E. Turolla (Bibl. universale Rizzoli, 519—521). Milano, 1953.

Philía — Eros. Carmide, Liside, Simposio, Fedro. Scelta e commento a cura di G. Ammendola. Napoli, 1955.
Diálogos. Fedón, o de la inmortalidad del alma. El banquete, o el amor. Gorgias, o de la retórica. 4ª ed. (Col. Austral. 44). Buenos Aires, 1943.
Obras completas, puestas en lengua castellana por P. de Azcarate. Buenos Aires, 1946.
Diálogos socráticos. Apología. Critón. Eutifrón. Fedón. Fedro. Banquete. Menón. Estudio preliminar de A. Vassalo. Barcelona, 1951.
El Banquete o sobre el amor. Traducción, estudios preliminares, notas y estampa por J. B. Bergua. Madrid, 1952.
El banquete. Trad. esp. de L. Gil Fernández. Prólogo de A. Rodríguez Huescar. Madrid, 1954.
El banquete. Trad. M. Sacristán. Barcelona, 1956.
Drinkgelaag, overgebr. door P. C. Boutens. Rotterdam, 1931.
Drikkegildet e Aten. Symposion. Transl. by E. A. Wyller (Dreyers kulturbibliotek, 1). Oslo, 1953.
Symposion. Keimenon, metaphr. kai hermeneia hypo I. Sykoutre. Athen, 1934.
Symposion. Arch. keimenon, prolegomena, metaphr., semeioseis hypo A. Arbanitopoulou. Athen, 1937.
Spisy. Prel. F. Novotny. Sv. 9. Symposion. V Praze, 1936.

Zur Erläuterung:

A. Zur Einführung in das Gastmahl werden empfohlen:

Wilamowitz=Moellendorff, U. von: Platon. 2 Bde. 3. Aufl. Berlin, 1929. Bd. 1, 4. Aufl. durchges. v. B. Snell. Berlin, 1948.
Friedländer, P.: Platon. 2 Bde. Berlin, 1928—1930. 2. erw. und verb. Aufl. Berlin, 1954—1957.
Field, G. C.: Die Philosophie Platons. Übers. von M. Soreth. Zürich=Stuttgart, 1951.
Geffcken, J.: Griechische Literaturgeschichte. Heidelberg 1934. S. 95 f.
Kranz, W.: Geschichte der griechischen Literatur. Leipzig 1958. S. 232 f.
Pohlenz, M.: Aus Platos Werdezeit. Berlin 1913. S. 371 f.
Hoffmann, E.: Platon. Zürich, 1950.
Jaeger, W.: Paideia. Bd. II, Berlin, 1944, 2. Aufl. 1954, 244—269.
Krüger, G.: Einsicht und Leidenschaft. Das Wesen des platonischen Denkens. Frankfurt a. M., 1939. 2. Aufl. 1948.
Gauss, H.: Philosophischer Handkommentar zu den Dialogen Platos. 2. Teil, 2. Hälfte: Die Dialoge der literarischen Meisterschaft: Phädo, Symposium, Staat und Phädrus. Bern, 1958.

Cassirer, E.: Eidos und Eidolon, das Problem des Schönen und der Kunst in Platons Dialogen. Vortr. Bibl. Warburg, 1922—1923 (2) I, 1—27.

B. Sonstige Literatur zum Symposion (seit 1926).

Für die ältere Literatur wird verwiesen auf: Ueberweg, F.: Grundriß der Geschichte der Philosophie 1. Teil. Die Philosophie des Altertums, hrsg. v. K. Praechter, 12. Aufl. Berlin, 1926.

Blumenthal A. von: Beobachtungen zu griechischen Texten, III 4. Zu Platon [Symp. 197]. Hermes 75 (1940), 428.

Broós, H. J. M.: Plato's beschouwing van kunst en schoonheid (Dissertationes inaugurales Batavae ad res antiquas pertinentes, 6). Leiden, 1948.

Brown, S. H.: Plato's theory of beauty and art, in Deuxième Congrès internat. d'Esthétique et de Science de l'Art, Paris, 1937, 13—18.

Buisman, J. R.: Mythen en allegorien in Plato's kennis= en zijns= leer (Diss. Utrecht). Amsterdam=Paris, 1932.

Burnet, J.: Platonism. Berkeley (Cal.), 1928.

Daux, G.: Sur quelques passages du Banquet de Platon. Rev. Et. Grecques 55 (1942), 236—271.

de Lima Vaz, H. C.: A ascensão dialéctica no „Banquete" de Platão. Kriterion 9 (1956), n. 35—36, 17—40.

— Amor e conhecimento. Sobre a ascensão dialéctica no Banquete. Rev. port. Filos. 12 (1956), 225—242.

Demos, R.: He philosophia tou horaiou kata ton Platona. Archeion philosophias 9, 2 (1938), 177—234.

— The philosophy of Plato. New York, 1939.

Deubner, L.: Zu Platos Symposion 207 f. Philol. 94 (1940), 231—232.

de Vries, G.=J.: Apollodore dans le „Banquet" de Platon. Rev. Et. Grecques 48 (1935), 65—69.

Diès, A.: Autour de Platon. 2. vol. Paris, 1927.

— Platon. Paris, 1930.

Dornseiff, F.: Zeitbestimmung von Platons Symposion durch Xenophon. Hermes 77 (1942), 112.

Edelstein, L.: The rôle of Eryximachos in Plato's Symposium. Transact. and proc. of the Amer. phil. ass., 1945, 85—103.

— The function of the myth in Plato's philosophy. J. Hist. Ideas 10 (1949), 463—481.

Edman, J.: The philosophy of Plato. New York, 1930.

Ficino, Marsilio: Commentary on Plato's Symposium. The text and a transl., with an introd. by S. R. Jayne (The Univ. of Missouri Studies, XIX 1). Columbia (Missouri), 1944.

Field, G. C.: Plato and his contemporaries. London, 1930.
Freire, A.: A concepçâo platónica do Amor. Rev. port. Filos. 7 (1951), 390—401.
— As ideias estéticas de Platâo. Rev. port. Filos. 10 (1954), 175—184.
Friedländer, P.: Plato. I. Transl. from the German by H. Meyerhoff (Bollingen series, LIX 1). New York, 1958.
Frutiger, P.: Les mythes de Platon. Paris, 1930.
Gemoll, W.: Der Eros in den Symposien Xenophons und Platons. Phil. W. 54 (1934), 30—32.
Godel, R.: Socrate et Diotime (Coll. des Études Anciennes). Paris, 1955.
Goldschmidt, V.: Les dialogues de Platon. Structure et méthode dialectique (Bibl. de philos. contemporaine). Paris, 1947.
Goldschmidt, V.: Le paradigme dans la dialectique platonicienne (Bibl. de philos. contemporaine). Paris, 1947.
Zu den Arbeiten von Goldschmidt vgl.: Vanhoutte, M.: Deux études sur la dialectique platonicienne. Rev. philos. Louvain 47 (1949), 259—266.
Hackforth, R.: Immortality in Plato's Symposium. Class. Rev. 64 (1950), 43—45.
Hardie, W. F. R.: A study in Plato. Oxford, 1936.
Harsch, P. W.: Plato Symposion 194 B and a raised position in the theater. Class. Philol. 44 (1949), 116—117.
Heine, G.: Platons Gastmahl und unsere Zeit. Hum. Gymn. 39 (1928), 97—106.
Hirschberger, J.: Wert und Wissen im platonischen Symposion. Philos. Jahrb. 46 (1933), 201—227.
Hoerber, R. G.: More on „action" in Plato's Symposium. Class. J. 52 (1957), 220—221.
Hoffmann, E.: Über Platons Symposion. Neue Heidelberger Jahrbücher, 1941, 36—58.
— Über Platons Symposion. Heidelberg, 1947.
Hopfner, T.: Zu Xenophons und Platons Symposien. Epitymbion Swoboda, Reichenberg 1927, 95—98.
Hornsby, R.: Significant action in the Symposium. Class. J. 52 (1956), 37—40.
Isiyama, S.: Die pädagogische Bedeutung des Eros, der Wiedererinnerung und der dialektischen Methode ... bei Platon (japanisch). Tetzugaku=kenkyu, 1931, H. 1.
Janssens, P.: Hoofdbegrippen uit de Platonische dialogen Lysis en Symposion (Diss. Utrecht). Maastricht, 1935.
Josifovic, S.: Zu Platons Symposion. Philol. 91 (1936), 52—58.
Kelsen, H.: Die platonische Liebe. Imago 19 (1933), 225—255.
— Platonic love. American Imago 3 (1942), 3—110.

Kerényi, K.: Der große Daimon des Symposion (Albae Vigiliae, 13). Amsterdam, 1942.
Kienzl, P.: Die Theorie der Liebe und Freundschaft bei Platon (Diss.), Wien, 1941 [Maschinenschrift].
Koffka, M.: Plato, Symp. 209 c. Hermes 59 (1924), 478.
Kolar, A.: Ad Plat. Conviv. p. 174 D. Phil. W 46 (1926), 539.
Koller, H.: Die Komposition des platonischen Symposions. Zürich, 1948.
Kranz, W.: Diotima. Antike 2 (1926), 313—327.
— Diotima von Mantineia. Hermes 61 (1926), 437—447.
Lagerborg, R.: Die platonische Liebe. Mit einer Einführung von R. Müller-Freienfels, Leipzig, 1926.
Lagercrantz, O.: (Zu Platons Symposion). Symb. Osloens. 4 (1926), 1—10.
Lameere, J.: Les concepts du beau et de l'art dans la doctrine platonicienne. Rev. d'Hist. de la Philos. et d'hist. générale de la Civilisation 6 (1938), 1—28.
Landmann, M.: Platons Traktat von den drei Unsterblichkeiten. Die Urzelle von Conv. 207a—212 a. Z. philos. Forsch. 10 (1956), 161—190.
Leisegang, H.: Platon, in Pauly=Wissowas Realenzyklopädie, 40. Halbbd. Stuttgart, 1950 (Symposion:) 2441—2450.
Levi, A.: La teoria dell'eros nel Simposio de Platone. Giorn. di Metafisica 4 (1949), 290—297.
Lönborg, S.: Platons Eros. Det siunde brevet och Symposion (Svenska humanistika Förbundets Skrifter, 49). Stockholm, 1939.
Loriaux, R.: L'être et la forme selon Platon. Essai sur la dia= lectique platonicienne (Museum Lessianum, 39). 1955, 41—53.
Markus, R.: The dialectic Eros in Plato's Symposium. Downs. Rev. 73 (1955), 219—230.
Martin, J.: Symposion. Die Geschichte einer literarischen Form. Stud. z. Gesch. u. Kultur d. Altert. 17 (1931), 1, 2.
Mazzeo, J. A.: Plato's Eros and Dante's Amore. Traditio 12 (1956), 315—337.
Mengel, E.: Eros, Wertverwirklichung und Dialektik in ihren Ansätzen bei Platon (Diss. Berlin). Dresden, 1933.
Meylan, E. F.: L'évolution de la notion d'amour platonique. Humanisme et Renaissance 5 (1938), 418—442.
Novotny, F.: Ad Platonis Symp. 182 E sq. annotatio critica. Munera philologica Ludovico Cwiklinski oblata, Posnaniae 1936, 29—34.
Nygren, A.: Agape and Eros. Vol. 1, London, 1932.
Perls, H.: La beauté platonicienne, dans Deuxième Congr.

internat. d'esthétique et de Science, vol. II, Paris, 1937, 9—12.

Perls, H.: l'art et la beauté vus par Platon. Quelques problèmes esthétiques vus par Platon. Paris, [1938].

Plebe, A.: Die Begriffe des Schönen und der Kunst bei Platon und in den Quellen von Platon. Wien. Z. Psychol. Päd. 6 (1956—1957), n. 2, 126—143.

Popelová, J.: Mythi platonici quid valeant. Acta Congr. Phil. Slav. 2 (1931), 185—197.

Reinhardt, K.: Platons Mythen, Bonn, 1927.

Robin, L.: La théorie platonicienne de l'amour. Paris, 1908, 2e éd. 1933.

— Platon. Paris, 1935.

— Fins de la pensée grecque. L'unité de l'oeuvre de Platon. L'amour et le mythe. Platon théologien: le Bien, Dieu et l'Un. Critique 3 (1947), n. 17, 323—335 [Zu W. Jaeger, Paideia].

Rotta, P.: Di una recente interpretazione dell' „amore" nel Simposio. Rev. filos. neoscol. 21 (1929), 222—227; ferner in Philosophia perennis, 1930, I, 3—10 [Zu Calogero, Il Simposio, 1928].

Sandulescu=Godeni, C.: Rationalität und Irrationalität in der Philosophie Platons. 1938.

Schilling, K.: Platon. Einführung in seine Philosophie. Wurzach, 1948.

Sciacca, M. F.: Il discorso di Socrate nel Convito platonico: interpretazione e spunti di estetica. Humanitas 7 (1952), 132—145.

Servi, B. P.: Il concetto platonico dell'Eros nei suoi rapporti con quelli della verità e del linguaggio. Mondo classico 7 (1937), Suppl., 67—89.

Shorey, P.: Plato Symposium 172 a. Class. Philol. 25 (1930), 386.

— What Plato said. Chicago, 1933.

— Platonism ancient and modern. Berkeley (Cal.), 1938.

Stefanini, L.: Il problema estetico in Platone. Con i testi relativi, inquadramento storico e critica (Letture di filosofia, 12). Torino, 1928.

— I tre dialoghi centrali di platone: Convito, Fedone, Repubblica. Padova, 1945.

Stenzel, J.: Studien zur Entwicklung der platonischen Dialektik von Sokrates bis zu Aristoteles. 2. Aufl. Leipzig, 1931.

— Platon der Erzieher. Leipzig, 1928.

— Platone educatore. Trad. di F. Gabrieli. Bari, 1936.

Stoecklein, P.: Über die philosophische Bedeutung von Platons Mythen. Philol. Suppl. 30, 3, Leipzig, 1937.

Zu Stoecklein vgl.: Becker, O.: Gött. Gel. Anz. 200 (1938), 353—365.
Tavianini, U.: Il misticismo platonico nelle opere anteriori al Timeo. Sophia 20 (1952), 90—94.
Taylor, A. E.: Plato. The man and his work. 2d ed. London, 1927.
Valensin, A.: Platon et la théorie de l'amour [Banquet]. Etudes 281 (1954), 32—45.
Vanhoutte, M.: La méthode intuitive dans les dialogues de la maturité de Platon. Rev. philos. Louvain 47 (1949), 301—333.
van Litsenburg, J. G. M.: God en het goddelijke in de dialogen van Plato. Nijmegen=Utrecht, [1955].
Verbrugh, J. J.: Über Platonische Freundschaft. Zürich, 1931.
Zenker, E. V.: Das platonische Liebesideal und das Christentum. Freie Welt 15 (1934), 11 ff.; 144—151; 173—179.
Ziebis, W.: Der Begriff der Philia bei Platon (Diss.) Breslau, 1927.

Ergänzungen

Cherniss, H.: Plato (1950—1957). Lustrum 4 (1959), 5—308; 5 (1960), 321—648.
Manasse, E. M.: Platonliteratur. Philosophische Rundschau 5 (1957), Beiheft 1, 1—61; 9 (1961), Beiheft 2, 1—241; 7, 1976.
Wyller, E. A.: Platons Parmenides in seinem Zusammenhang mit Symposion und Politeia. Interpretationen zur platonischen Henologie. (Skrifter utgitt av det Norske Vidensskaps=Akademi i Oslo 1959, II. historisk=filosofisk Klasse, 1). Oslo 1960.
Vretska, K.: Zu Form und Aufbau von Platons Symposion. In: Serta philologica Aenipontana (= Innsbrucker Beiträge zur Kulturwissenschaft. 7—8). Innsbruck 1962, S. 143—156.
Gould, Th.: Platonic Love. New York — London 1963.
Morrison, J. S.: Four Notes on Plato's Symposium. Classical Quarterly 58 (1964), 42—55.
Buchner, H.: Eros und Sein. Erörterungen zu Platons Symposion. Bonn 1965.
Dover, K. J.: The Date of Plato's Symposium. Phronesis 10 (1965), 2—20.
Patzer, H.: Die philosophische Bedeutung der Sokratesgestalt in den platonischen Dialogen. In: Parusia. Festgabe für J. Hirschberger. Frankfurt/Main 1965, S. 21—43.
Neumann, H.: Diotima's Concept of Love. The American Journal of Philology 86 (1965), 33—59.

Schiavone, M.: Il problema dell'amore nel mondo greco. Vol. I: Platone. (Pubbl. dell'Istituto di filosofia dell'Università di Genova 35). Milano 1965.
Wippern, J.: Eros und Unsterblichkeit in der Diotima-Rede des Symposions. In: Synusia. Festgabe für W. Schadewaldt. Pfullingen 1965, S. 123—159.
Reynen, H.: Der vermittelte Bericht im Platonischen Symposion. Gymnasium 74 (1967), 405—422.
— Philosophie und Knabenliebe. Zu Plat. Symp. 183 A. Hermes 95 (1967), 308—316.
Robin, L.: Platon. Nouvelle éd. avec bibliographie mise à jour et complétée. Paris 1968.
Schmalzriedt, E.: Platon. Der Schriftsteller und die Wahrheit. München 1969.
Allen, R. E.: A note on the elenchus of Agathon: Symposium 199 c — 201 c. The Monist 50 (1966), 460—463.
Dover, K. J.: Aristophanes' speech in Plato's Symposium. The Journal of Hellenic Studies 86 (1966), 41—50.
Rosen, St.: Plato's Symposium. New Haven, Conn. — London 1968.
Renehan, R.: Plato, Symposium 219 a 2—4. Classical Review 83 (1969), 270.
Wolz, H. G.: Philosophy as drama: an approach to Plato's Symposium. Philosophy and Phenomenological Research 30 (1969—1970), 323—353.
Gierse, G.: Zur Komposition des platonischen Symposion. Gymnasium 77 (1970), 518—520.
Plochmann, G. K.: Interpreting Plato's Symposium. The Modern Schoolman 48 (1970/1971), 25—43.
Sprague, R. K.: Symposium 211 A and Parmenides Frag. 8. Class. Philol. 66 (1971), 261.
Guthrie, W. K. C.: A history of Greek philosophy IV. Cambridge — London — New York — Melbourne 1975, 365—396.
Miller, J.: The esoteric unity of Plato's Symposium. Apeiron 12 (1978), 19—25.
Mitchell, R. L.: The hymn to Eros. An interpretation of Plato's Symposium (Diss.; microfilm). Duquesne Univ. Pittsburg 1978.
Plass, P.: Plato's pregnant lower. Symbolae Osloenses 53 (1978), 47—55.
Levy, D.: The definition of love in Plato's Symposium. Hist. Ideas 40 (1979), 285—291.
Nussbaum, M.: The speech of Alcibiades: A reading of Plato's Symposium. Philosophy and Literature 3 (1979), 131—172.
Warner, M.: Love, Self, and Plato's Symposium. Philos. Quarterly 29 (1979), 329—339.

INHALT UND GLIEDERUNG DES DIALOGS

I. Einleitendes Gespräch

172 A — 174 A

Apollodoros von Phaleron, ein leidenschaftlicher Anhänger des Sokrates, wird von einigen Bekannten, mit denen er unterwegs zusammentrifft, um nähere Auskunft gebeten über das Gastmahl, das seinerzeit Agathon zur Feier seines ersten tragischen Sieges einem Freundeskreise veranstaltet hatte; vor allem kommt es ihnen dabei auf die damals gehaltenen Reden an. Apollodoros, der nicht selbst an dieser Feier teilgenommen, erklärt sich zur Berichterstattung bereit, da er kürzlich auch einem gewissen Glaukon über dies schon längere Zeit zurückliegende Ereignis Bericht erstattet habe und zwar auf Grund der Mitteilungen, die ihm Aristodemos, gleichfalls ein Freund des Sokrates, als Teilnehmer an dem Gastmahl darüber gemacht habe. In indirekter Rede gibt er nunmehr seine Wiedererzählung von dessen Berichterstattung.

II. Das Gastmahl nach dem Bericht des Aristodemos

174 A — 223 D

A. Einleitung

174 A — 178 A

Auf dem Wege zu dem Gastmahl des Agathon, wohin er als geladener Gast in festlichem Gewande seine Schritte richtet, trifft Sokrates mit Aristodemos zusammen, der von ihm aufgefordert wird, wenn auch nicht eingeladen, doch auf seine, Sokrates, Verantwortung hin sich anzuschließen.

Unterwegs verlangsamt sich aber Sokrates' Schritt bis zum schließlichen Stehenbleiben. Dem darüber verwunderten Aristodemos ruft Sokrates zu, er solle nur zuversichtlich weitergehen. So tritt denn Aristodemos in das Haus Aga=thons ein in dem Glauben, Sokrates sei ihm dicht auf den Fersen. Von Agathon empfangen, der sich sofort nach So=krates erkundigt, schaut er sich um, doch Sokrates ist ver=schwunden. Erst als die Mahlzeit sich schon dem Ende zu=neigt, erscheint dann Sokrates. 174 A – 176 A.

Nicht mehr lange dauert es, so beginnt der wichtigere Teil der Feier, das eigentliche Symposion, das Trinkgelage. Auf Anregung des Pausanias und des Arztes Eryximachos beschließt man zunächst, von jedem Trinkzwang abzuse=hen, da die gestrige Siegesfeier schon erhebliche Anforde=rungen an die Anwesenden gestellt habe. Eryximachos schlägt vor, über irgendein Thema reihum jeden eine Rede halten zu lassen, und empfiehlt auf Anregung seines Freun=des Phaidros eine Lobrede auf den Gott Eros, der bisher bei den Dichtern sowie in der Kultusverehrung überhaupt noch zu kurz gekommen sei. Der Vorschlag findet Beifall und namentlich auch die Unterstützung des Sokrates. 176 A – 178 A.

B. Die sechs Reden über den Eros

178 A – 212 C

1. Rede des Phaidros

178 A – 180 B

a) Eros ist der älteste Gott, als welcher er von Hesiod und Parmenides gekennzeichnet worden ist. 178 BC.

b) Eros ist Urheber der größten Wohltaten für die Men=schen, sowohl was das Privatleben als was die staatliche Gemeinschaft betrifft. 178 C – 179 A.

c) Eros allein vermag es, den Entschluß zur Aufopferung des eigenen Lebens für das Leben anderer hervorzurufen. Beispiel der Alkestis und des Achilles. 179 B – 180 B.

2. Rede des Pausanias

180 C — 185 C

Phaidros hat von Eros als von einer einheitlichen Gottheit gesprochen, aber wie es zwei Aphroditen gibt, eine himmlische und eine Allerweltsgöttin, so gibt es auch zweierlei Eros, einen himmlischen und einen Allerweltseros.

a) Der himmlische Eros liebt mehr die Seele als den Leib und ist dem männlichen Geschlechte zugetan. 181 B — 181 D.

b) Die griechischen Stämme huldigen dem Eros, was die Knabenliebe betrifft, teils schlechtweg, wie z. B. die Bewohner von Elis und die Böotier, teils verpönen sie ihn schlechtweg wie die Ionier Kleinasiens, teils halten sie es mit einer gemischten Beurteilung. 182 A — D.

c) Das letztere gilt von den Athenern, bei denen die öffentliche Meinung geteilt ist; daneben steht die dem Pausanias und seinesgleichen angehörige Meinung derer, die dem auf die Tugend abzielenden Eros huldigen. 182 D — 185 B.

Die Reihe ist nun an Aristophanes; allein ein spaßhafter Zwischenfall hindert ihn zunächst zu sprechen: Eryximachos tritt für ihn ein.

3. Rede des Eryximachos

185 E — 188 E

Eryximachos billigt die Aufstellung einer doppelten Form des Eros, wendet sich aber alsbald dem Nachweis zu, daß diese Wirksamkeit des Eros sich nicht bloß auf die Menschenseele erstrecke, sondern auf die ganze belebte und unbelebte Natur sowie auch auf die Kunst, nämlich

a) auf die Natur des Leibes, wie die Heilkunde zeige, 186 B — 186 E,

b) auf die Musik, sowohl was Harmonie und Rhythmus, als was die Melodie betrifft, 187 A — 187 E,

c) auf die Astronomie, zunächst auf den Lauf der Sonne, 188 A — 188 B,

d) auf das Gebiet der Religion und Frömmigkeit, 188 CD.

4. Rede des Aristophanes

189 C — 193 D

Die Menschen irren, wenn sie ihren gegenwärtigen Zustand für ihren ursprünglichen halten. Dieser war vielmehr folgender: es gab drei Geschlechter, Doppelmann, Doppelweib und Mannweib. Sie waren kugelförmig, Kugeln mit je vier Armen und Beinen, zwei Gesichtern usw. Schnellster Bewegung fähig und ausgerüstet mit großer Kraft neigten sie bald zum Übermut und wurden selbst den Göttern gefährlich. 189 C — 190 B.

Diesem Frevelmut Schranken zu setzen schlug Zeus folgenden Weg ein: er halbierte einen jeden, drehte das Gesicht um gegen die Schnittseite, ließ durch Apollon die Haut über die Schnittseite zusammenziehen und so die Wunde heilen. Die getrennten Hälften, von Sehnsucht nacheinander erfüllt, vernachlässigten infolge dieser Sehnsucht die wichtigsten Lebensbedürfnisse, so daß sie auszusterben drohten. 190 C — 191 B.

Da erbarmte sich Zeus und ermöglichte ihnen die Zeugung. 191 B — 191 C.

Die Sehnsucht aber läßt ihnen keine Ruhe. Treffen zwei ursprünglich zusammengehörige Hälften zusammen, dann ergibt sich jenes unaussprechliche Glück der Liebe, das wie ein Wunder erscheint. 191 D — 192 E.

Darin liegt eine anhaltende Warnung vor Frevelmut und entsprechende Mahnung zu frommer Folgsamkeit gegenüber den Göttern, die in diesem Falle uns ermöglichen, entweder das höchste Glück zu erreichen durch Auffindung unserer zugehörigen Hälfte oder, wenn nicht dies, so doch einen Geliebten nach unserem Herzen zu finden. 193 A — 193 C.

Nach einer kurzen, scherzhaften Auseinandersetzung zwischen Aristophanes, Eryximachos, Agathon und Sokrates, der allerdings durch das jetzt noch bevorstehende Auftreten des Agathon in die immer bedenklicher werdende Lage kommt, sich von seinen Vorgängern alles vorweggenommen zu sehen, folgt die Rede des Agathon. 193 E — 194 E.

5. Rede des Agathon

194 E — 197 E

Woran es meine Vorgänger haben fehlen lassen, will ich versuchen, nachzuholen. Sie haben sich darin gefallen, die Wohltaten des Gottes zu preisen, während sein durch seine Eigenschaften bestimmtes Wesen dabei zu kurz kam. 194 E.

Was diese Eigenschaften anlangt, so ist Eros der glück= lichste unter den Göttern. Er ist erstens der schönste unter allen, denn er ist der jüngste, der zarteste, er ist geschmei= dig und von entzückender Hautfarbe. Was die inneren Eigenschaften anlangt, so ist er ein Muster von Tugend, ferner ein Meister in Erzeugung und Gestaltung der Ge= schöpfe sowie in aller Technik. 195 A — 197 B.

Was aber die Wohltaten des Gottes betrifft, so ist er Verleiher aller Vorzüge, die er selbst besitzt. In einen Hym= nus auf diese Gaben klingt die Rede aus, deren hinreißen= der Schwung bei den Hörern den mächtigsten Widerhall findet. 197 C — 197 E.

Sokrates ist nicht gewillt, nach dem glänzenden Erfolge des Agathon überhaupt noch das Wort zu ergreifen, da er sich auf die Kunst schöner Worte nicht verstehe, sondern nichts weiter vermöge und gewohnt sei als der schlichten Wahrheit auf den Grund zu kommen. Er will also sein Versprechen zurücknehmen, wenn ihm nicht die ausdrück= liche Erlaubnis gegeben werde, nach seiner Art zu reden. Nachdem dies von den Anwesenden gebilligt ist, erbittet sich Sokrates die Erlaubnis, durch ein Vorgespräch mit Aga= thon dem, was er zu sagen habe, den Boden zu bereiten. 198 A — 199 C.

Vorgespräch 199 C — 201 C

Nach einer kurzen, anerkennenden Bemerkung des So= krates über die Disposition der Rede des Agathon wird eine Einigung erzielt durch folgende Sätze:

a) Die Liebe (und so auch der personifizierte Eros) ist nicht denkbar ohne etwas, worauf sie sich bezieht, also ohne etwas, was man begehrt. 199 C — 200 A.

b) Begehren (lieben) kann man nur das, was man nicht hat. Der Eros begehrt also etwas, was ihm fehlt. 200 A — 200 E.

c) Da nun Eros das Schöne und Gute begehrt, so ergibt sich, daß Eros selbst weder schön noch gut ist. 201 A — 201 D.

6. Rede des Sokrates

201 D — 212 B

Sokrates will nicht in eigenem Namen sprechen, sondern nur mit Berufung auf das, was er von Diotima, der Priesterin aus Mantineia, erfahren habe. Zugrunde legt er die von ihm gebilligte Einteilung des Agathon. Er handelt also:

1. Von dem Wesen des Eros

a) Eros ist an sich weder gut noch schön, sondern ein Mittleres zwischen gut und schlecht, zwischen häßlich und schön.

b) Er ist kein Gott, sondern ein Mittelwesen zwischen Gott und Mensch, also ein Dämon.

c) Seine Eltern sind dem Mythos zufolge Poros (Erwerb) und Penia (Armut). Die Eigenschaften der Eltern finden sich in ihm vereinigt. Er ist, als ein Mittleres zwischen weise und unweise, Philosoph. 201 D — 204 B.

2. Wirkungen des Eros auf die Menschen

a) Er ist, um die allgemeinste Bestimmung für ihn in dieser Hinsicht zu geben, das allen Menschen gemeinsame Verlangen nach dem (dauernden) Besitz des Guten.

b) Sein Wirkungsfeld ist die Zeugung im Schönen, sowohl körperlich wie geistig. Darin liegt ausgedrückt das Verlangen nach Unsterblichkeit, das er den Menschen ein=

pflanzt, und das, allen Geschöpfen gemeinsam, beim Menschen sich nicht nur in dem Streben nach irdischer Nachkommenschaft, sondern vor allem in dem Streben nach Ruhm und Ehre offenbart.

c) Die höchste Betätigung des Eros ist das stufenweise Emporsteigen des Menschen zur Ideenwelt durch die Philosophie, von der Liebe zu einem schönen Körper bis hinauf zum Schauen des Ewigschönen und Unvergänglichen. Damit ist die wahre Glückseligkeit und zugleich Unsterblichkeit erreicht. 204 C – 212 B.

Szenenwechsel

Eben schickt sich Aristophanes an zu einer Gegenbemerkung gegen eine Einwendung, die Sokrates ihm gemacht hatte, als Alkibiades auftritt, von einem andern Gelage herkommend, berauscht und begleitet von Sklaven und einer Flötenspielerin, die den Wankenden stützen, bekränzt mit einem Veilchen= und Efeukranz sowie mit zahlreichen Bändern. Er bittet, ihn zu Agathon zu führen, um ihm, auch wenn er nicht zur Teilnahme am Gelage eingeladen würde, wenigstens den Siegerkranz aufzusetzen. Die Einladung erfolgt, und er nimmt nach Bekränzung des Agathon seinen Platz rechts von diesem ein. Jetzt erst wird er des Sokrates ansichtig, und, höchst betroffen von dessen Anblick, nimmt er einen Teil der Bänder vom Haupte des Agathon wieder fort und schmückt mit ihnen nach kurzem Wortwechsel mit Sokrates das Haupt dieses unvergleichlichen Mannes, der stets in der Rede der Sieger bleibe. Darauf erklärt er sich selbst zum Symposiarchen (Vorsitzenden des Trinkgelages). Aus einem großen Kühlgefäß trinkt er ihnen vor, und Sokrates folgt ihm. Eryximachos schlägt vor, man solle in der Reihenfolge der Reden fortfahren, wobei nunmehr Alkibiades an die Reihe käme. Alkibiades erklärt, in Anwesenheit des Sokrates könne er nur diesen loben. Das will sich Sokrates nur gefallen lassen, wenn sich Alkibiades auf das strengste an die Wahrheit halte. Alkibiades gibt ihm die Erlaubnis, ihn bei der geringsten Abweichung

von der Wahrheit sofort zu unterbrechen, woran er die Bitte knüpft, gegen etwaige Nachlässigkeiten in der Rede nachsichtig zu sein in Rücksicht auf seinen nicht nüchternen Zustand. 212 D — 215 A.

7. Lobrede des Alkibiades auf Sokrates

215 A — 222 C

Alkibiades beginnt mit einem Vergleich des Sokrates mit jenen hockenden Silenfiguren, die man in den Kunstwerkstätten sieht als Gehäuse für kostbare Götterbilder. Einem solchen Gehäuse ist Sokrates ähnlich, ähnlich zugleich auch dem Satyr Marsyas.

1. Ausführung über die Ähnlichkeit mit Marsyas. Sokrates ist diesem ähnlich, weil er durch seine Redeweise seine Zuhörer innerlich nachhaltig erschüttert, so wie Marsyas durch sein Flötenspiel. Sich selbst führt er als Beispiel an für diese unvergleichliche Wirkung. 215 B — 216 C.

2. Ausführung über die Silenähnlichkeit. Der Widerspruch zwischen Äußerem und Innerem. Anscheinend ist er verliebt in alle schönen Jünglinge, tatsächlich ist es nur der innere Wert, auf den er Gewicht legt. Als schlagenden Beweis scheut sich Alkibiades nicht, ein nächtliches Erlebnis mit Sokrates zu schildern. 216 C — 219 E.

Es folgt die Schilderung von Proben bewundernswerter Beharrungskraft und Ausdauer sowohl in den Schwierigkeiten äußerer Lebenslagen wie auch in der inneren Arbeit des Denkens. Seine Gemütsruhe ist jeder Anfechtung überlegen. Die Feldzüge, die er mitgemacht, liefern dafür die leuchtenden Beispiele. 219 E — 221 C.

3. Sokrates ist ein Mensch, wie es keinen zweiten gegeben hat und gibt, eine einzige, wundersame Erscheinung. 221 C — 221 D.

4. Auch die Reden des Sokrates erinnern an die Silengehäuse: äußerlich volkstümlich und an das Alltägliche anknüpfend, sind sie bei näherem Zusehen voll tiefer göttlicher Weisheit. 221 D — 222 B.

8. Schlußszene

222 C — 223 D

Die Rede des Alkibiades findet freudigen Widerhall. So=
krates erklärt scherzend die ganze Rede für ein wohlberech=
netes Manöver, um ihn mit Agathon zu entzweien. Schon
ist Sokrates bereit, eine Lobrede auf Agathon zu halten, da
erhebt sich ein gewaltiges Getöse: eine neue Schar von
Nachtschwärmern bricht herein und läßt sich zu einem
wüsten Gelage nieder. Die ursprüngliche Gesellschaft ent=
weicht großenteils, die übrigen nicken ein, unter ihnen auch
Aristodemos, der Erzähler. Erst gegen Morgen wacht er auf
und bemerkt, daß Sokrates, noch mit den beiden Dichtern
Agathon und Aristophanes zechend, sich mit ihnen über
das Wesen dramatischer Dichtung unterhält und siegreich
die Behauptung verficht, der echte Tragödiendichter sei auch
ein ebenso vollkommener Komödiendichter. Darüber schla=
fen die beiden Dichter ein, während Sokrates sich bei Ta=
gesgrauen erhebt und in Begleitung des Aristodemos nach
dem Lykeion wandert, dort den ganzen Tag über weilt wie
gewöhnlich, um erst am Abend nach Hause zu gehen.

SYMPOSION

DAS GASTMAHL

ΑΠΟΛΛΟΔΩΡΟΣ ΕΤΑΙΡΟΣ

ΑΠΟΛ. Δοκῶ μοι περὶ ὧν πυνθάνεσθε οὐκ ἀμελέτητος εἶναι. καὶ γὰρ ἐτύγχανον πρῴην εἰς ἄστυ οἴκοθεν ἀνιὼν Φαληρόθεν· τῶν οὖν γνωρίμων τις ὄπισθεν κατιδών με πόρρωθεν ἐκάλεσε, καὶ παίζων ἅμα τῇ κλήσει, "῏Ω Φαληρεύς," ἔφη, "οὗτος Ἀπολλόδωρος, οὐ περιμένεις;" Κἀγὼ ἐπιστὰς περιέμεινα. Καὶ ὅς, "Ἀπολλόδωρε," ἔφη, "καὶ μὴν καὶ ἔναγχός σε ἐζήτουν βουλόμενος διαπυθέσθαι τὴν Ἀγάθωνος συνουσίαν καὶ Σωκράτους καὶ Ἀλκιβιάδου καὶ τῶν ἄλλων τῶν τότε ἐν τῷ συνδείπνῳ παραγενομένων, περὶ τῶν ἐρωτικῶν λόγων τίνες ἦσαν· ἄλλος γάρ τίς μοι διηγεῖτο ἀκηκοὼς Φοίνικος τοῦ Φιλίππου, ἔφη δὲ καὶ σὲ εἰδέναι. ἀλλὰ γὰρ οὐδὲν εἶχε σαφὲς λέγειν. σὺ οὖν μοι διήγησαι· δικαιότατος γὰρ εἶ τοὺς τοῦ ἑταίρου λόγους ἀπαγγέλλειν. πρότερον δέ μοι," ἦ δ' ὅς, "εἰπέ, σὺ αὐτὸς παρεγένου τῇ συνουσίᾳ ταύτῃ ἢ οὔ;" Κἀγὼ εἶπον ὅτι "Παντάπασιν ἔοικέ σοι οὐδὲν διηγεῖσθαι σαφὲς ὁ διηγούμενος, εἰ νεωστὶ ἡγῇ τὴν συνουσίαν γεγονέναι ταύτην ἣν ἐρωτᾷς, ὥστε καὶ ἐμὲ παραγενέσθαι." "Ἐγώ γε δή", ἔφη.

Personen: 1. im Vorgespräch: Apollodoros und einige seiner Freunde; 2. im erzählten Gespräch beim Gastmahl: Aristodemos (Ar.) — der ursprüngliche Erzähler; Sokrates (S.); Agathon (Ag.); Phaidros (Ph.); Pausanias (P.); Eryximachos (Er.); Aristophanes (Aph.); Alkibiades (Alk.); einige Ungenannte.

St.III
p.172
a

1. Apollodoros[1]): Was eure Frage anlangt, so darf ich wohl sagen, daß ich nicht unvorbereitet bin. Denn als ich mich dieser Tage aus meiner Wohnung in Phaleron[2]) aufgemacht hatte, um nach der Stadt hinaufzugehen, traf es sich, daß einer meiner Bekannten, der mich von hinten erkannte, mir aus der Ferne scherzend[3]) zurief: Hallo, Phalereer, Apollodoros, willst du nicht warten?

Ich blieb stehen und wartete.

Er aber begann: Apollodoros, schon vor kurzem suchte ich dich, getrieben von dem Wunsch, etwas zu erfahren von
b dem festlichen Beisammensein des Agathon und Sokrates und Alkibiades sowie der übrigen Teilnehmer an jenem Gastmahl, über den Inhalt der Gespräche nämlich, die sie über den Eros[4]) führten. Erzählte mir davon doch schon ein anderer, der seine Kunde aus dem Munde des Phoinix[5]), des Philippos Sohn, erhalten hatte, übrigens mit der Bemerkung, auch du hättest Kenntnis davon. Allein seine Mitteilungen waren alles andere als deutlich. Also erzähle du mir davon; denn du hast alle Ursache, deines Freundes (des Sokrates) Gespräche unter die Leute zu bringen. Vorerst aber sag mir: Hast du selbst an diesem festlichen Beisammensein teilgenommen oder nicht?

Ich erwiderte: Offenbar hat dein Berichterstatter nicht den mindesten Anspruch auf Genauigkeit, wenn du glaubst, dies festliche Beisammensein, nach dem du fragst, hätte
c erst neuerdings stattgefunden, so daß auch ich hätte dabei sein können.

"Πόθεν, ἦν δ' ἐγώ, ὦ Γλαύκων; οὐκ οἶσθ' ὅτι πολλῶν ἐτῶν Ἀγάθων ἐνθάδε οὐκ ἐπιδεδήμηκεν, ἀφ' οὗ δ' ἐγὼ Σωκράτει συνδιατρίβω καὶ ἐπιμελὲς πεποίημαι ἑκάστης ἡμέρας εἰδέναι ὅτι ἂν λέγῃ ἢ πράττῃ, οὐδέπω τρία ἔτη ἐστίν; πρὸ τοῦ δὲ περιτρέχων ὅπῃ τύχοιμι καὶ οἰόμενος τὶ ποιεῖν ἀθλιώτερος ἦ 173 ὁτουοῦν, οὐχ ἧττον ἢ σὺ νυνί, οἰόμενος δεῖν παντα μᾶλλον πράττειν ἢ φιλοσοφεῖν." Καὶ ὅς, "Μὴ σκῶπτ'," ἔφη, "ἀλλ' εἰπέ μοι πότε ἐγένετο ἡ συνουσία αὕτη." Κἀγὼ εἶπον ὅτι "Παίδων ὄντων ἡμῶν ἔτι, ὅτε τῇ πρώτῃ τραγῳδίᾳ ἐνίκησεν Ἀγάθων, τῇ ὑστεραίᾳ ᾗ ᾗ τὰ ἐπινίκια ἔθυεν αὐτός τε καὶ οἱ χορευταί."
"Πάνυ," ἔφη, "ἄρα πάλαι, ὡς ἔοικεν. ἀλλὰ τίς σοι διηγεῖτο; ἢ αὐτὸς Σωκράτης;" "Οὐ μὰ τὸν Δία," ἦν δ' ἐγώ, "ἀλλ' b ὥσπερ Φοίνικι. Ἀριστόδημος ἦν τις, Κυδαθηναιεύς, σμικρός, ἀνυπόδητος ἀεί· παρεγεγόνει δ' ἐν τῇ συνουσίᾳ, Σωκράτους ἐραστὴς ὢν ἐν τοῖς μάλιστα τῶν τότε, ὡς ἐμοὶ δοκεῖ. οὐ μέντοι ἀλλὰ καὶ Σωκράτη γε ἔνια ἤδη ἀνηρόμην ὧν ἐκείνου ἤκουσα, καί μοι ὡμολόγει καθάπερ ἐκεῖνος διηγεῖτο." "Τί οὖν," ἔφη, "οὐ διηγήσω μοι; πάντως δὲ ἡ ὁδὸς ἡ εἰς ἄστυ ἐπιτηδεία πορευομένοις καὶ λέγειν καὶ ἀκούειν."

Οὕτω δὴ ἰόντες ἅμα τοὺς λόγους περὶ αὐτῶν ἐποιούμεθα, ὥστε, ὅπερ ἀρχόμενος εἶπον, οὐκ ἀμελετήτως ἔχω. εἰ οὖν δεῖ c καὶ ὑμῖν διηγήσασθαι, ταῦτα χρὴ ποιεῖν. καὶ γὰρ ἔγωγε καὶ ἄλλως, ὅταν μέν τινας περὶ φιλοσοφίας λόγους ἢ αὐτὸς ποιῶμαι ἢ ἄλλων ἀκούω, χωρὶς τοῦ οἴεσθαι ὠφελεῖσθαι ὑπερ-

Vorgespräch 5

(Glaukon)⁶): Das glaubte ich allerdings.

Wie konntest du das, Glaukon? entgegnete ich. Weißt du nicht, daß Agathon⁷) schon seit vielen Jahren sich nicht mehr hier aufgehalten hat? Daß aber ich mich dem Sokrates angeschlossen und es meine Hauptsorge sein lasse, keinen Tag vorübergehen zu lassen, ohne zu wissen, was er sagt oder tut, das sind noch keine drei Jahre her. Vorher verbrachte ich meine Zeit in geschäftigem Müßiggang, den ich 173 für Arbeit hielt; dabei war niemand unglücklicher als ich, ebenso wie es dir jetzt ergeht, der du glaubst, alles andere vornehmen zu müssen, nur nicht Philosophie zu treiben.

Spotte nicht, erwiderte Glaukon, sondern sag mir, wann jenes Zusammensein stattfand.

Wir waren noch Kinder, antwortete ich. Es war damals, als Agathon mit seiner ersten Tragödie den Sieg errungen hatte, am Tage nach dem Opfer, das er zur Feier des Sieges mit seinen Choreuten begangen hatte.

(Glaukon): Eine weit zurückliegende Zeit also, wie es scheint. Aber wer hat es dir denn erzählt? Etwa Sokrates selbst?

b Nein, beim Zeus, erwiderte ich, sondern derselbe, der es dem Phoinix mitteilte. Es war da ein gewisser Aristodemos⁸), ein Kydathenäer, klein von Gestalt, immer Barfußgänger; er hatte selbst an jenem festlichen Zusammensein teilgenommen und gehörte damals, glaub ich, zu den schwärmerischsten Verehrern des Sokrates. Indessen habe ich nicht versäumt, auch Sokrates über einiges von dem Gehörten zu fragen, und er bestätigte mir die Mitteilungen des Aristodemos.

(Glaukon): Warum erzähltest du mir nicht davon? Aber es lädt doch der Weg nach der Stadt hin geradezu ein zum Erzählen und Zuhören.

So unterhielten wir uns auf dem Wege darüber; und so bin ich denn, wie schon bemerkt, nicht unvorbereitet. Soll c ich es also auch euch berichten, so darf ich mich nicht weigern. Machen mir doch auch sonst philosophische Gespräche, mag ich sie nun selbst führen oder anderen dabei zuhören, ganz außerordentliche Freude, abgesehen auch von dem Nutzen, den ich davon zu haben glaube. Höre ich aber

φυῶς ὡς χαίρω· ὅταν δὲ ἄλλους τινάς, ἄλλως τε καὶ τοὺς ὑμετέρους τοὺς τῶν πλουσίων καὶ χρηματιστικῶν, αὐτός τε ἄχθομαι ὑμᾶς τε τοὺς ἑταίρους ἐλεῶ, ὅτι οἴεσθε τὶ ποιεῖν οὐδὲν ποιοῦντες. καὶ ἴσως αὖ ὑμεῖς ἐμὲ ἡγεῖσθε κακοδαίμονα εἶναι, καὶ οἴομαι ὑμᾶς ἀληθῆ οἴεσθαι· ἐγὼ μεντοι ὑμᾶς οὐκ οἴομαι ἀλλ' εὖ οἶδα.

ΕΤΑΙ. Ἀεὶ ὅμοιος εἶ, ὦ Ἀπολλόδωρε· ἀεὶ γὰρ σαυτόν τε κακηγορεῖς καὶ τοὺς ἄλλους, καὶ δοκεῖς μοι ἀτεχνῶς πάντας ἀθλίους ἡγεῖσθαι πλὴν Σωκράτους, ἀπὸ σαυτοῦ ἀρξάμενος. καὶ ὁπόθεν ποτὲ ταύτην τὴν ἐπωνυμίαν ἔλαβες τὸ μανικὸς καλεῖσθαι, οὐκ οἶδα ἔγωγε· ἐν μὲν γὰρ τοῖς λόγοις ἀεὶ τοιοῦτος εἶ, σαυτῷ τε καὶ τοῖς ἄλλοις ἀγριαίνεις πλὴν Σωκράτους.

ΑΠΟΛ. Ὦ φίλτατε, καὶ δῆλόν γε δὴ ὅτι οὕτω διανοούμενος καὶ περὶ ἐμαυτοῦ καὶ περὶ ὑμῶν μαίνομαι καὶ παραπαίω;

ΕΤΑΙ. Οὐκ ἄξιον περὶ τούτων, Ἀπολλόδωρε, νῦν ἐρίζειν· ἀλλ' ὅπερ ἐδεόμεθά σου, μὴ ἄλλως ποιήσῃς, ἀλλὰ διήγησαι τίνες ἦσαν οἱ λόγοι.

ΑΠΟΛ. Ἦσαν τοίνυν ἐκεῖνοι τοιοίδε τινές—μᾶλλον δ' ἐξ ἀρχῆς ὑμῖν ὡς ἐκεῖνος διηγεῖτο καὶ ἐγὼ πειράσομαι διηγήσασθαι.

Ἔφη γὰρ οἱ Σωκράτη ἐντυχεῖν λελουμένον τε καὶ τὰς βλαύτας ὑποδεδεμένον, ἃ ἐκεῖνος ὀλιγάκις ἐποίει· καὶ ἐρέσθαι αὐτὸν ὅποι ἴοι οὕτω καλὸς γεγενημένος.

Καὶ τὸν εἰπεῖν ὅτι Ἐπὶ δεῖπνον εἰς Ἀγάθωνος. χθὲς γὰρ αὐτὸν διέφυγον τοῖς ἐπινικίοις, φοβηθεὶς τὸν ὄχλον· ὡμολόγησα δ' εἰς τήμερον παρέσεσθαι. ταῦτα δὴ ἐκαλλωπι-

irgendwelche andere Gespräche, besonders wie ihr Reichen und Geschäftsleute sie führt, dann überkommt nicht nur mich selbst ein Unbehagen, sondern ich bemitleide auch euch, ihr Freunde, daß ihr euch einbildet, etwas zu schaffen, d wo ihr doch nichts schafft. Vielleicht haltet auch ihr eurerseits mich für ein unseliges Menschenkind, und ich glaube, ihr habt damit ganz recht. Aber was *euch* anlangt, so glaube ich das nicht, sondern ich weiß es ganz gewiß.

2. Ein Freund: Immer bleibst du derselbe, Apollodoros, immer nämlich klagst du dich selbst und die anderen an und scheinst geradezu alle, dich voran, für erbarmungswert zu halten, ausgenommen den Sokrates. Woher du deinen Beinamen⁹) „der Tolle" hast, weiß ich nicht; in deinen Reden allerdings zeigst du dich immer so: du wütest gegen dich selbst und die anderen mit einziger Ausnahme des Sokrates.

e Apollodoros: Allerdings, bester Freund, darüber kann wohl kein Zweifel sein, daß ich, bei solcher Meinung über mich und über euch, ein Schwärmer und Narr bin.

Der Freund: Es lohnt sich nicht, Apollodoros, jetzt darüber zu streiten. Laß vielmehr unsere Bitte nicht unerfüllt, sondern berichte. Von welcher Art waren die Gespräche?

Apollodoros: Sie lauteten etwa so — doch ich will lieber ganz von vorn an, wie jener (d. h. Aristodemos) erzählte, so auch meinerseits zu erzählen versuchen.

Erzählung des Aristodemos

Sokrates sei ihm begegnet, frisch gebadet und mit kostbaren Sandalen an den Füßen, was bei ihm eine Seltenheit war. Auf seine Frage, wohin er denn unterwegs sei in so schöner Aufmachung, habe Sokrates erwidert: Zum Gastmahl bei Agathon. Denn gestern, bei seiner Siegesfeier, machte ich mich davon aus Scheu vor dem Gedränge, habe ihm aber zugesagt, mich heute bei ihm einzufinden. Darum habe ich mich auch so schön herausgeputzt, um als Schöner

σάμην, ἵνα καλὸς παρὰ καλὸν ἴω. ἀλλὰ σύ, ἦ δ' ὅς, πῶς ἔχεις πρὸς τὸ ἐθέλειν ἂν ἰέναι ἄκλητος ἐπὶ δεῖπνον;

Κἀγώ, ἔφη, εἶπον ὅτι Οὕτως ὅπως ἂν σὺ κελεύῃς.

Ἕπου τοίνυν, ἔφη, ἵνα καὶ τὴν παροιμίαν διαφθείρωμεν μεταβαλόντες, ὡς ἄρα καὶ **'Αγάθων' ἐπὶ δαῖτας ἴασιν αὐτόματοι ἀγαθοί**. Ὅμηρος μὲν γὰρ κινδυνεύει οὐ μόνον διαφθεῖραι ἀλλὰ καὶ ὑβρίσαι εἰς ταύτην τὴν παροιμίαν· ποιήσας γὰρ τὸν Ἀγαμέμνονα διαφερόντως ἀγαθὸν ἄνδρα τὰ πολεμικά, τὸν δὲ Μενέλεων "**μαλθακὸν αἰχμητήν**," θυσίαν ποιουμένου καὶ ἑστιῶντος τοῦ Ἀγαμέμνονος ἄκλητον ἐποίησεν ἐλθόντα τὸν Μενέλεων ἐπὶ τὴν θοίνην, χείρω ὄντα ἐπὶ τὴν τοῦ ἀμείνονος.

Ταῦτ' ἀκούσας εἰπεῖν ἔφη Ἴσως μέντοι κινδυνεύσω καὶ ἐγὼ οὐχ ὡς σὺ λέγεις, ὦ Σώκρατες, ἀλλὰ καθ' Ὅμηρον φαῦλος ὢν ἐπὶ σοφοῦ ἀνδρὸς ἰέναι θοίνην ἄκλητος. ὅρα οὖν ἄγων με τί ἀπολογήσῃ, ὡς ἐγὼ μὲν οὐχ ὁμολογήσω ἄκλητος ἥκειν, ἀλλ' ὑπὸ σοῦ κεκλημένος.

"**Σύν τε δύ'**," ἔφη, "**ἐρχομένῳ πρὸ ὁδοῦ**" βουλευσόμεθα ὅτι ἐροῦμεν. ἀλλ' ἴωμεν.

Τοιαῦτ' ἄττα σφᾶς ἔφη διαλεχθέντας ἰέναι. τὸν οὖν Σωκράτη ἑαυτῷ πως προσέχοντα τὸν νοῦν κατὰ τὴν ὁδὸν πορεύεσθαι ὑπολειπόμενον, καὶ περιμένοντος οὗ κελεύειν προϊέναι εἰς τὸ πρόσθεν. ἐπειδὴ δὲ γενέσθαι ἐπὶ τῇ οἰκίᾳ τῇ Ἀγάθωνος, ἀνεῳγμένην καταλαμβάνειν τὴν θύραν, καί τι ἔφη αὐτόθι γελοῖον παθεῖν. οἷ μὲν γὰρ εὐθὺς παῖδά τινα τῶν ἔνδοθεν ἀπαντήσαντα ἄγειν οὗ κατέκειντο οἱ ἄλλοι, καὶ καταλαμβάνειν ἤδη μέλλοντας δειπνεῖν· εὐθὺς δ' οὖν ὡς ἰδεῖν τὸν Ἀγάθωνα, Ὦ, φάναι, Ἀριστόδημε, εἰς καλὸν ἥκεις ὅπως συνδειπνήσῃς· εἰ δ' ἄλλου τινὸς ἕνεκα ἦλθες, εἰς αὖθις ἀναβαλοῦ, ὡς καὶ χθὲς ζητῶν σε ἵνα καλέσαιμι, οὐχ οἷός τ'

beim Schönen zu erscheinen. Aber wie steht's mit deiner
b etwaigen Bereitschaft, ungeladen mit zum Gastmahl zu
kommen?
Ar.: Ganz wie du befiehlst.
S.: So folge mir! Wir werden damit zugleich das Sprich=
wort abändern und sagen[10]:
„Uneingeladen erscheinen bei Agathon die Guten als
Gäste."
Homer nämlich scheint das Sprichwort nicht nur abge=
ändert, sondern dreist entstellt zu haben. Denn er stellte
Agamemnon in seiner Dichtung als einen hervorragend
tüchtigen Kriegsmann hin, den Menelaos dagegen als
weichlichen Lanzenschwinger[11]; gleichwohl ließ er, als
c Agamemnon einen festlichen Opferschmaus gab, den Mene=
laos ungeladen zum Mahl erscheinen, ihn, den Geringeren,
zum Mahl des Trefflicheren.
Ar.: Wer weiß, Sokrates? Vielleicht kann es so kommen,
daß auch ich nicht nach deiner Auslegung, sondern nach
den Worten Homers als Minderwertiger ungeladen bei dem
Mahle eines weisen Mannes erscheine. Sieh dich also bei=
zeiten nach einer passenden Entschuldigung um für meine
Einführung; denn ich möchte nicht als ungebetener Gast
d auftreten, sondern nur als von dir eingeladen.
S.: „Wandern wir zwei miteinander"[12], so werden wir
darüber beraten, was wir sagen sollen. Also vorwärts!
Unter solchen Gesprächen seien sie weitergegangen; da
sei Sokrates, in tiefe Gedanken versunken, unterwegs hin=
ter ihm zurückgeblieben, und als er selbst deshalb auch
stehen geblieben sei, habe er ihm zugerufen, er solle nur
weitergehen. An dem Hause des Agathon angelangt, habe
e er da die Tür geöffnet gefunden und gleich darauf etwas
Lächerliches erlebt. Sofort sei ein Diener ihm aus dem
Hause entgegengekommen und habe ihn in das Gemach ge=
führt, wo die übrigen sich niedergelegt hatten, und er habe
sie bereits in der Vorbereitung zum Mahl angetroffen. Als
Agathon seiner ansichtig geworden, habe er gleich gerufen:
Aristodemos, du kommst mir gerade recht, um am Mahl
mit teilzunehmen; hat dich aber eine andere Absicht her=
geführt, so schiebe die betreffende Sache auf; suchte ich

ἢ ἰδεῖν. ἀλλὰ Σωκράτη ἡμῖν πῶς οὐκ ἄγεις;

Καὶ ἐγώ, ἔφη, μεταστρεφόμενος οὐδαμοῦ ὁρῶ Σωκράτη ἑπόμενον· εἶπον οὖν ὅτι καὶ αὐτὸς μετὰ Σωκράτους ἥκοιμι, κληθεὶς ὑπ' ἐκείνου δεῦρ' ἐπὶ δεῖπνον.

Καλῶς γ', ἔφη, ποιῶν σύ· ἀλλὰ ποῦ ἔστιν οὗτος;

Ὄπισθεν ἐμοῦ ἄρτι εἰσήει· ἀλλὰ θαυμάζω καὶ αὐτὸς ποῦ 175 ἂν εἴη.

Οὐ σκέψῃ, ἔφη, παῖ, φάναι τὸν Ἀγάθωνα, καὶ εἰσάξεις Σωκράτη; σὺ δ', ἦ δ' ὅς, Ἀριστόδημε, παρ' Ἐρυξίμαχον κατακλίνου.

Καὶ ἓ μὲν ἔφη ἀπονίζειν τὸν παῖδα ἵνα κατακέοιτο· ἄλλον δέ τινα τῶν παίδων ἥκειν ἀγγέλλοντα ὅτι "Σωκράτης οὗτος ἀναχωρήσας ἐν τῷ τῶν γειτόνων προθύρῳ ἕστηκεν, κἀμοῦ καλοῦντος οὐκ ἐθέλει εἰσιέναι."

Ἄτοπόν γ', ἔφη, λέγεις· οὔκουν καλεῖς αὐτὸν καὶ μὴ ἀφήσεις;

Καὶ ὃς ἔφη εἰπεῖν Μηδαμῶς, ἀλλ' ἐᾶτε αὐτόν. ἔθος γάρ b τι τοῦτ' ἔχει· ἐνίοτε ἀποστὰς ὅποι ἂν τύχῃ ἕστηκεν. ἥξει δ' αὐτίκα, ὡς ἐγὼ οἶμαι. μὴ οὖν κινεῖτε, ἀλλ' ἐᾶτε.

Ἀλλ' οὕτω χρὴ ποιεῖν, εἰ σοὶ δοκεῖ, ἔφη φάναι τὸν Ἀγάθωνα. ἀλλ' ἡμᾶς, ὦ παῖδες, τοὺς ἄλλους ἑστιᾶτε. πάντως παρατίθετε ὅτι ἂν βούλησθε, ἐπειδάν τις ὑμῖν μὴ ἐφεστήκῃ—ὃ ἐγὼ οὐδεπώποτε ἐποίησα—νῦν οὖν, νομίζοντες καὶ ἐμὲ ὑφ' ὑμῶν κεκλῆσθαι ἐπὶ δεῖπνον καὶ τούσδε τοὺς ἄλλους, θεραπεύετε, ἵν' ὑμᾶς ἐπαινῶμεν. c

Μετὰ ταῦτα ἔφη σφᾶς μὲν δειπνεῖν, τὸν δὲ Σωκράτη οὐκ εἰσιέναι. τὸν οὖν Ἀγάθωνα πολλάκις κελεύειν μεταπέμψασθαι τὸν Σωκράτη, ἓ δὲ οὐκ ἐᾶν. ἥκειν οὖν αὐτὸν οὐ πολὺν χρόνον ὡς εἰώθει διατρίψαντα, ἀλλὰ μάλιστα σφᾶς μεσοῦν δειπνοῦντας. τὸν οὖν Ἀγάθωνα—τυγχάνειν γὰρ

doch schon gestern nach dir, dich einzuladen, konnte dich aber nicht finden. Aber wie kommt's, daß du Sokrates nicht mitbringst?

Ich wandte mich um — so erzählte Aristodemos — konnte aber von Sokrates nichts entdecken. Ich sagte also, ich sei selbst in Begleitung des Sokrates gekommen, von diesem zu dem Gastmahl eingeladen.

Ag.: Daran hast du sehr wohl getan. Aber wo bleibt er denn selbst?

175 Ar.: Er war doch eben noch hinter mir, ich wundere mich selbst, wo er wohl sein mag.

Ag.: Hallo, Bursche, schau nach und bringe Sokrates zur Stelle. Du aber, Aristodemos, nimm deinen Platz neben Eryximachos[13]) ein!

3. Ihm selbst habe ein Sklave ein Fußbad bereitet, ehe er sich niederlegte. Ein anderer Sklave aber sei mit der Meldung gekommen: Sokrates steht etwas abseits im Vor=hof des Nachbarhauses, aber mein Rufen, er solle doch ein=treten, findet kein Gehör.

Ag.: Sonderbar, was du da sagst. Gleich ruf ihn noch einmal und laß nicht locker!

b Ar.: Nein, nein, laßt ihn in Ruhe, das ist so seine ge=wohnte Art: er entfernt sich zuweilen ein Stück und bleibt stehen, wo es gerade ist. Aber ich glaube, in wenigen Augenblicken wird er zur Stelle sein. Stört ihn also nicht, sondern laßt ihn.

Ag.: Wenn du meinst, wollen wir's so halten. Aber ihr, meine Burschen, bewirtet uns anderen! Ihr tragt ja doch immer nur auf, was euch beliebt, wenn einer euch nicht auf den Dienst paßt, was ich nie getan habe. Also seht es ein=mal so an, als wären wir bei euch zu Gaste, damit wir uns
c bei euch bedanken![14])

Hierauf hätten sie gespeist, Sokrates aber hätte sich nicht eingefunden. Agathon zwar hätte mehrmals befohlen, So=krates zu holen, aber er (Aristodemos) hätte es nicht zuge=lassen. Nach einiger Zeit sei er dann doch erschienen, ohne, wie es sonst seine Gewohnheit war, lange zu verweilen; sie seien höchstens in der Mitte des Mahles gewesen. Aga=

ἔσχατον κατακείμενον μόνον—Δεῦρ', ἔφη φάναι, Σώκρατες,
παρ' ἐμὲ κατάκεισο, ἵνα καὶ τοῦ σοφοῦ ἁπτόμενός σου
ἀπολαύσω, ὅ σοι προσέστη ἐν τοῖς προθύροις. δῆλον γὰρ ὅτι d
ηὗρες αὐτὸ καὶ ἔχεις· οὐ γὰρ ἂν προαπέστης.

Καὶ τὸν Σωκράτη καθίζεσθαι καὶ εἰπεῖν ὅτι Εὖ ἂν ἔχοι,
φάναι, ὦ Ἀγάθων, εἰ τοιοῦτον εἴη ἡ σοφία ὥστ' ἐκ τοῦ πληρε-
στέρου εἰς τὸν κενώτερον ῥεῖν ἡμῶν, ἐὰν ἁπτώμεθα ἀλλήλων,
ὥσπερ τὸ ἐν ταῖς κύλιξιν ὕδωρ τὸ διὰ τοῦ ἐρίου ῥέον ἐκ τῆς
πληρεστέρας εἰς τὴν κενωτέραν. εἰ γὰρ οὕτως ἔχει καὶ ἡ
σοφία, πολλοῦ τιμῶμαι τὴν παρὰ σοὶ κατάκλισιν· οἶμαι γάρ e
με παρὰ σοῦ πολλῆς καὶ καλῆς σοφίας πληρωθήσεσθαι. ἡ μὲν
γὰρ ἐμὴ φαύλη τις ἂν εἴη, ἢ καὶ ἀμφισβητήσιμος ὥσπερ ὄναρ
οὖσα, ἡ δὲ σὴ λαμπρά τε καὶ πολλὴν ἐπίδοσιν ἔχουσα, ἥ γε
παρὰ σοῦ νέου ὄντος οὕτω σφόδρα ἐξέλαμψεν καὶ ἐκφανὴς
ἐγένετο πρῴην ἐν μάρτυσι τῶν Ἑλλήνων πλέον ἢ τρισμυρίοις.

Ὑβριστὴς εἶ, ἔφη, ὦ Σώκρατες, ὁ Ἀγάθων. καὶ ταῦτα
μὲν καὶ ὀλίγον ὕστερον διαδικασόμεθα ἐγώ τε καὶ σὺ περὶ
τῆς σοφίας, δικαστῇ χρώμενοι τῷ Διονύσῳ· νῦν δὲ πρὸς τὸ
δεῖπνον πρῶτα τρέπου.

Μετὰ ταῦτα, ἔφη, κατακλινέντος τοῦ Σωκράτους καὶ 176
δειπνήσαντος καὶ τῶν ἄλλων, σπονδάς τε σφᾶς ποιήσασθαι,
καὶ ᾄσαντας τὸν θεὸν καὶ τἆλλα τὰ νομιζόμενα, τρέπεσθαι
πρὸς τὸν πότον. τὸν οὖν Παυσανίαν ἔφη λόγου τοιούτου
τινὸς κατάρχειν. Εἶεν, ἄνδρες, φάναι, τίνα τρόπον ῥᾷστα
πιόμεθα; ἐγὼ μὲν οὖν λέγω ὑμῖν ὅτι τῷ ὄντι πάνυ χαλεπῶς
ἔχω ὑπὸ τοῦ χθὲς πότου καὶ δέομαι ἀναψυχῆς τινος—οἶμαι
δὲ καὶ ὑμῶν τοὺς πολλούς· παρῆστε γὰρ χθές—σκοπεῖσθε

thon (denn es habe sich gerade so getroffen, daß er am unteren Ende allein lag) habe ihm zugerufen: Hierher, Sokrates, neben mir nimm deinen Platz ein, damit mir durch deine Berührung der Weisheitsfunken zugute komme, der
d dir dort am Hauseingang aufblitzte. Denn offenbar hast du das Gesuchte gefunden; eher würdest du gewiß nicht abgelassen haben.

Sokrates habe sich nun niedergelassen mit den Worten: Das wäre ja schön, Agathon, wenn es mit der Weisheit so stände, daß sie aus dem Volleren von uns in den Leereren flösse, wenn wir einander berühren, wie es bei den Bechern der Fall ist, wo vermittels eines Wollfadens das Wasser aus dem volleren in den leereren überfließt[15]). Wenn es sich so auch mit der Weisheit verhält, dann darf ich es hoch einschätzen, daß ich meinen Platz neben dir habe. Denn ich
e glaube, viel herrliche Weisheit wird von dir auf mich überströmen. Mit *meiner* Weisheit steht es flau und zweifelhaft[16]), sie gleicht nur einem Traumbild, *deine* dagegen ist glänzend und in starker Zunahme begriffen. Obwohl du noch in so jugendlichem Alter bist, strahlt sie so stark hervor! Mehr als 30 000 Hellenen[17]) waren vorgestern Zeugen davon.

Ag.: Du bist ein Spötter, Sokrates. Nur noch ein wenig Geduld, und wir werden diesen Streit über die Weisheit entscheiden: Dionysos soll der Schiedsrichter sein[18]). Jetzt aber bediene dich erst!

176 4. Nachdem dann Sokrates auf seinem Lager sich eingerichtet und mit den anderen die Mahlzeit beendet hatte, hätten sie Trankopfer dargebracht, einen Lobgesang auf den Gott angestimmt und die sonstigen Bräuche vollzogen, um sich sodann dem Gelage zuzuwenden. Da habe sich denn *Pausanias*[19]) zuerst folgendermaßen vernehmen lassen: Nun, ihr Männer, wie geben wir dem Gelage die leichteste Form? Ich für meine Person verschweige nicht, daß ich das gestrige Zechen tatsächlich noch schwer in den Gliedern fühle und einer Erholung bedarf; auch den meisten von euch wird es vermutlich nicht besser gehen, waret ihr doch

οὖν τίνι τρόπῳ ἂν ὡς ῥᾷστα πίνοιμεν.

Τὸν οὖν Ἀριστοφάνη εἰπεῖν, Τοῦτο μέντοι εὖ λέγεις, ὦ Παυσανία, τὸ παντὶ τρόπῳ παρασκευάσασθαι ῥᾳστώνην τινὰ τῆς πόσεως· καὶ γὰρ αὐτός εἰμι τῶν χθὲς βεβαπτισμένων.

Ἀκούσαντα οὖν αὐτῶν ἔφη Ἐρυξίμαχον τὸν Ἀκουμενοῦ Ἦ καλῶς, φάναι, λέγετε. καὶ ἔτι ἑνὸς δέομαι ὑμῶν ἀκοῦσαι πῶς ἔχει πρὸς τὸ ἐρρῶσθαι πίνειν, Ἀγάθων⟨ος⟩.

Οὐδαμῶς, φάναι, οὐδ' αὐτὸς ἔρρωμαι.

Ἕρμαιον ἂν εἴη ἡμῖν, ἦ δ' ὅς, ὡς ἔοικεν, ἐμοί τε καὶ Ἀριστοδήμῳ καὶ Φαίδρῳ καὶ τοῖσδε, εἰ ὑμεῖς οἱ δυνατώτατοι πίνειν νῦν ἀπειρήκατε· ἡμεῖς μὲν γὰρ ἀεὶ ἀδύνατοι. Σωκράτη δ' ἐξαιρῶ λόγου· ἱκανὸς γὰρ καὶ ἀμφότερα, ὥστ' ἐξαρκέσει αὐτῷ ὁπότερ' ἂν ποιῶμεν. ἐπειδὴ οὖν μοι δοκεῖ οὐδεὶς τῶν παρόντων προθύμως ἔχειν πρὸς τὸ πολὺν πίνειν οἶνον, ἴσως ἂν ἐγὼ περὶ τοῦ μεθύσκεσθαι οἷόν ἐστι τἀληθῆ λέγων ἧττον ἂν εἴην ἀηδής. ἐμοὶ γὰρ δὴ τοῦτό γε οἶμαι κατάδηλον γεγονέναι ἐκ τῆς ἰατρικῆς, ὅτι χαλεπὸν τοῖς ἀνθρώποις ἡ μέθη ἐστίν· καὶ οὔτε αὐτὸς ἑκὼν εἶναι πόρρω ἐθελήσαιμι ἂν πιεῖν οὔτε ἄλλῳ συμβουλεύσαιμι, ἄλλως τε καὶ κραιπαλῶντα ἔτι ἐκ τῆς προτεραίας.

Ἀλλὰ μήν, ἔφη φάναι ὑπολαβόντα Φαῖδρον τὸν Μυρρινούσιον, ἔγωγέ σοι εἴωθα πείθεσθαι ἄλλως τε καὶ ἅττ' ἂν περὶ ἰατρικῆς λέγῃς· νῦν δ', ἂν εὖ βουλεύωνται, καὶ οἱ λοιποί. ταῦτα δὴ ἀκούσαντας συγχωρεῖν πάντας μὴ διὰ μέθης ποιήσασθαι τὴν ἐν τῷ παρόντι συνουσίαν, ἀλλ' οὕτω πίνοντας πρὸς ἡδονήν.

Ἐπειδὴ τοίνυν, φάναι τὸν Ἐρυξίμαχον, τοῦτο μὲν δέδοκται, πίνειν ὅσον ἂν ἕκαστος βούληται, ἐπάναγκες δὲ μηδὲν εἶναι, τὸ μετὰ τοῦτο εἰσηγοῦμαι τὴν μὲν ἄρτι εἰσελθοῦσαν

b gestern auch dabei. Überlegt also, wie wir dem Gelage die leichteste Form geben.

Aristophanes: Du hast ganz recht, Pausanias, wenn du vorschlägst, das Gelage möglichst zwanglos zu gestalten; bin ich doch auch einer von denen, die sich gestern gehörig berauscht haben.

Eryximachos (Sohn des Akumenos): Euer Vorschlag ist sehr wohl angebracht. Ich möchte nur noch von *einem* unter euch hören, wie es mit seiner Aufgelegtheit zum Trinken steht, nämlich von Agathon.

Ag.: Auch ich fühle mich durchaus nicht frisch genug.

c Er.: Das kommt uns ja gerade wie gerufen, mir und Aristodemos und Phaidros und den übrigen da, wenn ihr, die kräftigsten Trinker, jetzt versagt; denn was uns anlangt, so sind wir in dieser Beziehung immer Schwächlinge, nur Sokrates nehme ich aus; denn er versteht sich auf beides, wird also mit unserer Wahl einverstanden sein, wie sie auch ausfallen mag. Da mir also keiner der Anwesenden besonders aufgelegt zu reichlichem Weingenuß zu sein scheint, so wäre dies vielleicht eine Gelegenheit, euch über das Wesen der Trunkenheit die Wahrheit mitzuteilen, ohne euer Mißfallen zu erregen. Soviel nämlich, denke ich, ist mir aus meiner ärztlichen Erfahrung klar geworden, daß die Trund kenheit ihre schweren Bedenken für die Menschen hat; und ich möchte daher, wenn es nach meinem Willen geht, weder selbst reichlich trinken noch einem anderen dazu raten, zumal wenn ihm von gestern her der Kopf noch schwer ist.

Da sei *Phaidros*[20]) aus Myrrhinus eingefallen: Wahrhaftig, was mich anlangt, so bin ich gewohnt, dir zu folgen, und besonders wenn du über Sachen der Heilkunde sprichst; in diesem Fall gilt dies auch für die übrigen, wenn sie sich auf ihr eigenes Beste verstehen.

Darauf hätten denn auch alle anderen eingewilligt, das e jetzige Gelage nicht zu einem Wettkampf im Trinken zu machen, sondern nur eben nach Belieben zu trinken.

5. Er.: Da nun darüber volle Übereinstimmung erzielt ist, daß jeder nach Belieben trinkt und jeder Zwang ausgeschlossen ist, so schlage ich ferner vor, die eben eingetre=

αὐλητρίδα χαίρειν ἐᾶν, αὐλοῦσαν ἑαυτῇ ἢ ἂν βούληται ταῖς γυναιξὶ ταῖς ἔνδον, ἡμᾶς δὲ διὰ λόγων ἀλλήλοις συνεῖναι τὸ τήμερον· καὶ δι' οἵων λόγων, εἰ βούλεσθε, ἐθέλω ὑμῖν εἰσηγήσασθαι.

Φάναι δὴ πάντας καὶ βούλεσθαι καὶ κελεύειν αὐτὸν εἰσηγεῖσθαι. εἰπεῖν οὖν τὸν Ἐρυξίμαχον ὅτι Ἡ μέν μοι ἀρχὴ τοῦ λόγου ἐστὶ κατὰ τὴν Εὐριπίδου Μελανίππην· ο ὐ γ ὰ ρ ἐ μ ὸ ς ὁ μ ῦ θ ο ς, ἀλλὰ Φαίδρου τοῦδε, ὃν μέλλω λέγειν. Φαῖδρος γὰρ ἑκάστοτε πρός με ἀγανακτῶν λέγει Οὐ δεινόν, φησίν, ὦ Ἐρυξίμαχε, ἄλλοις μέν τισι θεῶν ὕμνους καὶ παίωνας εἶναι ὑπὸ τῶν ποιητῶν πεποιημένους, τῷ δὲ Ἔρωτι, τηλικούτῳ ὄντι καὶ τοσούτῳ θεῷ, μηδὲ ἕνα πώποτε τοσούτων γεγονότων ποιητῶν πεποιηκέναι μηδὲν ἐγκώμιον; εἰ δὲ βούλει αὖ σκέψασθαι τοὺς χρηστοὺς σοφιστάς, Ἡρακλέους μὲν καὶ ἄλλων ἐπαίνους καταλογάδην συγγάφειν, ὥσπερ ὁ βέλτιστος Πρόδικος—καὶ τοῦτο μὲν ἧττον καὶ θαυμαστόν, ἀλλ' ἔγωγε ἤδη τινὶ ἐνέτυχον βιβλίῳ ἀνδρὸς σοφοῦ, ἐν ᾧ ἐνῆσαν ἅλες ἔπαινον θαυμάσιον ἔχοντες πρὸς ὠφελίαν, καὶ ἄλλα τοιαῦτα συχνὰ ἴδοις ἂν ἐγκεκωμιασμένα—τὸ οὖν τοιούτων μὲν πέρι πολλὴν σπουδὴν ποιήσασθαι, Ἔρωτα δὲ μηδένα πω ἀνθρώπων τετολμηκέναι εἰς ταυτηνὶ τὴν ἡμέραν ἀξίως ὑμνῆσαι· ἀλλ' οὕτως ἠμέληται τοσοῦτος θεός. ταῦτα δή μοι δοκεῖ εὖ λέγειν Φαῖδρος. ἐγὼ οὖν ἐπιθυμῶ ἅμα μὲν τούτῳ ἔρανον εἰσενεγκεῖν καὶ χαρίσασθαι, ἅμα δ' ἐν τῷ παρόντι πρέπον μοι δοκεῖ εἶναι ἡμῖν τοῖς παροῦσι κοσμῆσαι τὸν θεόν. εἰ οὖν συνδοκεῖ καὶ ὑμῖν, γένοιτ' ἂν ἡμῖν ἐν λόγοις ἱκανὴ διατριβή· δοκεῖ γάρ μοι χρῆναι ἕκαστον ἡμῶν λόγον εἰπεῖν ἔπαινον Ἔρωτος ἐπὶ δεξιὰ ὡς ἂν δύνηται κάλλιστον, ἄρχειν δὲ Φαῖδρον πρῶτον, ἐπειδὴ καὶ πρῶτος κατάκειται καὶ ἔστιν ἅμα πατὴρ τοῦ λόγου.

tene Flötenbläserin zu entlassen[21]) — sie mag sich selbst etwas vorspielen oder, wenn sie will, den Weibern dort drinnen — wir aber wollen uns heute nur durch Reden unter= halten! Und auch über die Art der Reden will ich euch, wenn's euch beliebt, einen Vorschlag machen.

177 Alle hätten sie da ihr Einverständnis erklärt und ihn auf= gefordert, seinen Vorschlag vorzutragen.

Er.: Ich beginne mit einem Wort der Melanippe[22]) des Euripides: *„Nicht mein Wort ist es"*, sondern das unseres Phaidros hier, das ich vorbringen will. Denn immer wieder tut mir Phaidros seinen Unwillen kund und sagt: Ist es nicht eine Schande, Eryximachos, daß es für so manche andere Götter Hymnen und Päane gibt, die die Dichter auf sie gedichtet haben, während auf *Eros*, diesen uralten und ge= waltigen Gott, kein einziger aus der großen Schar der Dich=
b ter je ein Loblied gedichtet hat? Richtest du aber dein Augenmerk auf die großen Sophisten, so findest du Lob= reden in Prosa von ihnen auf Herakles[23]) und auf andere, wie vom trefflichen Prodikos. Und darüber braucht man sich nicht weiter zu verwundern; aber mir fiel auch schon ein Buch eines klugen Mannes in die Hände, in dem das Salz sein ganz erstaunliches Lob bekam ob seines Nutzens, und so kann man noch so mancherlei anderes der Art ge=
c priesen sehen. Auf solche Dinge hat man also viel Eifer verwandt, den Eros aber würdig zu preisen, daran hat sich bis auf den heutigen Tag noch kein Mensch gewagt, son= dern diesen gewaltigen Gott hat man ganz vernachlässigt. Das ist eine gerechte Klage des Phaidros, wie mir scheint. Zur Erfüllung seines Wunsches möchte ich ihm einen klei= nen Beitrag liefern, sodann aber will es mir gerade jetzt für uns, die wir hier beisammen sind, angemessen schei= nen, den Gott zu feiern. Wenn nun auch ihr der gleichen
d Ansicht seid, so hätten wir durch die Reden die schönste Unterhaltung. Meiner Ansicht nach nämlich muß jeder von uns nach rechts herum eine Rede zum Preise des Eros hal= ten, so schön, wie er kann; den Anfang aber soll *Phaidros* machen, denn er liegt obenan und ist zudem der eigentliche Vater des Themas.

S.: Niemand wird gegen dich stimmen, Eryximachos.

Οὐδείς σοι, ὦ Ἐρυξίμαχε, φάναι τὸν Σωκράτη, ἐναντία ψηφιεῖται. οὔτε γὰρ ἄν που ἐγὼ ἀποφήσαιμι, ὃς οὐδέν φημι ἄλλο ἐπίστασθαι ἢ τὰ ἐρωτικά, οὔτε που Ἀγάθων καὶ Παυσανίας, οὐδὲ μὴν Ἀριστοφάνης, ᾧ περὶ Διόνυσον καὶ Ἀφροδίτην πᾶσα ἡ διατριβή, οὐδὲ ἄλλος οὐδεὶς τουτωνὶ ὧν ἐγὼ ὁρῶ. καίτοι οὐκ ἐξ ἴσου γίγνεται ἡμῖν τοῖς ὑστάτοις κατακειμένοις· ἀλλ᾽ ἐὰν οἱ πρόσθεν ἱκανῶς καὶ καλῶς εἴπωσιν, ἐξαρκέσει ἡμῖν. ἀλλὰ τύχῃ ἀγαθῇ καταρχέτω Φαῖδρος καὶ ἐγκωμιαζέτω τὸν Ἔρωτα.

Ταῦτα δὴ καὶ οἱ ἄλλοι πάντες ἄρα συνέφασάν τε καὶ ἐκέλευον ἅπερ ὁ Σωκράτης. πάντων μὲν οὖν ἃ ἕκαστος εἶπεν, οὔτε πάνυ ὁ Ἀριστόδημος ἐμέμνητο οὔτ᾽ αὖ ἐγὼ ἃ ἐκεῖνος ἔλεγε πάντα· ἃ δὲ μάλιστα καὶ ὧν ἔδοξέ μοι ἀξιομνημόνευτον, τούτων ὑμῖν ἐρῶ ἑκάστου τὸν λόγον.

Πρῶτον μὲν γάρ, ὥσπερ λέγω, ἔφη Φαῖδρον ἀρξάμενον ἐνθένδε ποθὲν λέγειν, ὅτι μέγας θεὸς εἴη ὁ Ἔρως καὶ θαυμαστὸς ἐν ἀνθρώποις τε καὶ θεοῖς, πολλαχῇ μὲν καὶ ἄλλῃ, οὐχ ἥκιστα δὲ κατὰ τὴν γένεσιν. τὸ γὰρ ἐν τοῖς πρεσβύτατον εἶναι τὸν θεὸν τίμιον, ἦ δ᾽ ὅς, τεκμήριον δὲ τούτου· γονῆς γὰρ Ἔρωτος οὔτ᾽ εἰσὶν οὔτε λέγονται ὑπ᾽ οὐδενὸς οὔτε ἰδιώτου οὔτε ποιητοῦ, ἀλλ᾽ Ἡσίοδος πρῶτον μὲν Χάος φησὶ γενέσθαι—

αὐτὰρ ἔπειτα
Γαῖ᾽ εὐρύστερνος, πάντων ἕδος ἀσφαλὲς αἰεί,
ἠδ᾽ Ἔρος

Παρμενίδης δὲ τὴν γένεσιν λέγει—
πρώτιστον μὲν Ἔρωτα θεῶν μητίσατο πάντων.
Ἡσιόδῳ δὲ καὶ Ἀκουσίλεως σύμφησιν.
οὕτω πολλαχόθεν ὁμολογεῖται ὁ Ἔρως ἐν τοῖς πρεσβύτατος εἶναι. πρεσβύτατος δὲ ὢν μεγίστων ἀγαθῶν ἡμῖν αἴτιός ἐστιν. οὐ γὰρ ἔγωγ᾽ ἔχω εἰπεῖν ὅτι μεῖζόν ἐστιν ἀγαθὸν εὐθὺς νέῳ ὄντι ἢ ἐραστὴς χρηστὸς καὶ ἐραστῇ

Denn weder ich, dessen ganze Weisheit sich um die *Liebe* dreht, werde mich weigern, noch Agathon und Pausanias, und schon gar nicht Aristophanes, dessen ganzes Schaf=
e fen im Dienste des Dionysos²⁴) und der Aphrodite steht, noch sonst einer von denen, die ich hier vor mir sehe. Frei= lich wird uns, die wir die letzten Plätze haben, dabei übel mitgespielt; aber wenn die Vorgänger angemessen und schön gesprochen haben, so soll uns das genügen. So fange denn Phaidros unter glücklichen Vorzeichen an und ver= herrliche Eros.

178 Dem stimmten denn auch alle übrigen bei und unter= stützten die Aufforderung des Sokrates.

(Apollodoros) Selbstverständlich konnte sich Aristodemos durchaus nicht an alles, was da vorgetragen wurde, erin= nern, so wenig, wie ich mich an alles erinnere, was er er= zählte. Was aber das sachlich und persönlich Denkwür= digste betrifft, so will ich euch darüber im einzelnen Re= chenschaft geben.

6. Zuerst nämlich, wie gesagt, habe *Phaidros* gespro= chen und seine Rede etwa damit begonnen: Eros sei ein großer Gott und bewundernswert unter Menschen und Göt= tern, so vor allem in Hinsicht auf seine Herkunft. Denn zu den ältesten unter den Göttern zu gehören ist ehrenvoll.
b Dies kann man beweisen: Eltern des Eros gibt es nicht und werden von niemandem genannt, weder von einem Dichter noch sonst jemandem, sondern Hesiod²⁵) sagt, zuerst sei das Chaos entstanden,

„aber darauf dann
weithin gebreitet die Erde, der dauernde Sitz für uns alle,
Eros zugleich."
Parmenides²⁶) aber sagt von der Göttin des Werdens:
„Zuallererst ersann sie von allen Göttern den Eros."
Mit Hesiod stimmt auch Akusilaos²⁷) zusammen. So er=
c gibt sich eine vielseitige Übereinstimmung darüber, daß Eros zu den ältesten Gottheiten gehört. Als dem ältesten haben wir ihm auch die größten Güter zu danken. Denn ich wüßte für einen angehenden Jüngling kein größeres Gut zu nennen als einen trefflichen Liebhaber und für den

παιδικά. ὃ γὰρ χρὴ ἀνθρώποις ἡγεῖθαι παντὸς τοῦ βίου τοῖς μέλλουσι καλῶς βιώσεσθαι, τοῦτο οὔτε συγγένεια οἷα τε ἐμποιεῖν οὕτω καλῶς οὔτε τιμαὶ οὔτε πλοῦτος οὔτ' ἄλλο οὐδὲν ὡς ἔρως. λέγω δὲ δὴ τί τοῦτο; τὴν ἐπὶ μὲν τοῖς d αἰσχροῖς αἰσχύνην, ἐπὶ δὲ τοῖς καλοῖς φιλοτιμίαν· οὐ γὰρ ἔστιν ἄνευ τούτων οὔτε πόλιν οὔτε ἰδιώτην μεγάλα καὶ καλὰ ἔργα ἐξεργάζεσθαι. φημὶ τοίνυν ἐγὼ ἄνδρα ὅστις ἐρᾷ, εἴ τι αἰσχρὸν ποιῶν κατάδηλος γίγνοιτο ἢ πάσχων ὑπό του δι' ἀνανδρίαν μὴ ἀμυνόμενος, οὔτ' ἂν ὑπὸ πατρὸς ὀφθέντα οὕτως ἀλγῆσαι οὔτε ὑπὸ ἑταίρων οὔτε ὑπ' ἄλλου οὐδενὸς ὡς ὑπὸ παιδικῶν. ταὐτὸν δὲ τοῦτο καὶ τὸν ἐρώ- e μενον ὁρῶμεν, ὅτι διαφερόντως τοὺς ἐραστὰς αἰσχύνεται, ὅταν ὀφθῇ ἐν αἰσχρῷ τινι ὤν. εἰ οὖν μηχανή τις γένοιτο ὥστε πόλιν γενέσθαι ἢ στρατόπεδον ἐραστῶν τε καὶ παιδικῶν, οὐκ ἔστιν ὅπως ἂν ἄμεινον οἰκήσειαν τὴν ἑαυτῶν ἢ ἀπεχόμενοι πάντων τῶν αἰσχρῶν καὶ φιλοτιμούμενοι πρὸς ἀλλήλους, καὶ μαχόμενοί γ' ἂν μετ' ἀλλήλων οἱ τοιοῦτοι 179 νικῷεν ἂν ὀλίγοι ὄντες ὡς ἔπος εἰπεῖν πάντας ἀνθρώπους. ἐρῶν γὰρ ἀνὴρ ὑπὸ παιδικῶν ὀφθῆναι ἢ λιπὼν τάξιν ἢ ὅπλα ἀποβαλὼν ἧττον ἂν δήπου δέξαιτο ἢ ὑπὸ πάντων τῶν ἄλλων, καὶ πρὸ τούτου τεθνάναι ἂν πολλάκις ἕλοιτο. καὶ μὴν ἐγκαταλιπεῖν γε τὰ παιδικὰ ἢ μὴ βοηθῆσαι κινδυνεύοντι— οὐδεὶς οὕτω κακὸς ὅντινα οὐκ ἂν αὐτὸς ὁ Ἔρως ἔνθεον ποιήσειε πρὸς ἀρετήν, ὥστε ὅμοιον εἶναι τῷ ἀρίστῳ φύσει· καὶ ἀτεχνῶς, ὃ ἔφη Ὅμηρος, μ έ ν ο ς ἐ μ π ν ε ῦ σ α ι ἐνίοις b τῶν ἡρώων τὸν θεόν, τοῦτο ὁ Ἔρως τοῖς ἐρῶσι παρέχει γιγνόμενον παρ' αὐτοῦ.

Καὶ μὴν ὑπεραποθνῄσκειν γε μόνοι ἐθέλουσιν οἱ ἐρῶντες, οὐ μόνον ὅτι ἄνδρες, ἀλλὰ καὶ αἱ γυναῖκες. τούτου δέ καὶ

Liebenden einen ebensolchen Geliebten. Kann doch der denkbar beste Leitstern des ganzen Lebens für alle, denen es auf eine schöne Lebensführung ankommt, uns weder durch Verwandtschaft noch durch Ehrenstellen noch durch Reichtum noch durch sonst etwas so schön zuteil werden
d wie durch die Liebe. Und was ist dies? Die Scham vor dem Häßlichen und der Wetteifer um das Schöne. Denn ohne diese ist es weder einem Gemeinwesen noch einem Einzelnen möglich, sich in großer und schöner Weise zu betätigen. Ich behaupte nämlich folgendes: wenn ein Mann, der liebt, bei etwas Schimpflichem ertappt würde, oder sich im Falle einer Mißhandlung durch einen andern aus Feigheit nicht zur Wehr setzen würde, so würde er sich weder durch des Vaters noch der Genossen noch sonst irgend jemandes Blick so schmerzlich getroffen fühlen wie durch den des
e Geliebten. Dieselbe Beobachtung machen wir bei dem Geliebten: mehr als vor jedem anderen schämt er sich vor seinen Liebhabern, wenn er bei irgend etwas Schimpflichem erblickt wird. Und fände sich nur ein Mittel, einen Staat oder ein Heer[28]) aus lauter Liebhabern und Geliebten zu bilden, so könnte es kein besser gestaltetes Gemeinwesen geben als das ihrige, denn alles Schimpfliche wäre ausgeschlossen, und all ihr Wetteifer wäre auf die Ehre gerichtet,
179 und in solcher Gesinnung Seite an Seite in den Kampf ziehend, würden sie auch bei geringer Zahl doch sozusagen über die ganze Welt siegen. Denn lieber würde sich ein Liebender von allen anderen dabei erblicken lassen, wie er seinen Posten verläßt oder seine Waffen von sich wirft, als von dem Geliebten: einen vielfachen Tod würde er dem vorziehen. Oder gar den Geliebten im Stich zu lassen oder ihm nicht beizustehen in der Gefahr — nein! So erbärmlich ist keiner, daß ihn nicht Eros selber begeistern sollte zur
b Tugend; nein, er steht nicht zurück hinter dem geborenen Helden edelsten Blutes. Kurz, was Homer von dem Gott sagt,[29]) daß er manchen Heroen Mut einhauche, das gerade gewährt Eros den Liebenden als Gabe aus seiner Hand.

7. Ja, auch zu sterben sind die Liebenden, und nur sie, füreinander bereit, und zwar nicht bloß Männer, sondern

ἡ Πελίου θυγάτηρ Ἄλκηστις ἱκανὴν μαρτυρίαν παρέχεται ὑπὲρ τοῦδε τοῦ λόγου εἰς τοὺς Ἕλληνας, ἐθελήσασα μόνη ὑπὲρ τοῦ αὑτῆς ἀνδρὸς ἀποθανεῖν, ὄντων αὐτῷ πατρός τε καὶ μητρός, οὓς ἐκείνη τοσοῦτον ὑπερεβάλετο τῇ φιλίᾳ διὰ c τὸν ἔρωτα, ὥστε ἀποδεῖξαι αὐτοὺς ἀλλοτρίους ὄντας τῷ ὑεῖ καὶ ὀνόματι μόνον προσήκοντας, καὶ τοῦτ' ἐργασαμένη τὸ ἔργον οὕτω καλὸν ἔδοξεν ἐργάσασθαι οὐ μόνον ἀνθρώποις ἀλλὰ καὶ θεοῖς, ὥστε πολλῶν πολλὰ καὶ καλὰ ἐργασαμένων εὐαριθμήτοις δή τισιν ἔδοσαν τοῦτο γέρας οἱ θεοί, ἐξ Ἅιδου ἀνεῖναι πάλιν τὴν ψυχήν, ἀλλὰ τὴν ἐκείνης ἀνεῖσαν ἀγασθέντες τῷ ἔργῳ· οὕτω καὶ θεοὶ τὴν περὶ τὸν ἔρωτα σπουδήν d τε καὶ ἀρετὴν μάλιστα τιμῶσιν. Ὀρφέα δὲ τὸν Οἰάγρου ἀτελῆ ἀπέπεμψαν ἐξ Ἅιδου, φάσμα δείξαντες τῆς γυναικὸς ἐφ' ἣν ἧκεν, αὐτὴν δὲ οὐ δόντες, ὅτι μαλθακίζεσθαι ἐδόκει, ἅτε ὢν κιθαρῳδός, καὶ οὐ τολμᾶν ἕνεκα τοῦ ἔρωτος ἀποθνήσκειν ὥσπερ Ἄλκηστις, ἀλλὰ διαμηχανᾶσθαι ζῶν εἰσιέναι εἰς Ἅιδου. τοιγάρτοι διὰ ταῦτα δίκην αὐτῷ ἐπέθεσαν, καὶ ἐποίησαν τὸν θάνατον αὐτοῦ ὑπὸ γυναικῶν γενέσθαι, οὐχ ὥσπερ Ἀχιλλέα τὸν τῆς Θέτιδος ὑὸν ἐτίμη- e σαν καὶ εἰς μακάρων νήσους ἀπέπεμψαν, ὅτι πεπυσμένος παρὰ τῆς μητρὸς ὡς ἀποθανοῖτο ἀποκτείνας Ἕκτορα, μὴ ποιήσας δὲ τοῦτο οἴκαδε ἐλθὼν γηραιὸς τελευτήσοι, ἐτόλμησεν ἑλέσθαι βοηθήσας τῷ ἐραστῇ Πατρόκλῳ καὶ τιμωρήσας οὐ μόνον ὑπεραποθανεῖν ἀλλὰ καὶ ἐπαποθανεῖν 180 τετελευτηκότι· ὅθεν δὴ καὶ ὑπεραγασθέντες οἱ θεοὶ διαφερόντως αὐτὸν ἐτίμησαν, ὅτι τὸν ἐραστὴν οὕτω περὶ πολλοῦ ἐποιεῖτο. Αἰσχύλος δὲ φλυαρεῖ φάσκων Ἀχιλλέα Πατρόκλου ἐρᾶν, ὃς ἦν καλλίων οὐ μόνον Πατρόκλου ἀλλ' ἅμα καὶ τῶν ἡρώων ἁπάντων, καὶ ἔτι ἀγένειος, ἔπειτα νεώτερος πολύ, ὥς φησιν Ὅμηρος. ἀλλὰ γὰρ τῷ ὄντι

auch Frauen. Hinreichendes Zeugnis dafür bietet vor den Hellenen des Pelias Tochter, *Alkestis*.[30]) Sie allein zeigte sich bereit, für ihren Mann in den Tod zu gehen, für ihn, der doch noch Vater und Mutter hatte. Vom Eros ergriffen
c übertraf sie diese so sehr an Liebe, daß sie es bewies: sie standen ihrem Sohne fremd gegenüber und waren ihm nur dem Namen nach verwandt; und durch diese Tat schien sie nicht nur in den Augen der Menschen, sondern auch der Götter ein so herrliches Werk vollbracht zu haben, daß die Götter in Bewunderung ihrer Tat ihre Seele aus dem Hades zurückkehren ließen. Haben sie doch sonst, angesichts zahl= reicher herrlicher Taten mancher anderer, doch nur ganz wenige der Auszeichnung gewürdigt, ihre Seele aus dem Hades wieder freizugeben. So ehren auch die Götter den
d tugendhaften Eifer für die Liebe. Orpheus dagegen[31], den Sohn des Oiagros, ließen sie unverrichtetersache aus dem Hades zurückkehren. Sie zeigten ihm nämlich nur ein Trug= bild des Weibes, das er holen wollte, sie selbst aber gaben sie ihm nicht, denn er schien ihnen, als Zitherspieler, ein Weichling zu sein, ohne den Mut, für seine Liebe in den Tod zu gehen wie Alkestis, sondern nur darauf bedacht, lebend in den Hades zu gelangen; daher verhängten sie über ihn den Tod durch Weiberhand. Wie anders steht es
e um Achilles! Ihn, der Thetis Sohn, ehrten sie und versetz= ten ihn auf die Inseln der Seligen.[32]) Denn von seiner Mutter belehrt,[33]) daß er sterben müßte, wenn er Hektor tötete, andernfalls aber in die Heimat zurückkehren und als Greis sein Leben beschließen würde, entschied er sich gleich= wohl ohne Zagen dafür, für seinen Liebhaber, Patroklos, als Helfer und Rächer nicht nur in den Tod zu gehen, son=
180 dern ihm auch im Tode zu folgen.[34]) Daher zollten die Göt= ter ihm höchste Bewunderung und ehrten ihn vor allen anderen, weil er seinem Liebhaber so selbstlos ergeben war. Aischylos aber macht Flausen, wenn er Achilles als Lieb= haber des Patroklos hinstellt. Überragte doch Achilles an Schönheit nicht nur Patroklos, sondern auch alle anderen Heroen, dazu war er noch bartlos, und weit jünger, wie Homer[35]) sagt. In Wahrheit halten zwar die Götter über= haupt die Tugend, die von der Liebe genährt wird, hoch in

μάλιστα μὲν ταύτην τὴν ἀρετὴν οἱ θεοὶ τιμῶσιν τὴν περὶ
τὸν ἔρωτα, μᾶλλον μέντοι θαυμάζουσιν καὶ ἄγανται καὶ b
εὖ ποιοῦσιν ὅταν ὁ ἐρώμενος τὸν ἐραστὴν ἀγαπᾷ, ἢ ὅταν
ὁ ἐραστὴς τὰ παιδικά. θειότερον γὰρ ἐραστὴς παιδικῶν·
ἔνθεος γάρ ἐστι. διὰ ταῦτα καὶ τὸν Ἀχιλλέα τῆς Ἀλκή-
στιδος μᾶλλον ἐτίμησαν, εἰς μακάρων νήσους ἀποπέμψαντες.
Οὕτω δὴ ἔγωγέ φημι Ἔρωτα θεῶν καὶ πρεσβύτατον καὶ
τιμιώτατον καὶ κυριώτατον εἶναι εἰς ἀρετῆς καὶ εὐδαιμονίας
κτῆσιν ἀνθρώποις καὶ ζῶσι καὶ τελευτήσασιν.

Φαῖδρον μὲν τοιοῦτόν τινα λόγον ἔφη εἰπεῖν, μετὰ δὲ c
Φαῖδρον ἄλλους τινὰς εἶναι ὧν οὐ πάνυ διεμνημόνευε· οὓς
παρεὶς τὸν Παυσανίου λόγον διηγεῖτο. εἰπεῖν δ' αὐτὸν
ὅτι Οὐ καλῶς μοι δοκεῖ, ὦ Φαῖδρε, προβεβλῆσθαι ἡμῖν
ὁ λόγος, τὸ ἁπλῶς οὕτως παρηγγέλθαι ἐγκωμιάζειν Ἔρωτα.
εἰ μὲν γὰρ εἷς ἦν ὁ Ἔρως, καλῶς ἂν εἶχε, νῦν δὲ οὐ γάρ
ἐστιν εἷς· μὴ ὄντος δὲ ἑνὸς ὀρθότερόν ἐστι πρότερον προρ-
ρηθῆναι ὁποῖον δεῖ ἐπαινεῖν. ἐγὼ οὖν πειράσομαι τοῦτο d
ἐπανορθώσασθαι, πρῶτον μὲν Ἔρωτα φράσαι ὃν δεῖ ἐπαινεῖν, ἔπειτα ἐπαινέσαι ἀξίως τοῦ θεοῦ. πάντες γὰρ ἴσμεν
ὅτι οὐκ ἔστιν ἄνευ Ἔρωτος Ἀφροδίτη. μιᾶς μὲν οὖν
οὔσης εἷς ἂν ἦν Ἔρως· ἐπεὶ δὲ δὴ δύο ἐστόν, δύο ἀνάγκη
καὶ Ἔρωτε εἶναι. πῶς δ' οὐ δύο τὼ θεά; ἡ μέν γέ που
πρεσβυτέρα καὶ ἀμήτωρ Οὐρανοῦ θυγάτηρ, ἣν δὴ καὶ
Οὐρανίαν ἐπονομάζομεν· ἡ δὲ νεωτέρα Διὸς καὶ Διώνης,
ἣν δὴ Πάνδημον καλοῦμεν. ἀναγκαῖον δὴ καὶ Ἔρωτα τὸν e
μὲν τῇ ἑτέρᾳ συνεργὸν Πάνδημον ὀρθῶς καλεῖσθαι, τὸν δὲ
Οὐράνιον. ἐπαινεῖν μὲν οὖν δεῖ πάντας θεούς, ἃ δ' οὖν
ἑκάτερος εἴληχε πειρατέον εἰπεῖν. πᾶσα γὰρ πρᾶξις ὧδ'

b Ehren, höhere Bewunderung indes, Anerkennung und Wohltaten als dem Liebhaber wenden sie dem Geliebten zu, der seinem Liebhaber zugetan ist. Denn göttlicher ist der Liebhaber als der Geliebte; ist er doch des Gottes voll. Darum ehrten sie auch Achilles höher als Alkestis und versetzten ihn auf die Inseln der Seligen.

So behaupte ich denn, daß Eros unter den Göttern der älteste und geehrteste und daß er den Menschen der wirksamste Führer zu Tugend und Glück ist im Leben wie im Tode.

c 8. So etwa habe die Rede des Phaidros gelautet, nach Phaidros aber seien andere gefolgt, deren er sich nicht mehr genau erinnerte. Er überging sie, um von der Rede des *Pausanias* zu berichten. Dieser habe folgendermaßen gesprochen:

In der Stellung des Themas scheinst du mir nicht glücklich gewesen zu sein, Phaidros, wenn uns so schlechthin auferlegt wird, Eros zu preisen. Ja, gäbe es nur *einen* Eros, dann wäre es richtig. Tatsächlich aber gibt es nicht bloß *einen*; dann muß aber bei richtigem Verfahren zunächst doch festgestellt werden, welchen von beiden man loben
d soll. Ich werde also versuchen, das wieder gutzumachen und zunächst dartun, *welchen* Eros man preisen soll, sodann ihn zu verherrlichen in einer des Gottes würdigen Weise. Wir alle wissen ja doch, daß es ohne Eros keine Aphrodite gibt; gäbe es nur *eine* Aphrodite, so würde auch Eros nur einer sein; nun gibt es aber zwei Aphroditen, also muß es notwendig beide Arten von Eros geben. Das Dasein aber zweier solcher Göttinnen ist unleugbar. Die eine ist die ältere und mutterlose, die Tochter des Uranos, die wir denn auch die himmlische nennen, die jüngere aber
e ist die Tochter des Zeus und der Dione, die wir die Allerweltsgöttin (die gemeine) nennen. Notwendigerweise muß denn auch der Eros, der der letzteren zur Seite steht, folgerichtig der *gemeine* heißen, der andere aber der *himmlische*.[36])

Preisen muß man zwar alle Götter, doch gilt es, die besondere Stellung jedes der beiden zu bestimmen. Mit jeder

ἔχει· αὐτὴ ἐφ' ἑαυτῆς πραττομένη οὔτε καλὴ οὔτε αἰσχρά. 181
οἷον δ νῦν ἡμεῖς ποιοῦμεν, ἢ πίνειν ἢ ᾄδειν ἢ διαλέγεσθαι,
οὐκ ἔστι τούτων αὐτὸ καλὸν οὐδέν, ἀλλ' ἐν τῇ πράξει, ὡς
ἂν πραχθῇ, τοιοῦτον ἀπέβη· καλῶς μὲν γὰρ πραττόμενον
καὶ ὀρθῶς καλὸν γίγνεται, μὴ ὀρθῶς δὲ αἰσχρόν. οὕτω δὴ
καὶ τὸ ἐρᾶν καὶ ὁ Ἔρως οὐ πᾶς ἐστι καλὸς οὐδὲ ἄξιος
ἐγκωμιάζεσθαι, ἀλλὰ ὁ καλῶς προτρέπων ἐρᾶν.

Ὁ μὲν οὖν τῆς Πανδήμου Ἀφροδίτης ὡς ἀληθῶς πάν-
δημός ἐστι καὶ ἐξεργάζεται ὅτι ἂν τύχῃ· καὶ οὗτός ἐστιν b
ὃν οἱ φαῦλοι τῶν ἀνθρώπων ἐρῶσιν. ἐρῶσι δὲ οἱ τοιοῦτοι
πρῶτον μὲν οὐχ ἧττον γυναικῶν ἢ παίδων, ἔπειτα ὧν καὶ
ἐρῶσι τῶν σωμάτων μᾶλλον ἢ τῶν ψυχῶν, ἔπειτα ὡς ἂν
δύνωνται ἀνοητοτάτων, πρὸς τὸ διαπράξασθαι μόνον βλέ-
ποντες, ἀμελοῦντες δὲ τοῦ καλῶς ἢ μή· ὅθεν δὴ συμβαίνει
αὐτοῖς ὅτι ἂν τύχωσι τοῦτο πράττειν, ὁμοίως μὲν ἀγαθόν,
ὁμοίως δὲ τοὐναντίον. ἔστι γὰρ καὶ ἀπὸ τῆς θεοῦ νεωτέρας
τε οὔσης πολὺ ἢ τῆς ἑτέρας, καὶ μετεχούσης ἐν τῇ γενέσει c
καὶ θήλεος καὶ ἄρρενος. ὁ δὲ τῆς Οὐρανίας πρῶτον μὲν οὐ
μετεχούσης θήλεος ἀλλ' ἄρρενος μόνον—καὶ ἔστιν οὗτος ὁ
τῶν παίδων ἔρως—ἔπειτα πρεσβυτέρας, ὕβρεως ἀμοίρου· ὅθεν
δὴ ἐπὶ τὸ ἄρρεν τρέπονται οἱ ἐκ τούτου τοῦ ἔρωτος ἔπιπνοι,
τὸ φύσει ἐρρωμενέστερον καὶ νοῦν μᾶλλον ἔχον ἀγαπῶντες.
καί τις ἂν γνοίη καὶ ἐν αὐτῇ τῇ παιδεραστίᾳ τοὺς εἰλικρινῶς
ὑπὸ τούτου τοῦ ἔρωτος ὡρμημένους· οὐ γὰρ ἐρῶσι παίδων, d
ἀλλ' ἐπειδὰν ἤδη ἄρχωνται νοῦν ἴσχειν, τοῦτο δὲ πλησιάζει
τῷ γενειάσκειν. παρεσκευασμένοι γὰρ οἶμαί εἰσιν οἱ ἐντεῦθεν ἀρχόμενοι ἐρᾶν ὡς τὸν βίον ἅπαντα συνεσόμενοι
καὶ κοινῇ συμβιωσόμενοι, ἀλλ' οὐκ ἐξαπατήσαντες, ἐν
ἀφροσύνῃ λαβόντες ὡς νέον, καταγελάσαντες οἰχήσεσθαι

181 Handlung verhält es sich folgendermaßen: rein für sich genommen ist sie weder löblich noch schimpflich.³⁷) Was wir z. B. jetzt hier treiben, trinken oder singen oder uns unterhalten, davon ist nichts an und für sich schön, erst durch die Art der Ausführung wird die Beschaffenheit bestimmt; denn in schöner und rechter Weise ausgeführt, wird die Handlung schön, im entgegengesetzten Fall häßlich. So steht es denn auch mit der Liebe: nicht jeder Eros ist schön und würdig, gepriesen zu werden, sondern nur der, der zur edlen Liebe treibt.

9. Der Eros der Allerweltsaphrodite ist denn in Wahrheit nur ein Allerweltseros, der sein Handeln nur durch
b den Zufall bestimmen läßt. Er ist es denn auch, den die gewöhnlichen Menschen lieben. Leute solchen Schlages lieben erstens ohne Unterschied Weiber und Knaben, sodann, gleichviel wen sie lieben, mehr den Körper als die Seele, ferner lieben sie die möglichst Törichten, da es ihnen nur auf Befriedigung ihres Dranges ankommt, gleichviel ob in Ehren oder nicht. Daher handeln sie denn nach reinem Zufall; bald gut, bald schlecht. Stammt er ja doch von der
c weit jüngeren der beiden Göttinnen, die ihrer Abkunft nach sowohl am Weiblichen wie Männlichen teilhat. Der andere dagegen stammt von der himmlischen Göttin, die erstens nicht teilhat am Weiblichen, sondern nur am Männlichen – und von ihr stammt denn auch die Knabenliebe – sodann die ältere und jeder Zügellosigkeit unzugängliche ist. Daher wenden sich denn die von dem Hauch dieses Eros Begeisterten dem Männlichen zu; denn ihre Neigung gehört dem, was von Natur kräftiger und einsichtsvoller ist. Auch in der Knabenliebe selbst kann man diejenigen herauserkennen,
d die rein von diesem Eros getrieben werden. Sie lieben nicht Knäblein, sondern solche, deren Verstand bereits zu reifen beginnt, also in der Zeit, wo sich der Bartwuchs meldet. Denn die von diesem Zeitpunkt ab zu lieben beginnen, sind, denke ich, entschlossen, das ganze Leben hindurch vereint zu bleiben und ihr Schicksal miteinander zu teilen, nicht aber, den Geliebten zu betrügen und nach Ausnutzung der jugendlichen Unerfahrenheit sich hohnlachend aus

ἐπ' ἄλλον ἀποτρέχοντες. χρῆν δὲ καὶ νόμον εἶναι μὴ ἐρᾶν παίδων, ἵνα μὴ εἰς ἄδηλον πολλὴ σπουδὴ ἀνηλίσκετο· τὸ γὰρ τῶν παίδων τέλος ἄδηλον οἷ τελευτᾷ κακίας καὶ ἀρετῆς ψυχῆς τε πέρι καὶ σώματος. οἱ μὲν οὖν ἀγαθοὶ τὸν νόμον τοῦτον αὐτοὶ αὑτοῖς ἑκόντες τίθενται, χρῆν δὲ καὶ τούτους τοὺς πανδήμους ἐραστὰς προσαναγκάζειν τὸ τοιοῦτον, ὥσπερ καὶ τῶν ἐλευθέρων γυναικῶν προσαναγκάζομεν αὐτοὺς καθ' ὅσον δυνάμεθα μὴ ἐρᾶν. οὗτοι γάρ εἰσιν οἱ καὶ τὸ ὄνειδος πεποιηκότες, ὥστε τινὰς τολμᾶν λέγειν ὡς αἰσχρὸν χαρίζεσθαι ἐρασταῖς· λέγουσι δὲ εἰς τούτους ἀποβλέποντες, ὁρῶντες αὐτῶν τὴν ἀκαιρίαν καὶ ἀδικίαν, ἐπεὶ οὐ δήπου κοσμίως γε καὶ νομίμως ὁτιοῦν ⟨πρᾶγμα⟩ πραττόμενον ψόγον ἂν δικαίως φέροι.

Καὶ δὴ καὶ ὁ περὶ τὸν ἔρωτα νόμος ἐν μὲν ταῖς ἄλλαις πόλεσι νοῆσαι ῥᾴδιος, ἁπλῶς γὰρ ὥρισται· ὁ δ' ἐνθάδε καὶ ἐν Λακεδαίμονι ποικίλος. ἐν Ἤλιδι μὲν γὰρ καὶ ἐν Βοιωτοῖς, καὶ οὗ μὴ σοφοὶ λέγειν, ἁπλῶς νενομοθέτηται καλὸν τὸ χαρίζεσθαι ἐρασταῖς, καὶ οὐκ ἄν τις εἴποι οὔτε νέος οὔτε παλαιὸς ὡς αἰσχρόν, ἵνα οἶμαι μὴ πράγματ' ἔχωσιν λόγῳ πειρώμενοι πείθειν τοὺς νέους, ἅτε ἀδύνατοι λέγειν· τῆς δὲ Ἰωνίας καὶ ἄλλοθι πολλαχοῦ αἰσχρὸν νενόμισται, ὅσοι ὑπὸ βαρβάροις οἰκοῦσιν. τοῖς γὰρ βαρβάροις διὰ τὰς τυραννίδας αἰσχρὸν τοῦτό γε καὶ ἥ γε φιλοσοφία καὶ ἡ φιλογυμναστία· οὐ γὰρ οἶμαι συμφέρει τοῖς ἄρχουσι φρονήματα μεγάλα ἐγγίγνεσθαι τῶν ἀρχομένων, οὐδὲ φιλίας ἰσχυρὰς καὶ κοινωνίας, ὃ δὴ μάλιστα φιλεῖ τά τε ἄλλα πάντα καὶ ὁ ἔρως ἐμποιεῖν. ἔργῳ δὲ τοῦτο ἔμαθον καὶ οἱ ἐνθάδε τύραννοι· ὁ γὰρ Ἀριστογείτονος ἔρως καὶ ἡ Ἁρμοδίου φιλία βέβαιος γενομένη κατ-

dem Staube zu machen, um einem anderen nachzulaufen.
Ja, es müßte ein Gesetz geben, das die Liebe zu unreifen
Knaben verböte, um zu verhüten, daß so viele Mühe ver=
e geudet würde. Denn bei Kindern weiß man noch nicht, ob
der Weg ihrer Entwicklung zu Tüchtigkeit oder Schlechtig=
keit von Seele und Leib führen wird. Die Gutgearteten ge=
ben sich dies Gesetz freiwillig selber, doch müßte man auch
jene gemeinen Liebhaber dazu zwingen, wie wir sie ja auch
nach Kräften dazu zwingen, freigeborene Frauen mit ihrer
Liebschaft zu verschonen. Sie sind es auch, die die ganze
182 Sache in Verruf gebracht haben, so daß sich manche[38])
erdreisten zu sagen, es sei schimpflich, den Liebhabern zu
willfahren. Wer solche Reden führt, der tut dies in Hin=
blick auf das rücksichtslose und gewissenlose Verhalten sol=
cher gemeinen Liebhaber; denn geschieht eine Handlung
mit Anstand und achtet die Sitten, so kann sie gerechter=
weise keinen Tadel verdienen.

Was nun die in den anderen Staaten maßgebende An=
schauung über die Liebe anlangt, so ist sie leicht zu begrei=
fen; denn die Auffassung ist da eine durchaus einheitliche.
Dagegen bei uns und in Lakedämon ist sie nicht eindeutig.
b In Elis nämlich und bei den Böotiern und wo man sonst von
Beredsamkeit nichts weiß, hat die Sitte einfach dahin ent=
schieden, daß es schön sei, den Liebhabern zu willfahren;
keiner, weder jung noch alt, würde es für schimpflich er=
klären; man wollte sich, denk ich, bei dem Unvermögen
zum Reden die Mühe ersparen, die Jünglinge durch schöne
Worte für sich zu gewinnen. In Ionien dagegen sowie viel=
fach anderwärts im Bereich der Barbarenherrschaft gilt es
für schimpflich. In den Augen der Barbaren nämlich ist
dies infolge des tyrannischen Grundzuges ihres Staats=
wesens ebenso schimpflich wie die Liebe zur Weisheit und
c zur Gymnastik. Denn für die Herrscher ist es wohl nicht
von Vorteil, wenn bei den Beherrschten sich ein starkes
Selbstbewußtsein sowie kräftige Freundschaften und Ge=
meinschaften bilden, was nebst allen möglichen anderen
Dingen vor allem Eros hervorzurufen pflegt. Das haben
durch die Tat auch unsere Gewaltherrscher erfahren; denn
die Liebe des Aristogeiton und die festgewurzelte Freund=

ἔλυσεν αὐτῶν τὴν ἀρχήν. οὕτως οὗ μὲν αἰσχρὸν ἐτέθη χαρίζεσθαι ἐρασταῖς, κακίᾳ τῶν θεμένων κεῖται, τῶν μὲν ἀρχόντων πλεονεξίᾳ, τῶν δὲ ἀρχομένων ἀνανδρίᾳ· οὗ δὲ καλὸν ἁπλῶς ἐνομίσθη, διὰ τὴν τῶν θεμένων τῆς ψυχῆς ἀργίαν. ἐνθάδε δὲ πολὺ τούτων κάλλιον νενομοθέτηται, καὶ ὅπερ εἶπον, οὐ ῥᾴδιον κατανοῆσαι. ἐνθυμηθέντι γὰρ ὅτι λέγεται κάλλιον τὸ φανερῶς ἐρᾶν τοῦ λάθρᾳ, καὶ μάλιστα τῶν γενναιοτάτων καὶ ἀρίστων, κἂν αἰσχίους ἄλλων ὦσι, καὶ ὅτι αὖ ἡ παρακέλευσις τῷ ἐρῶντι παρὰ πάντων θαυμαστή, οὐχ ὥς τι αἰσχρὸν ποιοῦντι, καὶ ἑλόντι τε καλὸν δοκεῖ εἶναι καὶ μὴ ἑλόντι αἰσχρόν, καὶ πρὸς τὸ ἐπιχειρεῖν ἑλεῖν ἐξουσίαν ὁ νόμος δέδωκε τῷ ἐραστῇ θαυμαστὰ ἔργα ἐργαζομένῳ ἐπαινεῖσθαι, ἃ εἴ τις τολμῴη ποιεῖν ἄλλ' ὁτιοῦν διώκων καὶ βουλόμενος διαπράξασθαι πλὴν τοῦτο, τὰ μέγιστα καρποῖτ' ἂν ὀνείδη—εἰ γὰρ ἢ χρήματα βουλόμενος παρά του λαβεῖν ἢ ἀρχὴν ἄρξαι ἤ τινα ἄλλην δύναμιν ἐθέλοι ποιεῖν οἷάπερ οἱ ἐρασταὶ πρὸς τὰ παιδικά, ἱκετείας τε καὶ ἀντιβολήσεις ἐν ταῖς δεήσεσιν ποιούμενοι, καὶ ὅρκους ὀμνύντες, καὶ κοιμήσεις ἐπὶ θύραις, καὶ ἐθέλοντες δουλείας δουλεύειν οἵας οὐδ' ἂν δοῦλος οὐδείς, ἐμποδίζοιτο ἂν μὴ πράττειν οὕτω τὴν πρᾶξιν καὶ ὑπὸ φίλων καὶ ὑπὸ ἐχθρῶν, τῶν μὲν ὀνειδιζόντων κολακείας καὶ ἀνελευθερίας, τῶν δὲ νουθετούντων καὶ αἰσχυνομένων ὑπὲρ αὐτῶν—τῷ δ' ἐρῶντι πάντα ταῦτα ποιοῦντι χάρις ἔπεστι, καὶ δέδοται ὑπὸ τοῦ νόμου ἄνευ ὀνείδους πράττειν, ὡς πάγκαλόν τι πρᾶγμα διαπραττομένου· ὃ δὲ δεινότατον, ὥς γε λέγουσιν οἱ πολλοί, ὅτι καὶ ὀμνύντι μόνῳ συγγνώμη παρὰ

schaft des Harmodios führte zum Sturz der Gewaltherr=
schaft.³⁹) Also, wo es als schimpflich gilt, den Liebhabern
zu willfahren, da hat das seinen Grund in der Minderwer=
tigkeit derer, bei denen diese Anschauung sich festgesetzt
hat, nämlich in der Selbstsucht der Herrscher einerseits, in
d der Feigheit der Beherrschten anderseits. Wo es aber
schlechthin für schön gilt, da hat dies seinen Grund in der
beschränkten Geistesverfassung der Betreffenden. Bei uns
hier hat sich eine weit schönere Sitte eingebürgert, die aber,
wie gesagt, nicht leicht zu verstehen ist.

10. Denn man erwäge nur, daß es für schöner gilt, offen
zu lieben als heimlich, und zwar vor allem die Edelsten und
Hervorragendsten, auch wenn sie häßlicher sind als andere,
und daß ferner der Liebhaber allerseits erstaunliche Auf=
munterung erfährt, und zwar nicht, als ob er etwas Schimpf=
liches täte. Wenn er Erfolg hat, wird ihm das zum Lob an=
e gerechnet, wenn nicht, zur Schande. Man erwäge ferner,
daß die Sitte dem Liebhaber gestattet, zur Erreichung seines
Zweckes, ohne dadurch seinem Lobe Abbruch zu tun, sich
sehr fraglicher Mittel bedienen. Wollte man wagen, diese
183 zu irgendeinem anderen Zweck anzuwenden, so würde dies
die größte Schande eintragen. Denn gesetzt, es wollte einer
in der Absicht, von irgendeinem Geld oder eine Beamten=
stelle oder sonst irgendeinen einflußreichen Posten zu er=
haschen, sich Dinge erlauben, wie sie die Liebhaber den
Knaben gegenüber anwenden, indem sie sich ihnen zu
Füßen werfen und sie mit Bitten und Flehen bestürmen,
Eide schwören, sich vor ihren Türen lagern, sich zu jedem
Dienste bereit erklären, dessen sich selbst ein Sklave schä=
men würde — so würde er von Freund und Feind daran ge=
hindert werden, auf diese Weise seinen Zweck zu erreichen.
Der Feind würde ihn verächtlich schmähen wegen seiner
Kriecherei und Selbsterniedrigung, der Freund würde ihn
b warnen und sich für ihn schämen. Dem Liebenden aber,
der sich all dies erlaubt, verzeiht man gern, und der Brauch
gestattet ihm, es ohne Schimpf zu tun, als wäre es wer
weiß was Herrliches, was er da vollbrächte. Aber das Toll=
ste ist doch dies: es wird allgemein behauptet, er allein

θεῶν ἐκβάντι τῶν ὅρκων—ἀφροδίσιον γὰρ ὅρκον οὔ φασιν
εἶναι· οὕτω καὶ οἱ θεοὶ καὶ οἱ ἄνθρωποι πᾶσαν ἐξουσίαν c
πεποιήκασι τῷ ἐρῶντι, ὡς ὁ νόμος φησὶν ὁ ἐνθάδε—ταύτῃ
μὲν οὖν οἰηθείη ἄν τις πάγκαλον νομίζεσθαι ἐν τῇδε τῇ πόλει
καὶ τὸ ἐρᾶν καὶ τὸ φίλους γίγνεσθαι τοῖς ἐρασταῖς. ἐπειδὰν δὲ
παιδαγωγοὺς ἐπιστήσαντες οἱ πατέρες τοῖς ἐρωμένοις μὴ
ἐῶσι διαλέγεσθαι τοῖς ἐρασταῖς, καὶ τῷ παιδαγωγῷ ταῦτα
προστεταγμένα ᾖ, ἡλικιῶται δὲ καὶ ἑταῖροι ὀνειδίζωσιν ἐάν
τι ὁρῶσιν τοιοῦτον γιγνόμενον, καὶ τοὺς ὀνειδίζοντας αὖ οἱ
πρεσβύτεροι μὴ διακωλύωσι μηδὲ λοιδορῶσιν ὡς οὐκ ὀρθῶς d
λέγοντας, εἰς δὲ ταῦτά τις αὖ βλέψας ἡγήσαιτ' ἂν πάλιν
αἴσχιστον τὸ τοιοῦτον ἐνθάδε νομίζεσθαι. τὸ δὲ οἶμαι ὧδ'
ἔχει· οὐχ ἁπλοῦν ἐστιν, ὅπερ ἐξ ἀρχῆς ἐλέχθη οὔτε καλὸν
εἶναι αὐτὸ καθ' αὑτὸ οὔτε αἰσχρόν, ἀλλὰ καλῶς μὲν πραττόμενον
καλόν, αἰσχρῶς δὲ αἰσχρόν. αἰσχρῶς μὲν οὖν ἐστι
πονηρῷ τε καὶ πονηρῶς χαρίζεσθαι, καλῶς δὲ χρηστῷ τε
καὶ καλῶς. πονηρὸς δ' ἐστὶν ἐκεῖνος ὁ ἐραστὴς ὁ πάνδημος,
ὁ τοῦ σώματος μᾶλλον ἢ τῆς ψυχῆς ἐρῶν· καὶ γὰρ οὐδὲ e
μόνιμός ἐστιν, ἅτε οὐδὲ μονίμου ἐρῶν πράγματος. ἅμα γὰρ
τῷ τοῦ σώματος ἄνθει λήγοντι, οὗπερ ἤρα, "οἴχεται
ἀποπτάμενος," πολλοὺς λόγους καὶ ὑποσχέσεις καταισχύνας·
ὁ δὲ τοῦ ἤθους χρηστοῦ ὄντος ἐραστὴς διὰ βίου
μένει, ἅτε μονίμῳ συντακείς. τούτους δὴ βούλεται ὁ
ἡμέτερος νόμος εὖ καὶ καλῶς βασανίζειν, καὶ τοῖς μὲν 184
χαρίσασθαι, τοὺς δὲ διαφεύγειν. διὰ ταῦτα οὖν τοῖς μὲν
διώκειν παρακελεύεται, τοῖς δὲ φεύγειν, ἀγωνοθετῶν καὶ
βασανίζων ποτέρων ποτέ ἐστιν ὁ ἐρῶν καὶ ποτέρων ὁ
ἐρώμενος. οὕτω δὴ ὑπὸ ταύτης τῆς αἰτίας πρῶτον μὲν τὸ
ἁλίσκεσθαι ταχὺ αἰσχρὸν νενόμισται, ἵνα χρόνος ἐγγένηται,

dürfe auf Verzeihung der Götter rechnen, wenn er seine Eidschwüre nicht hielte; denn ein Liebesschwur sei gar kein Schwur. So haben denn Götter und Menschen dem Lieben=
c den jegliche Freiheit gelassen, wie unsere hiesige Sitte be=
sagt. Insofern könnte man meinen, es gelte in unserer Stadt für eine herrliche Sache, zu lieben, wie auch den Liebhabern zu willfahren. Wenn man aber anderseits wahrnimmt, wie die Väter für ihre von Liebhabern verfolgten Söhne Er= zieher anstellen, mit dem besonderen Auftrag, jede Unter= redung mit den Liebhabern zu verhindern, und wenn Altersgenossen und Gefährten sie schmähen, wenn sie der= artiges bemerken, die Älteren aber gegen diese Schmähun=
d gen nichts einzuwenden haben und den Schmähenden keine Zurechtweisung erteilen — wenn man dies wahrnimmt, so sollte man umgekehrt meinen, es gäbe nichts, was hier mehr in Verruf stände. Mit dem Gewähren der Liebesgunst steht es also so, wie ich gleich zu Anfang sagte: es ist an und für sich weder schön noch häßlich, ist also nicht ein Gegen= stand schlechthin einfacher Beurteilung, sondern in schöner Weise vollzogen ist es schön, in häßlicher dagegen häßlich. Schimpflich also handelt, wer sich einem Ehrlosen und in ehrloser Weise willfährig erweist, löblich, wer einem An= ständigen und in anständiger Weise. Von schlechter Art aber ist jener gemeine Liebhaber, der den Körper mehr
e liebt als die Seele. Ist er doch nicht einmal beständig, denn was er liebt, hat ja selbst keinen Bestand; denn zugleich mit dem Hinschwinden der Blüte des Körpers, dem seine Liebe galt, macht er sich auf und davon,[40] allen seinen Reden und Versprechungen zum Hohn. Wer dagegen der Seelenschönheit eines anderen in Liebe huldigt, der ver= harrt in Treue bis ans Lebensende, denn er ist verschmol= zen mit etwas, was Bestand hat. Sie also, diese Liebhaber,
184 will unsere Sitte auf richtige Weise prüfen: nur den einen soll man willfährig sein, die anderen aber meiden. Daher mahnt sie die einen zum Verfolgen, die anderen zum Ent= fliehen, indem sie prüfend entscheidet, wohin der Liebende und der Geliebte gehört, ob zu diesen oder zu jenen. Aus diesem Grunde gilt es denn als schimpflich, sich zu rasch gewinnen zu lassen, denn es soll Zeit gelassen werden, die

ὃς δὴ δοκεῖ τὰ πολλὰ καλῶς βασανίζειν, ἔπειτα τὸ ὑπὸ χρημάτων καὶ ὑπὸ πολιτικῶν δυνάμεων ἁλῶναι αἰσχρόν, ἐάν τε κακῶς πάσχων πτήξῃ καὶ μὴ καρτερήσῃ, ἄν τ' b εὐεργετούμενος εἰς χρήματα ἢ εἰς διαπράξεις πολιτικὰς μὴ καταφρονήσῃ· οὐδὲν γὰρ δοκεῖ τούτων οὔτε βέβαιον οὔτε μόνιμον εἶναι, χωρὶς τοῦ μηδὲ πεφυκέναι ἀπ' αὐτῶν γενναίαν φιλίαν. μία δὴ λείπεται τῷ ἡμετέρῳ νόμῳ ὁδός, εἰ μέλλει καλῶς χαριεῖσθαι ἐραστῇ παιδικά. ἔστι γὰρ ἡμῖν νόμος, ὥσπερ ἐπὶ τοῖς ἐρασταῖς ἦν δουλεύειν ἐθέλοντα ἡντινοῦν δουλείαν παιδικοῖς μὴ κολακείαν εἶναι μηδὲ ἐπο- c νείδιστον, οὕτω δὴ καὶ ἄλλη μία μόνη δουλεία ἑκούσιος λείπεται οὐκ ἐπονείδιστος· αὕτη δ' ἐστὶν ἡ περὶ τὴν ἀρετήν. νενόμισται γὰρ δὴ ἡμῖν, ἐάν τις ἐθέλῃ τινὰ θεραπεύειν ἡγούμενος δι' ἐκεῖνον ἀμείνων ἔσεσθαι ἢ κατὰ σοφίαν τινὰ ἢ κατὰ ἄλλο ὁτιοῦν μέρος ἀρετῆς, αὕτη αὖ ἡ ἐθελοδουλεία οὐκ αἰσχρὰ εἶναι οὐδὲ κολακεία. δεῖ δὴ τὼ νόμω τούτω συμβαλεῖν εἰς ταὐτόν, τόν τε περὶ τὴν παιδεραστίαν καὶ τὸν περὶ τὴν φιλοσοφίαν τε καὶ τὴν ἄλλην ἀρετήν, εἰ d μέλλει συμβῆναι καλὸν γενέσθαι τὸ ἐραστῇ παιδικὰ χαρίσασθαι. ὅταν γὰρ εἰς τὸ αὐτὸ ἔλθωσιν ἐραστής τε καὶ παιδικά, νόμον ἔχων ἑκάτερος, ὁ μὲν χαρισαμένοις παιδικοῖς ὑπηρετῶν ὁτιοῦν δικαίως ἂν ὑπηρετεῖν, ὁ δὲ τῷ ποιοῦντι αὐτὸν σοφόν τε καὶ ἀγαθὸν δικαίως αὖ ὁτιοῦν ἂν ὑπουργῶν ⟨ὑπουργεῖν⟩, καὶ ὁ μὲν δυνάμενος εἰς φρόνησιν καὶ τὴν ἄλλην ἀρετὴν συμβάλλεσθαι, ὁ δὲ δεόμενος εἰς παίδευσιν e

Zeit, die ja doch das meiste zu erproben geeignet scheint. Sodann gilt es für schimpflich, sich durch Geld und politischen Einfluß gewinnen zu lassen, sei es nun, daß der Ge=
b liebte schwerem Druck nachgibt und der Beharrungskraft entbehrt, oder sich nicht stark genug zeigt, Gefälligkeiten durch dargebotene Geldmittel oder politische Förderung mit Verachtung von sich zu weisen. Denn nichts von alle= dem — das leuchtet doch ein — bietet Sicherheit und dau= ernden Bestand, abgesehen davon, daß hieraus eine edle Freundschaft nicht entspringt. Nach unserer Sitte also bleibt nur ein einziger Weg für den Geliebten übrig, wenn er dem Liebhaber auf anständige Weise zu Willen sein will. Bei uns gilt nämlich folgender Grundsatz: wie es den Lieb= habern nach unserer Ausführung zustand, freiwillig ihren Lieblingen jeden denkbaren Dienst zu leisten, ohne sich
c dadurch der Schmeichelei verdächtig zu machen oder sich sonst einem Vorwurf auszusetzen, so gibt es auch von sei= ten der Geliebten eine einzige freiwillige Dienstbarkeit, auf der kein Makel ruht: *die Dienstbarkeit um der Tugend willen.*

11. Bei uns herrscht nämlich (grundsätzlich) folgende Anschauung: wenn einer freiwillig einem anderen dient in der Überzeugung, durch ihn ein besserer Mensch zu wer= den, sei es an Weisheit oder einer anderen Tugend, so sei diese freiwillige Dienstbarkeit nicht schimpflich und keine Kriecherei. Diese beiden Grundsätze, den über die Knaben= liebe und den über die Liebe zur Weisheit und die sonstige
d Tugend, muß man miteinander vereinigen, wenn sich das Ergebnis herausstellen soll, daß die Willfährigkeit des Ge= liebten gegen den Liebhaber schön sei. Denn wenn der Liebhaber und der Geliebte sich im selben Ziel vereinigen, jeder von beiden treu seinem Grundsatz, der Liebhaber, er erweise seinem Liebling für seine Liebe durch Bereit= schaft zu jeglichem Dienst nur, was recht und billig sei, der Geliebte, er sei seinerseits jenem, der ihm zu Weisheit und Tugend verhelfe, zu allem möglichen verpflichtet — es muß aber der eine wirklich imstande sein, die Einsicht und Tu=
e gend zu fördern, der andere wirklich von dem Drang nach

καὶ τὴν ἄλλην σοφίαν κτᾶσθαι, τότε δὴ τούτων συνιόντων
εἰς ταὐτὸν τῶν νόμων μοναχοῦ ἐνταῦθα συμπίπτει τὸ καλὸν
εἶναι παιδικὰ ἐραστῇ χαρίσασθαι, ἄλλοθι δὲ οὐδαμοῦ. ἐπὶ
τούτῳ καὶ ἐξαπατηθῆναι οὐδὲν αἰσχρόν· ἐπὶ δὲ τοῖς ἄλλοις
πᾶσι καὶ ἐξαπατωμένῳ αἰσχύνην φέρει καὶ μή. εἰ γάρ τις
ἐραστῇ ὡς πλουσίῳ πλούτου ἕνεκα χαρισάμενος ἐξαπατηθείη 185
καὶ μὴ λάβοι χρήματα, ἀναφανέντος τοῦ ἐραστοῦ πένητος,
οὐδὲν ἧττον αἰσχρόν· δοκεῖ γὰρ ὁ τοιοῦτος τό γε αὑτοῦ
ἐπιδεῖξαι, ὅτι ἕνεκα χρημάτων ὁτιοῦν ἂν ὁτῳοῦν ὑπηρετοῖ,
τοῦτο δὲ οὐ καλόν. κατὰ τὸν αὐτὸν δὴ λόγον κἂν εἴ τις
ὡς ἀγαθῷ χαρισάμενος καὶ αὐτὸς ὡς ἀμείνων ἐσόμενος διὰ
τὴν φιλίαν ἐραστοῦ ἐξαπατηθείη, ἀναφανέντος ἐκείνου κακοῦ
καὶ οὐ κεκτημένου ἀρετήν, ὅμως καλὴ ἡ ἀπάτη· δοκεῖ γὰρ b
αὖ καὶ οὗτος τὸ καθ᾽ αὑτὸν δεδηλωκέναι, ὅτι ἀρετῆς γ᾽
ἕνεκα καὶ τοῦ βελτίων γενέσθαι πᾶν ἂν παντὶ προθυμηθείη,
τοῦτο δὲ αὖ πάντων κάλλιστον· οὕτω πᾶν πάντως γε καλὸν
ἀρετῆς γ᾽ ἕνεκα χαρίζεσθαι. οὗτός ἐστιν ὁ τῆς οὐρανίας θεοῦ
ἔρως καὶ οὐράνιος καὶ πολλοῦ ἄξιος καὶ πόλει καὶ ἰδιώταις,
πολλὴν ἐπιμέλειαν ἀναγκάζων ποιεῖσθαι πρὸς ἀρετὴν τόν
τε ἐρῶντα αὐτὸν αὑτοῦ καὶ τὸν ἐρώμενον· οἱ δ᾽ ἕτεροι c
πάντες τῆς ἑτέρας, τῆς πανδήμου. ταῦτά σοι, ἔφη, ὡς ἐκ
τοῦ παραχρῆμα, ὦ Φαῖδρε, περὶ Ἔρωτος συμβάλλομαι.

Παυσανίου δὲ παυσαμένου—διδάσκουσι γάρ με ἴσα λέγειν
οὑτωσὶ οἱ σοφοί—ἔφη ὁ Ἀριστόδημος δεῖν μὲν Ἀριστοφάνη
λέγειν, τυχεῖν δὲ αὐτῷ τινα ἢ ὑπὸ πλησμονῆς ἢ ὑπό τινος

Bildung und Weisheit erfüllt sein — wenn also diese beiden Grundsätze sich zusammentun, dann und nur dann tritt der Fall ein, daß die Willfährigkeit des Geliebten gegenüber dem Liebhaber etwas Schönes ist, sonst aber nimmermehr. Bei solcher Absicht ist es auch keine Schande, das Opfer einer Täuschung zu werden; alle anderen Beweggründe bringen dem Geliebten nichts als Schande, mag er nun getäuscht werden oder nicht. Denn gesetzt, es sähe sich einer, der sich einem reichen Liebhaber um des Reichtums 185 willen gefällig erweist, getäuscht und zöge schließlich mit leeren Taschen ab, weil der Liebhaber sich als arm erweist, so ist die Schande um nichts geringer. Denn ein solcher hat doch seine Gesinnung völlig enthüllt, daß er für Geld sich dem ersten besten zu jedwedem Dienste hergeben würde; das aber hat mit Schönheit nichts gemein. In derselben Weise wäre denn auch folgender Fall zu entscheiden: wenn sich einer einem anscheinend ehrenhaften Liebhaber hingibt, und zwar seinerseits in der Absicht, durch die Freundschaft des Liebhabers ein besserer Mensch zu werden, schließlich aber getäuscht wird, weil der Liebhaber sich als nichtswürdig und jeder Tugend bar erweist — dann ist die b Täuschung gleichwohl eine löbliche; denn es scheint auch dieser auf alle Fälle gezeigt zu haben, daß er um der Tugend und sittlichen Besserung willen sich jedem mit Leib und Seele hingeben würde: etwas Schöneres aber gibt es nicht. So ist es denn unbedingt schön, sich um der Tugend willen hinzugeben.

Dies ist der Eros der himmlischen Göttin; er ist von himmlischer Art und von höchstem Wert für den Staat wie für den Einzelnen, denn den Liebenden wie auch den Geliebten zwingt er dazu, mit allen Kräften nach der Tugend c zu streben. Alle anderen Arten der Liebe gehören der anderen Göttin an, der gemeinen. Dies ist es denn, Phaidros, was ich so aus dem Stegreif über den Eros als meinen Beitrag zu geben weiß.

Als Pausanias pausiert hatte[41]) — die Unterweisung in solchen Gleichklängen nämlich verdanke ich den Sophisten — war die Reihe zu reden, so erzählte Aristodemos, an *Aristophanes*. Dieser sei aber gerade infolge von Über=

ἄλλου λύγγα ἐπιπεπτωκυῖαν καὶ οὐχ οἷόν τε εἶναι λέγειν, ἀλλ' εἰπεῖν αὐτόν—ἐν τῇ κάτω γὰρ αὐτοῦ τὸν ἰατρὸν Ἐρυξί- d μαχον κατακεῖσθαι—" Ὦ Ἐρυξίμαχε, δίκαιος εἶ ἢ παῦσαί με τῆς λυγγὸς ἢ λέγειν ὑπὲρ ἐμοῦ, ἕως ἂν ἐγὼ παύσωμαι." καὶ τὸν Ἐρυξίμαχον εἰπεῖν "Ἀλλὰ ποιήσω ἀμφότερα ταῦτα· ἐγὼ μὲν γὰρ ἐρῶ ἐν τῷ σῷ μέρει, σὺ δ' ἐπειδὰν παύσῃ, ἐν τῷ ἐμῷ. ἐν ᾧ δ' ἂν ἐγὼ λέγω, ἐὰν μέν σοι ἐθέλῃ ἀπνευστὶ ἔχοντι πολὺν χρόνον παύεσθαι ἡ λύγξ· εἰ δὲ μή, ὕδατι ἀνακογχυλίασον. εἰ δ' ἄρα πάνυ ἰσχυρά ἐστιν, ἀναλαβών e τι τοιοῦτον οἵῳ κινήσαις ἂν τὴν ῥῖνα, πτάρε· καὶ ἐὰν τοῦτο ποιήσῃς ἅπαξ ἢ δίς, καὶ εἰ πάνυ ἰσχυρά ἐστι, παύσεται." "Οὐκ ἂν φθάνοις λέγων," φάναι τὸν Ἀριστοφάνη· "ἐγὼ δὲ ταῦτα ποιήσω."

Εἰπεῖν δὴ τὸν Ἐρυξίμαχον, Δοκεῖ τοίνυν μοι ἀναγκαῖον εἶναι, ἐπειδὴ Παυσανίας ὁρμήσας ἐπὶ τὸν λόγον καλῶς οὐχ ἱκανῶς ἀπετέλεσε, δεῖν ἐμὲ πειρᾶσθαι τέλος ἐπιθεῖναι τῷ 186 λόγῳ. τὸ μὲν γὰρ διπλοῦν εἶναι τὸν Ἔρωτα δοκεῖ μοι καλῶς διελέσθαι· ὅτι δὲ οὐ μόνον ἐστὶν ἐπὶ ταῖς ψυχαῖς τῶν ἀνθρώπων πρὸς τοὺς καλοὺς ἀλλὰ καὶ πρὸς ἄλλα πολλὰ καὶ ἐν τοῖς ἄλλοις, τοῖς τε σώμασι τῶν πάντων ζῴων καὶ τοῖς ἐν τῇ γῇ φυομένοις καὶ ὡς ἔπος εἰπεῖν ἐν πᾶσι τοῖς οὖσι, καθεωρακέναι μοι δοκῶ ἐκ τῆς ἰατρικῆς, τῆς ἡμετέρας τέχνης, ὡς μέγας καὶ θαυμαστὸς καὶ ἐπὶ πᾶν ὁ θεὸς τείνει b καὶ κατ' ἀνθρώπινα καὶ κατὰ θεῖα πράγματα. ἄρξομαι δὲ ἀπὸ τῆς ἰατρικῆς λέγων, ἵνα καὶ πρεσβεύωμεν τὴν τέχνην. ἡ γὰρ φύσις τῶν σωμάτων τὸν διπλοῦν Ἔρωτα τοῦτον ἔχει· τὸ γὰρ ὑγιὲς τοῦ σώματος καὶ τὸ νοσοῦν ὁμολογουμένως ἕτερόν τε καὶ ἀνόμοιόν ἐστι, τὸ δὲ ἀνόμοιον ἀνομοίοις ἐπι-

sättigung oder aus irgendwelcher anderer Ursache von einem Schluckauf befallen und außerstande gewesen, zu
d reden. So habe er sich denn an den Arzt *Eryximachos* gewendet — dieser nämlich habe seinen Platz nach unten hin unmittelbar neben ihm gehabt — mit den Worten: Eryximachos, du mußt mich gerechterweise entweder von meinem Schluckauf befreien oder an meiner Stelle reden, bis ich ihn los bin.

Er.: Ich will vielmehr beides tun. Ich werde an deiner Stelle reden und du hernach, wenn du ihn los bist, an meiner. Während meiner Rede wird, wenn es gut geht, dein Schluckauf vergehen, sofern du nur längere Zeit den Atem anhältst, wenn nicht, so gurgle mit Wasser. Ist er aber ganz
e hartnäckig, so nimm etwas, womit du die Nase kitzelst und bringe dich zum Niesen. Hast du dies ein= oder zweimal getan, so wird er aufhören, und wenn er noch so stark ist.

Aph.: Nun, so ergreife unverzüglich das Wort; ich werde deinem Rate folgen.

12. Er.: Pausanias hat zwar einen trefflichen Anlauf in seiner Rede gemacht, sie aber nicht befriedigend zu Ende
186 geführt. Daher scheint es mir notwendig, zu versuchen, der Rede ihren gebührenden Abschluß zu geben. Die Unterscheidung nämlich eines zwiefachen Eros scheint mir durchaus berechtigt zu sein. Daß er aber seine Stätte nicht nur in den Seelen der Menschen hat in ihrem Verhältnis zur menschlichen Schönheit, sondern auch in vielen anderen Dingen in ihrem gegenseitigen Verhältnis, nicht nur in den Leibern aller Lebewesen, sondern auch in den Gewächsen der Erde, ja, mit einem Wort in allen Werken der Schöpfung — das glaube ich aus der Heilkunde, dieser meiner Kunst, ersehen zu haben: ein großer und wunderbarer
b Gott ist er, der seine Hand überall im Spiel hat in allen menschlichen und göttlichen Dingen.

Beginnen will ich mit der Heilkunde, womit wir zugleich dieser Kunst die ihr gebührende Ehre erweisen wollen. Die Natur der Leiber nämlich hat diesen doppelten Eros an sich. Denn Gesundheit und Krankheit des Körpers sind zugestandenermaßen offenbar verschiedene und einander un=

ΠΛΑΤΩΝΟΣ ΣΥΜΠΟΣΙΟΝ

θυμεῖ καὶ ἐρᾷ. ἄλλος μὲν οὖν ὁ ἐπὶ τῷ ὑγιεινῷ ἔρως, ἄλλος δὲ ὁ ἐπὶ τῷ νοσώδει. ἔστιν δή, ὥσπερ ἄρτι Παυσανίας ἔλεγεν τοῖς μὲν ἀγαθοῖς καλὸν χαρίζεσθαι τῶν ἀνθρώπων, τοῖς δ᾽ ἀκολάστοις αἰσχρόν, οὕτω καὶ ἐν αὐτοῖς τοῖς σώμασιν τοῖς μὲν ἀγαθοῖς ἑκάστου τοῦ σώματος καὶ ὑγιεινοῖς καλὸν χαρίζεσθαι καὶ δεῖ, καὶ τοῦτό ἐστιν ᾧ ὄνομα τὸ ἰατρικόν, τοῖς δὲ κακοῖς καὶ νοσώδεσιν αἰσχρόν τε καὶ δεῖ ἀχαριστεῖν, εἰ μέλλει τις τεχνικὸς εἶναι. ἔστι γὰρ ἰατρική, ὡς ἐν κεφαλαίῳ εἰπεῖν, ἐπιστήμη τῶν τοῦ σώματος ἐρωτικῶν πρὸς πλησμονὴν καὶ κένωσιν, καὶ ὁ διαγιγνώσκων ἐν τούτοις τὸν καλόν τε καὶ αἰσχρὸν ἔρωτα, οὗτός ἐστιν ὁ ἰατρικώτατος, καὶ ὁ μεταβάλλειν ποιῶν, ὥστε ἀντὶ τοῦ ἑτέρου ἔρωτος τὸν ἕτερον κτᾶσθαι, καὶ οἷς μὴ ἔνεστιν ἔρως, δεῖ δ᾽ ἐγγενέσθαι, ἐπιστάμενος ἐμποιῆσαι καὶ ἐνόντα ἐξελεῖν, ἀγαθὸς ἂν εἴη δημιουργός. δεῖ γὰρ δὴ τὰ ἔχθιστα ὄντα ἐν τῷ σώματι φίλα οἷόν τ᾽ εἶναι ποιεῖν καὶ ἐρᾶν ἀλλήλων. ἔστι δὲ ἔχθιστα τὰ ἐναντιώτατα, ψυχρὸν θερμῷ, πικρὸν γλυκεῖ, ξηρὸν ὑγρῷ πάντα τὰ τοιαῦτα· τούτοις ἐπιστηθεὶς ἔρωτα ἐμποιῆσαι καὶ ὁμόνοιαν ὁ ἡμέτερος πρόγονος Ἀσκληπιός, ὥς φασιν οἵδε οἱ ποιηταὶ καὶ ἐγὼ πείθομαι, συνέστησεν τὴν ἡμετέραν τέχνην. ἥ τε οὖν ἰατρική, ὥσπερ λέγω, πᾶσα διὰ τοῦ θεοῦ τούτου κυβερνᾶται, ὡσαύτως δὲ καὶ γυμναστικὴ καὶ γεωργία· μουσικὴ δὲ καὶ παντὶ κατάδηλος τῷ καὶ σμικρὸν προσέχοντι τὸν νοῦν ὅτι κατὰ ταὐτὰ ἔχει τούτοις, ὥσπερ ἴσως καὶ Ἡράκλειτος βούλεται λέγειν, ἐπεὶ τοῖς γε ῥήμασιν οὐ καλῶς λέγει. τὸ ἓν γάρ φησι "διαφερόμενον αὐτὸ αὑτῷ συμφέρεσθαι," "ὥσπερ ἁρμονίαν τόξου τε καὶ λύρας." ἔστι δὲ πολλὴ

ähnliche Zustände; das Unähnliche aber begehrt nach Unähnlichem und liebt es. Ein anderer ist also Eros bei dem Gesunden, ein anderer bei dem Kranken. Und so bestätigt sich denn des Pausanias Behauptung auch hier. Wie nämlich die Willfährigkeit gegen die Guten unter den Mitmenschen schön, gegen die Zügellosen aber schimpflich ist,
c so ist es auch im Haushalt der Körper selbst zu loben und nötig, den guten und gesunden Trieben eines jeden Körpers zu willfahren — das ist es eben, was man Heilkunst nennt — den schlimmen und krankhaften dagegen zu willfahren wäre verwerflich; hier tut im Gegenteil Versagung not, wenn man den Regeln der Kunst treu bleiben will. Denn die Heilkunst ist in der Hauptsache nichts anderes als die Kenntnis der Liebesregungen des Leibes in Bezug auf Füllung und Leerung, und wer in diesen Dingen den guten und schlechten Eros zu unterscheiden weiß, der ist der beste Arzt. Denn wer eine Änderung zu bewerkstelligen weiß in dem Sinne, daß der Körper an Stelle des einen Eros sich den anderen zu eigen macht, und sich darauf versteht, dort, wo der gute Eros fehlt, und doch da sein müßte, ihn einzupflanzen und den innewohnenden schlechten Eros
d zu entfernen, der wäre der rechte Meister. Denn er muß imstande sein, das Feindlichste im Körper einander befreundet zu machen und mit Liebe zueinander zu erfüllen. Das Feindseligste aber ist das einander am meisten Entgegengesetzte, das Warme dem Kalten, das Bittere dem Süßen, das Trockene dem Feuchten und was dergleichen mehr ist.
e All dem verstand unser Ahnherr Asklepios, wie unsere Dichter sagen und ich es glaube, Liebe und Eintracht einzuflößen und begründete damit unsere Kunst. Die Heilkunst also, wie gesagt, wird ganz von diesem Gotte gelenkt
187 und ebenso auch die Gymnastik und der Landbau. Was aber die Musik anlangt, so ist es für jeden, der auch nur ein klein wenig acht darauf hat, klar, daß es sich mit ihr ebenso verhält, wie denn vielleicht auch Herakleitos dies sagen will, wenn er sich auch dem Wortlaut nach nicht klar ausdrückt. „Das Eine nämlich", sagt er, „findet sich, wenn auch auseinander strebend, doch wieder mit sich selber zusammen, wie die harmonische Fügung des Bogens und der

άλογία άρμονίαν φάναι διαφέρεσθαι ἢ ἐκ διαφερομένων ἔτι εἶναι. ἀλλὰ ἴσως τόδε ἐβούλετο λέγειν, ὅτι ἐκ διαφερομένων πρότερον τοῦ ὀξέος καὶ βαρέος, ἔπειτα ὕστερον ὁμολογησάντων γέγονεν ὑπὸ τῆς μουσικῆς τέχνης. οὐ γὰρ δήπου ἐκ διαφερομένων γε ἔτι τοῦ ὀξέος καὶ βαρέος ἁρμονία ἂν εἴη· ἡ γὰρ ἁρμονία συμφωνία ἐστίν, συμφωνία δὲ ὁμολογία τις—ὁμολογίαν δὲ ἐκ διαφερομένων, ἕως ἂν διαφέρωνται, ἀδύνατον εἶναι· διαφερόμενον δὲ αὖ καὶ μὴ ὁμολογοῦν ἀδύνατον ἁρμόσαι—ὥσπερ γε καὶ ὁ ῥυθμὸς ἐκ τοῦ ταχέος καὶ βραδέος, ἐκ διενηνεγμένων πρότερον, ὕστερον δὲ ὁμολογησάντων γέγονε. τὴν δὲ ὁμολογίαν πᾶσι τούτοις, ὥσπερ ἐκεῖ ἡ ἰατρική, ἐνταῦθα ἡ μουσικὴ ἐντίθησιν, ἔρωτα καὶ ὁμόνοιαν ἀλλήλων ἐμποιήσασα· καὶ ἔστιν αὖ μουσικὴ περὶ ἁρμονίαν καὶ ῥυθμὸν ἐρωτικῶν ἐπιστήμη. καὶ ἐν μέν γε αὐτῇ τῇ συστάσει ἁρμονίας τε καὶ ῥυθμοῦ οὐδὲν χαλεπὸν τὰ ἐρωτικὰ διαγιγνώσκειν, οὐδὲ ὁ διπλοῦς ἔρως ἐνταῦθά πω ἔστιν· ἀλλ' ἐπειδὰν δέῃ πρὸς τοὺς ἀνθρώπους καταχρῆσθαι ῥυθμῷ τε καὶ ἁρμονίᾳ ἢ ποιοῦντα, ὃ δὴ μελοποιίαν καλοῦσιν, ἢ χρώμενον ὀρθῶς τοῖς πεποιημένοις μέλεσί τε καὶ μέτροις, ὃ δὴ παιδεία ἐκλήθη, ἐνταῦθα δὴ καὶ χαλεπὸν καὶ ἀγαθοῦ δημιουργοῦ δεῖ. πάλιν γὰρ ἥκει ὁ αὐτὸς λόγος, ὅτι τοῖς μὲν κοσμίοις τῶν ἀνθρώπων, καὶ ὡς ἂν κοσμιώτεροι γίγνοιντο οἱ μήπω ὄντες, δεῖ χαρίζεσθαι καὶ φυλάττειν τὸν τούτων ἔρωτα, καὶ οὗτός ἐστιν ὁ καλός, ὁ οὐράνιος, ὁ τῆς Οὐρανίας μούσης Ἔρως· ὁ δὲ Πολυμνίας ὁ πάνδημος, ὃν δεῖ εὐλαβούμενον προσφέρειν οἷς ἂν προσφέρῃ, ὅπως ἂν τὴν μὲν ἡδονὴν αὐτοῦ καρπώσηται, ἀκολασίαν δὲ μηδεμίαν ἐμποιήσῃ, ὥσπερ

Rede des Eryximachos

Leier".[42]) Es ist aber ein starker Widersinn, zu sagen, die Harmonie strebe auseinander oder bestehe trotz der noch auseinanderstrebenden Teile. Doch vielleicht wollte er nur dies sagen, die Harmonie sei durch die Kunst der Musik entstanden, indem das vorher auseinanderstrebende Hohe
b und Tiefe[43]) durch sie weiterhin in Einklang gebracht worden sei. Denn solange das Hohe und Tiefe noch auseinander streben, ist keine Harmonie denkbar. Ist doch die Harmonie Einklang, Einklang aber eine Art Übereinstimmung; Übereinstimmung aber von seiten des Auseinanderstrebenden ist unmöglich, solange die Teile noch einander widerstreben; was also auseinander strebt und uneins ist, kann keine Harmonie bilden. So steht es auch beim Rhythmus: er entsteht aus dem Schnellen und Langsamen, indem
c diese, vorher auseinander strebend, weiterhin in Einklang gebracht werden. Zum Einklang aber verhilft all dem, wie dort die Heilkunst, hier die Musik, indem sie gegenseitige Liebe und Eintracht einpflanzt; und so ist denn die Musik ihrerseits die Kenntnis von den Liebesregungen im Gebiete der Harmonie und des Rhythmus. Und in der Verbindung von Harmonie und Rhythmus an sich ist es nicht schwer, die Liebesregungen zu erkennen, wie sich denn hier der zwiefache Eros auch noch nicht findet. Aber gilt es, durch Rhythmus und Harmonie auf die Menschen einzuwirken, sei es
d schöpferisch, was man Tondichtung nennt, oder daß man die bereits geschaffenen Tonstücke und Rhythmen in richtiger Weise verwertet, was man musikalische Erziehung nennt, da stellen sich Schwierigkeiten ein, und es bedarf eines tüchtigen Meisters. Denn wieder kommt die Sache auf den nämlichen Grundsatz zurück: man muß den tugendhaften Menschen — auf daß diejenigen, die es noch nicht sind, an Tugend zunehmen — sich willfährig erweisen und sorgsam über ihre Liebe wachen. Dieses ist der schöne Eros, der himmlische, der Sohn der Urania, der himm-
e lischen Muse.[44]) Der Sohn der Polymnia dagegen ist der Allerweltseros, mit dem man vorsichtig sein muß gegenüber denen, welchen man ihn entgegenbringt, damit man die von ihm gebotene Lust genieße, ohne doch dadurch der Zügellosigkeit Eingang zu verschaffen; ähnlich wie in un-

ἐν τῇ ἡμετέρᾳ τέχνῃ μέγα ἔργον ταῖς περὶ τὴν ὀψοποιικὴν τέχνην ἐπιθυμίαις καλῶς χρῆσθαι, ὥστ' ἄνευ νόσου τὴν ἡδονὴν καρπώσασθαι. καὶ ἐν μουσικῇ δὴ καὶ ἐν ἰατρικῇ καὶ ἐν τοῖς ἄλλοις πᾶσι καὶ τοῖς ἀνθρωπείοις καὶ τοῖς θείοις, καθ' ὅσον παρείκει, φυλακτέον ἑκάτερον τὸν Ἔρωτα· ἔνεστον γάρ. ἐπεὶ καὶ ἡ τῶν ὡρῶν τοῦ ἐνιαυτοῦ σύστασις μεστή 188 ἐστιν ἀμφοτέρων τούτων, καὶ ἐπειδὰν μὲν πρὸς ἄλληλα τοῦ κοσμίου τύχῃ ἔρωτος ἃ νυνδὴ ἐγὼ ἔλεγον, τά τε θερμὰ καὶ τὰ ψυχρὰ καὶ ξηρὰ καὶ ὑγρά, καὶ ἁρμονίαν καὶ κρᾶσιν λάβῃ σώφρονα, ἥκει φέροντα εὐετηρίαν τε καὶ ὑγίειαν ἀνθρώποις καὶ τοῖς ἄλλοις ζῴοις τε καὶ φυτοῖς, καὶ οὐδὲν ἠδίκησεν· ὅταν δὲ ὁ μετὰ τῆς ὕβρεως Ἔρως ἐγκρατέστερος περὶ τὰς τοῦ ἐνιαυτοῦ ὥρας γένηται, διέφθειρέν τε πολλὰ καὶ ἠδίκησεν. οἵ τε γὰρ λοιμοὶ φιλοῦσι γίγνεσθαι ἐκ τῶν τοιούτων καὶ b ἄλλα ἀνόμοια πολλὰ νοσήματα καὶ τοῖς θηρίοις καὶ τοῖς φυτοῖς· καὶ γὰρ πάχναι καὶ χάλαζαι καὶ ἐρυσῖβαι ἐκ πλεονεξίας καὶ ἀκοσμίας περὶ ἄλληλα τῶν τοιούτων γίγνεται ἐρωτικῶν, ὧν ἐπιστήμη περὶ ἄστρων τε φορὰς καὶ ἐνιαυτῶν ὥρας ἀστρονομία καλεῖται. ἔτι τοίνυν καὶ αἱ θυσίαι πᾶσαι καὶ οἷς μαντικὴ ἐπιστατεῖ—ταῦτα δ' ἐστὶν ἡ περὶ θεούς τε καὶ ἀνθρώπους πρὸς ἀλλήλους κοινωνία—οὐ περὶ ἄλλο τί c ἐστιν ἢ περὶ Ἔρωτος φυλακήν τε καὶ ἴασιν. πᾶσα γὰρ ἀσέβεια φιλεῖ γίγνεσθαι ἐὰν μή τις τῷ κοσμίῳ Ἔρωτι χαρίζηται μηδὲ τιμᾷ τε αὐτὸν καὶ πρεσβεύῃ ἐν παντὶ ἔργῳ, ἀλλὰ τὸν ἕτερον, καὶ περὶ γονέας καὶ ζῶντας καὶ τετελευτηκότας καὶ περὶ θεούς· ἃ δὴ προστέτακται τῇ μαντικῇ ἐπισκοπεῖν τοὺς ἐρῶντας καὶ ἰατρεύειν, καὶ ἔστιν αὖ ἡ μαντικὴ φιλίας θεῶν καὶ ἀνθρώπων δημιουργὸς τῷ ἐπί- d στασθαι τὰ κατὰ ἀνθρώπους ἐρωτικά, ὅσα τείνει πρὸς θέμιν καὶ εὐσέβειαν.

serer Kunst, wo es viel besagen will gegenüber der Begierde, die sich auf die Kochkunst bezieht, das rechte Verfahren einzuhalten, dergestalt, daß man die Lust ohne Krankheit einernte. Sowohl in der Musik also wie in der Heilkunst wie auch in allen übrigen Dingen, menschlichen und göttlichen, gilt es, so weit möglich, auf den doppelten Eros acht zu haben; denn in beiden Gestalten steckt er in ihnen.

188   13. Ist doch auch der geregelte Gang der Jahreszeiten voll von ihnen beiden, und wenn die vorhin genannten Gegensatzpaare, nämlich Warm und Kalt, Trocken und Feucht, sich im guten Eros vereinen und zu einem harmonisch maßvollen Mischungsverhältnis gelangt sind, dann wird es ein gesegnetes Jahr, das Menschen, Tieren und Pflanzen Gesundheit bringt und keinerlei Schaden anrichtet. Wenn aber der zügellose Eros sich zum Herrn aufwirft über die Jahreszeiten, dann richtet er viel Unheil und Scha-
b den an. Denn das führt zu Seuchen und mannigfaltigen anderen Krankheiten für Tiere und Pflanzen. Entsteht ja doch auch Reif, Hagel und Meltau aus der Maßlosigkeit und Ordnungslosigkeit derartiger gegenseitiger Liebestriebe. Soweit sie den Lauf der Sterne und Jahreszeiten angeht, heißt diese Kenntnis Sternkunde (Astronomie). Ferner handelt es sich bei allen Opfern und bei allem, was der Seherkunst unterliegt — diese aber umfaßt den ganzen wechsel-
c seitigen Verkehr zwischen Göttern und Menschen — um nichts anderes als die Behütung und Heilung der Liebe. Denn jede Versündigung pflegt ihren Grund darin zu haben, daß man nicht dem guten Eros huldigt und ihm keine Ehre erweist und Auszeichnung bei jeglichem Tun, sondern es mit dem anderen hält, sowohl gegenüber den Eltern, gleichviel ob lebenden oder toten, als gegenüber den Göttern. Über die Liebenden zu wachen und sie zu heilen ist demnach Aufgabe der Seherkunst. Darum ist sie
d auch die Vermittlerin der Freundschaft zwischen Göttern und Menschen vermöge ihrer Einsicht in die menschlichen Liebestriebe, die sich auf göttliches Recht und Frömmigkeit beziehen. So vielfache und große, oder richtiger alle Ge-

Οὕτω πολλὴν καὶ μεγάλην, μᾶλλον δὲ πᾶσαν δύναμιν ἔχει συλλήβδην μὲν ὁ πᾶς Ἔρως, ὁ δὲ περὶ τἀγαθὰ μετὰ σωφροσύνης καὶ δικαιοσύνης ἀποτελούμενος καὶ παρ' ἡμῖν καὶ παρὰ θεοῖς, οὗτος τὴν μεγίστην δύναμιν ἔχει καὶ πᾶσαν ἡμῖν εὐδαιμονίαν παρασκευάζει καὶ ἀλλήλοις δυναμένους ὁμιλεῖν καὶ φίλους εἶναι καὶ τοῖς κρείττυσιν ἡμῶν θεοῖς. ἴσως μὲν οὖν καὶ ἐγὼ τὸν Ἔρωτα ἐπαινῶν πολλὰ παραλείπω, οὐ μέντοι ἑκών γε. ἀλλ' εἴ τι ἐξέλιπον, σὸν ἔργον, ὦ Ἀριστόφανες ἀναπληρῶσαι· ἢ εἴ πως ἄλλως ἐν νῷ ἔχεις ἐγκωμιάζειν τὸν θεόν, ἐγκωμίαζε, ἐπειδὴ καὶ τῆς λυγγὸς πέπαυσαι.

Ἐκδεξάμενον οὖν ἔφη εἰπεῖν τὸν Ἀριστοφάνη ὅτι Καὶ μάλ' ἐπαύσατο, οὐ μέντοι πρίν γε τὸν πταρμὸν προσενεχθῆναι αὐτῇ, ὥστε με θαυμάζειν εἰ τὸ κόσμιον τοῦ σώματος ἐπιθυμεῖ τοιούτων ψόφων καὶ γαργαλισμῶν, οἷον καὶ ὁ πταρμός ἐστιν· πάνυ γὰρ εὐθὺς ἐπαύσατο, ἐπειδὴ αὐτῷ τὸν πταρμὸν προσήνεγκα.

Καὶ τὸν Ἐρυξίμαχον, Ὠγαθέ, φάναι, Ἀριστόφανες, ὅρα τί ποιεῖς. γελωτοποιεῖς μέλλων λέγειν, καὶ φύλακά με τοῦ λόγου ἀναγκάζεις γίγνεσθαι τοῦ σεαυτοῦ, ἐάν τι γελοῖον εἴπῃς, ἐξόν σοι ἐν εἰρήνῃ λέγειν.

Καὶ τὸν Ἀριστοφάνη γελάσαντα εἰπεῖν Εὖ λέγεις, ὦ Ἐρυξίμαχε, καί μοι ἔστω ἄρρητα τὰ εἰρημένα. ἀλλὰ μή με φύλαττε, ὡς ἐγὼ φοβοῦμαι περὶ τῶν μελλόντων ῥηθήσεσθαι, οὔ τι μὴ γελοῖα εἴπω—τοῦτο μὲν γὰρ ἂν κέρδος εἴη καὶ τῆς ἡμετέρας μούσης ἐπιχώριον—ἀλλὰ μὴ καταγέλαστα.

Βαλών γε, φάναι, ὦ Ἀριστόφανες, οἴει ἐκφεύξεσθαι· ἀλλὰ πρόσεχε τὸν νοῦν καὶ οὕτως λέγε ὡς δώσων λόγον. ἴσως μέντοι, ἂν δόξῃ μοι, ἀφήσω σε.

Καὶ μήν, ὦ Ἐρυξίμαχε, εἰπεῖν τὸν Ἀριστοφάνη, ἄλλῃ γέ πῃ ἐν νῷ ἔχω λέγειν ἢ ᾗ σύ τε καὶ Παυσανίας εἰπέτην. ἐμοὶ γὰρ δοκοῦσιν ἄνθρωποι παντάπασι τὴν τοῦ ἔρωτος δύναμιν οὐκ ᾐσθῆσθαι, ἐπεὶ αἰσθανόμενοί γε μέγιστ' ἂν

walt überhaupt besitzt Eros auf allen Gebieten; derjenige aber, dem man um des Guten willen in Besonnenheit und Gerechtigkeit huldigt bei Menschen und Göttern, der ist es, welcher die größte Macht besitzt und uns jegliche Glück= seligkeit verschafft und uns fähig macht, nicht nur mitein= ander in Verkehr und Freundschaft zu treten, sondern auch mit unseren Herren, den Göttern.

e Vielleicht habe auch ich bei meinem Lobe des Eros man= ches übergangen, doch gewiß nicht mit Absicht. Habe ich aber etwas übersehen, so ist es an dir, Aristophanes, es nachzuholen. Oder wenn dir etwa ein anderer Weg zum Preise des Gottes vorschwebt, so schlage ihn ein, da ja auch dein Schluckauf aufgehört hat.

189 Aph.: Gewiß, er hörte auf, aber nicht eher, als bis ich ihm mit dem Niesen beikam, so daß ich mich wundere, wie doch der geordnete Zustand des Körpers solches Geräusch und solchen Kitzel verlangt, wie es das Niesen ist; denn sofort hörte er auf, als ich ihn zum Niesen nötigte.

Er.: Mein bester Aristophanes, sieh dich vor! Gleich zu Beginn deiner Rede machst du mich lächerlich und machst
b mich zwangsweise zum Aufpasser deiner eigenen Rede, ob du etwas Lächerliches über mich sagst, während du sonst unbesorgt hättest reden können.

Aph.: (lachend) Du hast recht, Eryximachos, ich nehme das Gesagte zurück. Aber dafür darfst du auch nicht den Aufpasser machen, denn ich fürchte für meine Rede nicht etwa, daß ich Dinge vorbringe, die zum Lachen reizen — das wäre mir ein Gewinn, denn ich würde damit dem ureigenen Gebiet meiner Muse treu bleiben — nein, ich fürchte, daß ich zum Spott reize!

Er.: Du meinst wohl, der Angriff sei die beste Verteidi= gung, Aristophanes. Nein, nimm deinen Verstand zusam= men und rede so, als ob du Rechenschaft geben müßtest;
c kann sein, indessen, daß ich dich freigebe, wenn ich es für gut halte.

14. Aph.: Allerdings, Eryximachos, ich denke einen an= deren Ton anzuschlagen als du und Pausanias. Mir näm= lich scheinen die Menschen die Macht des Eros überhaupt

αύτοΰ ιερά κατασκευάσαι καί βωμούς, καί θυσίας αν ποιεΐν μεγίστας, ούχ ώσπερ νΰν τούτων ουδέν γίγνεται περί αυτόν, δέον πάντων μάλιστα γίγνεσθαι. έστι γάρ θεών φιλανθρωπότατος, επίκουρός τε ών των ανθρώπων καί ιατρός τούτων ών ίαθέντων μεγίστη ευδαιμονία αν τω άνθρωπείω γένει ειη. εγώ ούν πειράσομαι ύμΐν είσηγήσασθαι τήν δύναμιν αύτοΰ, υμείς δέ των άλλων διδάσκαλοι έσεσθε. δει δέ πρώτον υμάς μαθεΐν τήν άνθρωπίνην φύσιν καί τά παθήματα αυτής, ή γάρ πάλαι ημών φύσις ούχ αυτή ήν ήπερ νΰν, άλλ' άλλοία. πρώτον μέν γάρ τρία ήν τά γένη τά τών ανθρώπων, ούχ ώσπερ νΰν δύο, άρρεν καί θήλυ, άλλά καί τρίτον προσήν κοινόν δν αμφοτέρων τούτων, ού νΰν όνομα λοιπόν, αυτό δέ ήφάνισται· άνδρόγυνον γάρ εν τότε μέν ήν καί είδος καί όνομα εξ αμφοτέρων κοινόν τοΰ τε άρρενος καί θήλεος, νΰν δέ ούκ έστιν άλλ' ή έν όνείδει όνομα κείμενον. έπειτα όλον ήν εκάστου τοΰ ανθρώπου τό είδος στρογγύλον, νώτον καί πλευράς κύκλω έχον, χείρας δέ τέτταρας είχε, καί σκέλη τά ίσα ταΐς χερσίν, καί πρόσωπα δύ' έπ' αύχένι κυκλοτερεΐ, όμοια πάντη· κεφαλήν δ' έπ' άμφοτέροις τοις προσώποις εναντίοις κειμένοις μίαν, καί ώτα τέτταρα, καί αιδοία δύο, καί τάλλα πάντα ώς άπό τούτων άν τις εικάσειεν. έπορεύετο δέ καί ορθόν ώσπερ νΰν, όποτέρωσε βουληθείη· καί όπότε ταχύ όρμήσειεν θεΐν, ώσπερ οί κυβιστώντες καί εις ορθόν τά σκέλη περιφερόμενοι κυβιστώσι κύκλω, οκτώ τότε ούσι τοις μέλεσιν άπερειδόμενοι ταχύ έφέροντο κύκλω. ήν δέ διά ταΰτα τρία τά γένη καί τοιαΰτα, ότι τό μέν άρρεν ήν τοΰ ηλίου τήν

nicht gespürt zu haben; denn, wäre das der Fall, so hätten sie ihm wohl die stattlichsten Tempel und Altäre errichtet und würden ihm die großartigsten Opfer darbringen und es nicht so halten wie jetzt, wo von alledem gar nichts für ihn geschieht, für ihn, der es mehr verdiente als alle anderen. Ist er doch der menschenfreundlichste unter den Göttern, ein Helfer der Menschen und heilkundig für diejenigen Gebrechen, deren Heilung dem Menschengeschlechte zur größten Glückseligkeit verhelfen dürfte. Ich also will versuchen, euch eine Vorstellung seiner Macht zu geben, ihr aber möget den anderen darüber Belehrung erteilen.

Zunächst müßt ihr Einsicht erhalten in die menschliche Natur und die Zustände, die sie durchgemacht hat. Ehedem nämlich war unsere Natur nicht dieselbe wie jetzt, sondern andersartig. Zunächst nämlich gab es damals drei Geschlechter von Menschen, nicht nur zwei wie jetzt, männlich und weiblich, sondern ihnen gesellte sich noch ein drittes hinzu, eine Verschmelzung jener beiden, von dem jetzt nur noch der Name übrig ist; selbst ist es verschwunden. Es gab nämlich damals ein mannweibliches Geschlecht, nicht bloß dem Namen nach, sondern auch als wirkliches Naturgebilde, aus beiden, dem männlichen und weiblichen zusammengesetzt, während es jetzt nur noch den Namen gibt und zwar nur als Schimpfnamen. Ferner war damals die ganze Gestalt eines jeden Menschen rund, indem Rücken und Seiten eine Kugel bildeten; Hände aber hatte ein jeder vier und ebensoviele Füße und zwei einander völlig gleiche Gesichter auf einem kreisrunden Halse. Für beide einander entgegengesetzt liegende Gesichter aber hatten sie einen gemeinsamen Kopf, zudem vier Ohren und zwei Schamglieder und alles andere, wie man es sich hiernach wohl ausmalen kann. Man ging nicht nur aufrecht wie jetzt, beliebig in der einen oder anderen Richtung, sondern, wenn sie es eilig hatten, machten sie es wie die Radschlagenden, die mit gerade emporgestreckten Beinen sich im Kreise herumschwingen: auf ihre damaligen acht Gliedmaßen gestützt bewegten sie sich im Kreisschwung rasch vorwärts. So gab es denn der Geschlechter drei und von dieser Beschaffenheit; und das aus dem Grunde, weil das männliche ur-

ἀρχὴν ἔκγονον, τὸ δὲ θῆλυ τῆς γῆς, τὸ δὲ ἀμφοτέρων μετέχον τῆς σελήνης, ὅτι καὶ ἡ σελήνη ἀμφοτέρων μετέχει· περιφερῆ δὲ δὴ ἦν καὶ αὐτὰ καὶ ἡ πορεία αὐτῶν διὰ τὸ τοῖς γονεῦσιν ὅμοια εἶναι. ἦν οὖν τὴν ἰσχὺν δεινὰ καὶ τὴν ῥώμην, καὶ τὰ φρονήματα μεγάλα εἶχον, ἐπεχείρησαν δὲ τοῖς θεοῖς, καὶ ὃ λέγει Ὅμηρος περὶ Ἐφιάλτου τε καὶ Ὤτου, περὶ ἐκείνων λέγεται, τὸ εἰς τὸν οὐρανὸν ἀνάβασιν ἐπιχειρεῖν ποιεῖν, ὡς ἐπιθησομένων τοῖς θεοῖς. ὁ οὖν Ζεὺς καὶ οἱ ἄλλοι θεοὶ ἐβουλεύοντο ὅτι χρὴ αὐτοὺς ποιῆσαι, καὶ ἠπόρουν· οὔτε γὰρ ὅπως ἀποκτείναιεν εἶχον καὶ ὥσπερ τοὺς γίγαντας κεραυνώσαντες τὸ γένος ἀφανίσαιεν—αἱ τιμαὶ γὰρ αὐτοῖς καὶ ἱερὰ τὰ παρὰ τῶν ἀνθρώπων ἠφανίζετο— οὔτε ὅπως ἐῷεν ἀσελγαίνειν. μόγις δὴ ὁ Ζεὺς ἐννοήσας λέγει ὅτι "Δοκῶ μοι," ἔφη, "ἔχειν μηχανήν, ὡς ἂν εἶέν τε ἄνθρωποι καὶ παύσαιντο τῆς ἀκολασίας ἀσθενέστεροι γενόμενοι. νῦν μὲν γὰρ αὐτούς, ἔφη, διατεμῶ δίχα ἕκαστον, καὶ ἅμα μὲν ἀσθενέστεροι ἔσονται, ἅμα δὲ χρησιμώτεροι ἡμῖν διὰ τὸ πλείους τὸν ἀριθμὸν γεγονέναι· καὶ βαδιοῦνται ὀρθοὶ ἐπὶ δυοῖν σκελοῖν. ἐὰν δ' ἔτι δοκῶσιν ἀσελγαίνειν καὶ μὴ 'θέλωσιν ἡσυχίαν ἄγειν, πάλιν αὖ, ἔφη, τεμῶ δίχα, ὥστ' ἐφ' ἑνὸς πορεύσονται σκέλους ἀσκωλιάζοντες." ταῦτα εἰπὼν ἔτεμνε τοὺς ἀνθρώπους δίχα, ὥσπερ οἱ τὰ ὄα τέμνοντες καὶ μέλλοντες ταριχεύειν. ὅντινα δὲ τέμοι, τὸν Ἀπόλλω ἐκέλευεν τό τε πρόσωπον μεταστρέφειν καὶ τὸ τοῦ αὐχένος ἥμισυ πρὸς τὴν τομήν, ἵνα, θεώμενος τὴν αὑτοῦ τμῆσιν κοσμιώτερος εἴη ὁ ἄνθρωπος, καὶ τἆλλα ἰᾶσθαι ἐκέλευεν. ὁ δὲ τό τε πρόσωπον μετέστρεφε, καὶ συνέλκων παντα-

sprünglich von der Sonne stammte, das weibliche von der Erde und das aus beiden gemischte vom Mond; denn dieser hat teil an beiden, an Erde und Sonne. So waren sie denn, sie selbst wie auch ihr Gang, kreisförmig, weil sie ihren Vorfahren ähnlich waren. Sie waren demnach von gewaltiger Kraft und Stärke und von hohem Selbstgefühl, ja, sie wagten sich sogar an die Götter heran. Was Homer von Ephialtes und Otos[45]) erzählt, das gilt von ihnen: sie machten sich daran, sich den Weg zum Himmel zu bahnen, um den Göttern zu Leibe zu gehen.

c 15. Da hielten Zeus und die übrigen Götter Rat, wie sie mit ihnen fertig werden sollten, und waren in nicht geringer Verlegenheit; denn einerseits waren sie nicht in der Lage, sie zu töten und ihr ganzes Geschlecht zu vernichten durch Blitzschlag wie die Giganten — denn dann wäre es vorbei gewesen mit den Ehrenbezeugungen und Opfern von seiten der Menschen — anderseits konnten sie auch ihrem Frevelmut nicht freien Raum lassen. Nach schwerem Nachsinnen sprach also Zeus: Ich glaube, ich habe ein Mittel, um einerseits das Fortbestehen der Menschen zu sichern, anderseits ihrer Zuchtlosigkeit ein Ende zu machen durch
d Schwächung ihrer Kraft. Ich werde fürs erste jeden in zwei Hälften zerschneiden, und die Folge wird sein, daß sie nicht nur schwächer, sondern auch uns nützlicher werden, weil sie an Zahl dann mehr geworden sind. Fortan werden sie aufrecht gehen auf zwei Beinen. Sollten sie aber weiter noch sich der Zuchtlosigkeit geneigt zeigen und nicht gewillt, Ruhe zu halten, so werde ich sie abermals in zwei Hälften zerschneiden, so daß sie auf *einem* Beine hüpfen müssen wie die Schlauchhüpfer.[46]) Gesagt, getan: er schnitt die Menschen in zwei Hälften, wie wenn man Vogelbeeren zer-
e schneidet, um sie einzumachen. Und immer, wenn er einen zerschnitten hatte, wies er Apollon an, ihm das Gesicht und die Halshälfte nach der Schnittfläche umzudrehen, auf daß der Mensch angesichts der vollzogenen Zerschneidung sittsamer würde; im übrigen ließ er Apollon die Heilung vollziehen. Dieser drehte ihnen das Gesicht um, zog von allen

χόθεν τὸ δέρμα ἐπὶ τὴν γαστέρα νῦν καλουμένην, ὥσπερ τὰ σύσπαστα βαλλάντια, ἓν στόμα ποιῶν ἀπέδει κατὰ μέσην τὴν γαστέρα, ὃ δὴ τὸν ὀμφαλὸν καλοῦσι. καὶ τὰς μὲν ἄλλας ῥυτίδας τὰς πολλὰς ἐξελέαινε καὶ τὰ στήθη διήρθρου, ἔχων 191 τι τοιοῦτον ὄργανον οἷον οἱ σκυτοτόμοι περὶ τὸν καλάποδα λεαίνοντες τὰς τῶν σκυτῶν ῥυτίδας· ὀλίγας δὲ κατέλιπε, τὰς περὶ αὐτὴν τὴν γαστέρα καὶ τὸν ὀμφαλόν, μνημεῖον εἶναι τοῦ παλαιοῦ πάθους. ἐπειδὴ οὖν ἡ φύσις δίχα ἐτμήθη, ποθοῦν ἕκαστον τὸ ἥμισυ τὸ αὑτοῦ συνῄει, καὶ περιβάλλοντες τὰς χεῖρας καὶ συμπλεκόμενοι ἀλλήλοις, ἐπιθυμοῦντες συμφῦναι, ἀπέθνῃσκον ὑπὸ λιμοῦ καὶ τῆς ἄλλης ἀργίας διὰ τὸ μηδὲν ἐθέλειν χωρὶς ἀλλήλων ποιεῖν. b καὶ ὁπότε τι ἀποθάνοι τῶν ἡμίσεων, τὸ δὲ λειφθείη, τὸ λειφθὲν ἄλλο ἐζήτει καὶ συνεπλέκετο, εἴτε γυναικὸς τῆς ὅλης ἐντύχοι ἡμίσει—ὃ δὴ νῦν γυναῖκα καλοῦμεν—εἴτε ἀνδρός· καὶ οὕτως ἀπώλλυντο. ἐλεήσας δὲ ὁ Ζεὺς ἄλλην μηχανὴν πορίζεται, καὶ μετατίθησιν αὐτῶν τὰ αἰδοῖα εἰς τὸ πρόσθεν—τέως γὰρ καὶ ταῦτα ἐκτὸς εἶχον, καὶ ἐγέννων καὶ ἔτικτον οὐκ εἰς ἀλλήλους ἀλλ' εἰς γῆν, ὥσπερ οἱ τέττιγες—μετέθηκέ τε οὖν οὕτω αὐτῶν εἰς τὸ πρόσθεν καὶ c διὰ τούτων τὴν γένεσιν ἐν ἀλλήλοις ἐποίησεν, διὰ τοῦ ἄρρενος ἐν τῷ θήλει, τῶνδε ἕνεκα, ἵνα ἐν τῇ συμπλοκῇ ἅμα μὲν εἰ ἀνὴρ γυναικὶ ἐντύχοι, γεννῷεν καὶ γίγνοιτο τὸ γένος, ἅμα δ' εἰ καὶ ἄρρην ἄρρενι, πλησμονὴ γοῦν γίγνοιτο τῆς συνουσίας καὶ διαπαύοιντο καὶ ἐπὶ τὰ ἔργα τρέπαιντο καὶ τοῦ ἄλλου βίου ἐπιμελοῖντο. ἔστι δὴ οὖν ἐκ τόσου ὁ ἔρως ἔμφυτος ἀλλήλων τοῖς ἀνθρώποις καὶ τῆς ἀρχαίας d φύσεως συναγωγεὺς καὶ ἐπιχειρῶν ποιῆσαι ἓν ἐκ δυοῖν καὶ ἰάσασθαι τὴν φύσιν τὴν ἀνθρωπίνην. ἕκαστος οὖν ἡμῶν

Seiten die Haut über der jetzt Bauch genannten Fläche zusammen wie einen Schnürbeutel, indem er eine Öffnung ließ, die man jetzt Nabel nennt. Und die meisten Falten glättete er und fügte die Brust zusammen mit einem Werkzeug ähnlich wie es die Schuster haben, wenn sie über dem Leisten die Falten des Leders glätten; nur einige wenige ließ er zurück am Unterleib und Nabel, als Denkzeichen des ehemaligen Eingriffs.

Als nun so ihre ursprüngliche Gestalt in zwei Teile gespalten war, ward jede Hälfte von Sehnsucht nach Vereinigung mit der anderen getrieben: sie schlangen die Arme umeinander und schmiegten sich zusammen, voll Begierde, zusammenzuwachsen. So starben sie durch Hunger und Untätigkeit, weil sie keine Lust hatten, irgendetwas getrennt voneinander zu tun; und immer, wenn eine der Hälften dahinstarb und die andere noch übrigblieb, suchte die zurückbleibende eine andere, mit der sie sich umarmte, gleichviel ob es die Hälfte eines Doppelweibes war, die wir jetzt Weib nennen, oder eines Mannes. Und so gingen sie zugrunde.

Da erbarmte sich Zeus und schuf auf andere Weise Abhilfe, indem er ihre Schamteile nach vorn versetzte; denn bisher hatten sie auch diese nach außen und zeugten und gebaren nicht ineinander, sondern in die Erde wie die Zikaden. Diese Verlegung nach vorn und die damit verbundene Erzeugung ineinander durch das Männliche in dem Weiblichen bewerkstelligte er in folgender Absicht: wenn bei der Umarmung ein Mann auf ein Weib träfe, so sollte zugleich eine Zeugung erfolgen zur Fortpflanzung des Geschlechts; wenn aber ein Männliches auf ein Männliches, so sollte das Zusammensein wenigstens zu einer Befriedigung führen, damit sie nun davon abließen und sich wieder der Werktätigkeit zuwendeten und sich der Sorge für die anderen Lebensbedürfnisse widmeten. Seit so langer Zeit also ist die Liebe zueinander den Menschen eingeboren. Sie führt das ursprüngliche Wesen zusammen und ist bestrebt, aus Zweien Eins zu machen und der menschlichen Natur Heilung zu schaffen.

ἐστιν ἀνθρώπου σύμβολον, ἅτε τετμημένος ὥσπερ αἱ ψῆτται, ἐξ ἑνὸς δύο· ζητεῖ δὴ ἀεὶ τὸ αὑτοῦ ἕκαστος σύμβολον. ὅσοι μὲν οὖν τῶν ἀνδρῶν τοῦ κοινοῦ τμῆμά εἰσιν, ὃ δὴ τότε ἀνδρόγυνον ἐκαλεῖτο, φιλογύναικές τέ εἰσι καὶ οἱ πολλοὶ τῶν μοιχῶν ἐκ τούτου τοῦ γένους γεγόνασιν, καὶ ὅσαι αὖ γυναῖκες φίλανδροί τε καὶ μοιχεύτριαι ἐκ τούτου τοῦ γένους γίγνονται. ὅσαι δὲ τῶν γυναικῶν γυναικὸς τμῆμά εἰσιν, οὐ πάνυ αὗται τοῖς ἀνδράσι τὸν νοῦν προσέχουσιν, ἀλλὰ μᾶλλον πρὸς τὰς γυναῖκας τετραμμέναι εἰσί, καὶ αἱ ἑταιρίστριαι ἐκ τούτου τοῦ γένους γίγνονται. ὅσοι δὲ ἄρρενος τμῆμά εἰσι, τὰ ἄρρενα διώκουσι, καὶ τέως μὲν ἂν παῖδες ὦσιν, ἅτε τεμάχια ὄντα τοῦ ἄρρενος, φιλοῦσι τοὺς ἄνδρας καὶ χαίρουσι συγκατακείμενοι καὶ συμπεπλεγμένοι τοῖς ἀνδράσι, καί εἰσιν οὗτοι βέλτιστοι τῶν παίδων καὶ μειρακίων, ἅτε ἀνδρειότατοι ὄντες φύσει. φασὶ δὲ δή τινες αὐτοὺς ἀναισχύντους εἶναι, ψευδόμενοι· οὐ γὰρ ὑπ᾽ ἀναισχυντίας τοῦτο δρῶσιν ἀλλ᾽ ὑπὸ θάρρους καὶ ἀνδρείας καὶ ἀρρενωπίας, τὸ ὅμοιον αὑτοῖς ἀσπαζόμενοι. μέγα δὲ τεκμήριον· καὶ γὰρ τελεωθέντες μόνοι ἀποβαίνουσιν εἰς τὰ πολιτικὰ ἄνδρες οἱ τοιοῦτοι. ἐπειδὰν δὲ ἀνδρωθῶσι, παιδεραστοῦσι καὶ πρὸς γάμους καὶ παιδοποιίας οὐ προσέχουσι τὸν νοῦν φύσει, ἀλλ᾽ ὑπὸ τοῦ νόμου ἀναγκάζονται· ἀλλ᾽ ἐξαρκεῖ αὐτοῖς μετ᾽ ἀλλήλων καταζῆν ἀγάμοις. πάντως μὲν οὖν ὁ τοιοῦτος παιδεραστής τε καὶ φιλεραστὴς γίγνεται, ἀεὶ τὸ συγγενὲς ἀσπαζόμενος. ὅταν μὲν οὖν καὶ αὐτῷ ἐκείνῳ ἐντύχῃ τῷ αὑτοῦ ἡμίσει καὶ ὁ παιδεραστὴς καὶ ἄλλος πᾶς, τότε καὶ θαυμαστὰ ἐκπλήττονται φιλίᾳ τε καὶ οἰκειότητι καὶ ἔρωτι, οὐκ ἐθέλοντες ὡς ἔπος εἰπεῖν χωρίζεσθαι ἀλλήλων οὐδὲ σμικρὸν χρόνον. καὶ οἱ διατελοῦντες

16. Jeder von uns ist daher nur das Halbstück[47]) eines Menschen, weil wir, gespalten wie die Schollen,[48]) aus einem zwei geworden sind. Jeder sucht demnach beständig das ihm entsprechende Gegenstück. Alle Männer also, die ein Halbteil jenes Doppelwesens sind, das damals Mannweib genannt ward, sind in die Weiber verliebt, und zu dieser Gattung gehören die meisten Ehebrecher, sowie anderseits alle Weiber dieser Gattung angehören, die in die Männer verliebt und mit ehebrecherischen Gelüsten erfüllt sind. Alle Weiber dagegen, die Halbteile von ursprünglichen Weibern sind, wollen mit Männern überhaupt nichts zu schaffen haben, richten vielmehr ihren Sinn auf die Weiber; dieser Gattung Vertreterinnen sind die Tribaden. Alle Männer endlich, die Teilstücke eines ursprünglichen Mannes sind, gehen dem Männlichen nach; solange sie noch Knaben sind, lieben sie als Schnittstücke der männlichen Gattung die Männer und kennen keine größere Freude, als mit ihnen zusammenzuliegen und sich von ihnen umarmen zu lassen. Dies sind die Besten unter den Knaben und Jünglingen, weil sie die Mannhaftesten von Natur sind. Es gibt allerdings manche, die sie schamlos nennen, in Widerspruch mit der Wahrheit: denn nicht aus Schamlosigkeit tun sie es, sondern auf Grund mutiger, tapferer und männlicher Sinnesart; sie lieben eben das, was ihnen ähnlich ist. Ein schlagender Beweis dafür: sind sie herangereift, so sind sie es — und sie allein — die sich als brauchbar für die *Staatsleitung* erweisen. Sind sie aber Männer geworden, dann geben sie sich der Liebe für Knaben hin: auf Ehe und Nachkommenschaft ist ihr Sinn von Natur nicht gerichtet, sie lassen sich vielmehr nur durch den Brauch bestimmen, während sie am liebsten ehelos miteinander leben würden. Unbedingt also wird ein solcher ein männliches Liebesleben führen als Liebhaber und Freund, immer dem ihm Verwandten zugetan.

Fügt es sich nun, daß der Liebhaber, der Knabenliebhaber wie jeder andere Liebhaber, auf seine eigene andere Hälfte trifft, dann werden sie von wunderbaren Gefühlen der Freundschaft und Vertraulichkeit und Liebesverlangen ergriffen und möchten am liebsten auch keinen Augenblick

μετ' ἀλλήλων διὰ βίου οὗτοί εἰσιν, οἳ οὐδ' ἂν ἔχοιεν εἰπεῖν
ὅτι βούλονται σφίσι παρ' ἀλλήλων γίγνεσθαι. οὐδενὶ
γὰρ ἂν δόξειεν τοῦτ' εἶναι ἡ τῶν ἀφροδισίων συνουσία, ὡς
ἄρα τούτου ἕνεκα ἕτερος ἑτέρῳ χαίρει συνὼν οὕτως ἐπὶ
μεγάλης σπουδῆς· ἀλλ' ἄλλο τι βουλομένη ἑκατέρου ἡ ψυχὴ
δήλη ἐστίν, ὃ οὐ δύναται εἰπεῖν, ἀλλὰ μαντεύεται ὃ βού- d
λεται, καὶ αἰνίττεται. καὶ εἰ αὐτοῖς ἐν τῷ αὐτῷ κατακει-
μένοις ἐπιστὰς ὁ Ἥφαιστος, ἔχων τὰ ὄργανα, ἔροιτο· "Τί
ἔσθ' ὃ βούλεσθε, ὦ ἄνθρωποι, ὑμῖν παρ' ἀλλήλων γενέσθαι;" καὶ εἰ ἀποροῦντας αὐτοὺς πάλιν ἔροιτο· " ⁷ Ἀρά γε
τοῦδε ἐπιθυμεῖτε, ἐν τῷ αὐτῷ γενέσθαι ὅτι μάλιστα ἀλλήλοις, ὥστε καὶ νύκτα καὶ ἡμέραν μὴ ἀπολείπεσθαι ἀλλήλων; εἰ γὰρ τούτου ἐπιθυμεῖτε, θέλω ὑμᾶς συντῆξαι καὶ
συμφυσῆσαι εἰς τὸ αὐτό, ὥστε δύ' ὄντας ἕνα γεγονέναι e
καὶ ἕως τ' ἂν ζῆτε, ὡς ἕνα ὄντα, κοινῇ ἀμφοτέρους ζῆν,
καὶ ἐπειδὰν ἀποθάνητε, ἐκεῖ αὖ ἐν Ἅιδου ἀντὶ δυοῖν ἕνα
εἶναι κοινῇ τεθνεῶτε· ἀλλ' ὁρᾶτε εἰ τούτου ἐρᾶτε καὶ
ἐξαρκεῖ ὑμῖν ἂν τούτου τύχητε·" ταῦτ' ἀκούσας ἴσμεν ὅτι
οὐδ' ἂν εἷς ἐξαρνηθείη οὐδ' ἄλλο τι ἂν φανείη βουλόμενος,
ἀλλ' ἀτεχνῶς οἴοιτ' ἂν ἀκηκοέναι τοῦτο ὃ πάλαι ἄρα ἐπε-
θύμει, συνελθὼν καὶ συντακεὶς τῷ ἐρωμένῳ ἐκ δυοῖν εἷς
γενέσθαι. τοῦτο γάρ ἐστι τὸ αἴτιον, ὅτι ἡ ἀρχαία φύσις
ἡμῶν ἦν αὕτη καὶ ἦμεν ὅλοι· τοῦ ὅλου οὖν τῇ ἐπιθυμίᾳ
καὶ διώξει ἔρως ὄνομα. καὶ πρὸ τοῦ, ὥσπερ λέγω, ἓν 193
ἦμεν, νυνὶ δὲ διὰ τὴν ἀδικίαν διῳκίσθημεν ὑπὸ τοῦ θεοῦ,
καθάπερ Ἀρκάδες ὑπὸ Λακεδαιμονίων· φόβος οὖν ἔστιν,
ἐὰν μὴ κόσμιοι ὦμεν πρὸς τοὺς θεούς, ὅπως μὴ καὶ αὖθις
διασχισθησόμεθα, καὶ περίιμεν ἔχοντες ὥσπερ οἱ ἐν ταῖς
στήλαις καταγραφὴν ἐκτετυπωμένοι, διαπεπρισμένοι κατὰ
τὰς ῥῖνας, γεγονότες ὥσπερ λίσπαι. ἀλλὰ τούτων ἕνεκα

voneinander lassen. Und sie sind es, die ihr ganzes Leben miteinander zubringen, sie, die nicht einmal zu sagen wüß= ten, was sie voneinander wollen. Denn der bloße Liebes= genuß im Zusammensein kann es doch nicht sein, um des= sen willen der eine im Verein mit dem anderen eine so ernstlich gemeinte Freude empfindet, nein, etwas ganz ande= res ist es offenbar, worauf die Seele beider voll Verlangen
d hingerichtet ist, etwas Unsagbares, nur in Ahnungen und Rätseln Andeutbares. Und gesetzt, es träte, wenn sie bei= sammen liegen, Hephaistos mit seinen Werkzeugen an sie heran und fragte sie: „Was wollt ihr Menschenkinder denn eigentlich voneinander", und wenn er die um eine Antwort Verlegenen wieder fragte: „Ist euer Verlangen darauf ge= richtet, euch so nahe wie möglich zu sein, also Tag und Nacht euch nicht voneinander zu trennen? Denn wenn ihr danach Verlangen tragt, so will ich euch in Eins verschmel=
e zen und zusammenschweißen, so daß ihr, jetzt zwei, eine Einheit werdet und euer lebelang als ein Einziger beisam= men lebt, und wenn ihr sterbt, auch dort im Hades im Tode vereint, nicht zwei, sondern ein Einziger seid. Auf denn, seht zu, ob dies euer Begehren ist und ob es euch Genüge tut, wenn euch dieses zuteil wird".

Auf solches Angebot — des sind wir gewiß — würde kein Einziger Nein sagen oder einen anderen Wunsch zu erken= nen geben, sondern jeder würde meinen, eben das gehört zu haben, was er längst schon wünschte: vereinigt und verschmolzen mit dem Geliebten aus zweien Eins zu wer= den.

Seinen Grund hat das darin, daß dies unsere ursprüng= liche Natur war: wir waren *ganze* Wesen. Die Begierde also und das Streben nach dem *Ganzen* nennt man Eros.
193 Und vorzeiten, wie gesagt, waren wir Eins. Jetzt aber sind wir zur Strafe für unseren Frevelmut von dem Gott ge= spalten worden, wie die Arkader von den Lakedämoniern[49]). Es steht also zu befürchten: wenn wir den Göttern nicht die gebotene Ehrfurcht erweisen, so werden wir abermals gespalten werden und herumlaufen wie die auf den Grab= steinen angebrachten Reliefs mit durchgesägten Nasen oder wie halbierte Würfel.

πάντ' ἄνδρα χρὴ ἅπαντα παρακελεύεσθαι εὐσεβεῖν περὶ θεούς, ἵνα τὰ μὲν ἐκφύγωμεν, τῶν δὲ τύχωμεν, ὡς ὁ Ἔρως ἡμῖν ἡγεμὼν καὶ στρατηγός. ᾧ μηδεὶς ἐναντία πραττέτω—πράττει δ' ἐναντία ὅστις θεοῖς ἀπεχθάνεται—φίλοι γὰρ γενόμενοι καὶ διαλλαγέντες τῷ θεῷ ἐξευρήσομέν τε καὶ ἐντευξόμεθα τοῖς παιδικοῖς τοῖς ἡμετέροις αὐτῶν, ὃ τῶν νῦν ὀλίγοι ποιοῦσι. καὶ μή μοι ὑπολάβῃ Ἐρυξίμαχος, κωμῳδῶν τὸν λόγον, ὡς Παυσανίαν καὶ Ἀγάθωνα λέγω—ἴσως μὲν γὰρ καὶ οὗτοι τούτων τυγχάνουσιν ὄντες καί εἰσιν ἀμφότεροι τὴν φύσιν ἄρρενες—λέγω δὲ οὖν ἔγωγε καθ' ἁπάντων καὶ ἀνδρῶν καὶ γυναικῶν, ὅτι οὕτως ἂν ἡμῶν τὸ γένος εὔδαιμον γένοιτο, εἰ ἐκτελέσαιμεν τὸν ἔρωτα καὶ τῶν παιδικῶν τῶν αὑτοῦ ἕκαστος τύχοι εἰς τὴν ἀρχαίαν ἀπελθὼν φύσιν. εἰ δὲ τοῦτο ἄριστον, ἀναγκαῖον καὶ τῶν νῦν παρόντων τὸ τούτου ἐγγυτάτω ἄριστον εἶναι· τοῦτο δ' ἐστὶ παιδικῶν τυχεῖν κατὰ νοῦν αὐτῷ πεφυκότων· οὗ δὴ τὸν αἴτιον θεὸν ὑμνοῦντες δικαίως ἂν ὑμνοῖμεν Ἔρωτα, ὃς ἔν τε τῷ παρόντι ἡμᾶς πλεῖστα ὀνίνησιν εἰς τὸ οἰκεῖον ἄγων, καὶ εἰς τὸ ἔπειτα ἐλπίδας μεγίστας παρέχεται, ἡμῶν παρεχομένων πρὸς θεοὺς εὐσέβειαν, καταστήσας ἡμᾶς εἰς τὴν ἀρχαίαν φύσιν καὶ ἰασάμενος μακαρίους καὶ εὐδαίμονας ποιῆσαι.

Οὗτος, ἔφη, ὦ Ἐρυξίμαχε, ὁ ἐμὸς λόγος ἐστὶ περὶ Ἔρωτος, ἀλλοῖος ἢ ὁ σός. ὥσπερ οὖν ἐδεήθην σου, μὴ κωμῳδήσῃς αὐτόν, ἵνα καὶ τῶν λοιπῶν ἀκούσωμεν τί ἕκαστος ἐρεῖ, μᾶλλον δὲ τί ἑκάτερος· Ἀγάθων γὰρ καὶ Σωκράτης λοιποί.

Ἀλλὰ πείσομαί σοι, ἔφη φάναι τὸν Ἐρυξίμαχον· καὶ γάρ μοι ὁ λόγος ἡδέως ἐρρήθη. καὶ εἰ μὴ συνῄδη Σωκράτει τε καὶ Ἀγάθωνι δεινοῖς οὖσι περὶ τὰ ἐρωτικά, πάνυ

Deshalb muß jeder den andern antreiben, den Göttern Ehrfurcht zu erweisen, damit wir das eine meiden, das
b andere erlangen. Dazu ist uns Eros Führer und Feldherr. Ihm soll niemand zuwider handeln — es handelt ihm aber zuwider, wer sich den Göttern verhaßt macht — denn sind wir mit dem Gott in Freundschaft und Eintracht, dann wer= den wir auch den uns von Natur angehörigen Liebling finden und seiner Gegenwart teilhaftig werden, was heut= zutage nur wenigen gelingt. Und möge Eryximachos nicht meiner Rede spotten und die Meinung äußern, ich ziele da= mit auf Pausanias und Agathon — vielleicht nämlich gehö=
c ren auch sie zu diesen Auserwählten und sind beide rein männlicher Abkunft — es bezieht sich vielmehr auf alle, auf Männer und Frauen, was ich sage: unser Geschlecht würde dann glückselig sein, wenn wir unsere Liebe zur vollen Er= füllung bringen könnten und jeder den ihm zugehörigen Liebling träfe und so zur alten Natur zurückkehrte. Ist aber dies das Beste, so muß auch in der gegenwärtigen Lage dasjenige das Beste sein, was diesem Zustand am nächsten liegt; das heißt, einen Liebling zu finden, der ganz unserer Sinnesart entspricht.

Wenn wir also dem Gott, dem wir dies verdanken, Lob= lieder singen, so gebührt dies mit vollem Recht Eros, der
d uns in der Gegenwart den reichsten Segen spendet durch Hinleitung zu dem uns Verwandten, für die Zukunft aber die stärksten Hoffnungen bietet, wenn wir festhalten an der Ehrfurcht gegen die Götter. Denn dann will er uns zurückführen zur ursprünglichen Natur und durch seine heilende Kraft glücklich und selig machen.

Das ist meine Rede über den Eros, Eryximachos, von anderer Tonart als die deine. Gib also meiner Bitte Gehör und spotte nicht über sie, denn wir wollen auch die ande= ren hören, was ein jeder zu sagen hat, oder vielmehr die
e beiden, denn nur *Agathon* und *Sokrates* sind noch übrig.

17. Er.: Wohl, ich werde dir folgen, denn auch ich habe meine Freude gehabt an deiner Rede. Und wüßte ich nicht von Sokrates und Agathon, daß sie kaum ihresgleichen haben in Sachen der Liebe, so wäre ich gewiß in Angst, daß

ἂν ἐφοβούμην μὴ ἀπορήσωσι λόγων διὰ τὸ πολλὰ καὶ παντοδαπὰ εἰρῆσθαι· νῦν δὲ ὅμως θαρρῶ.

Τὸν οὖν Σωκράτη εἰπεῖν Καλῶς γὰρ αὐτὸς ἠγώνισαι, ὦ Ἐρυξίμαχε· εἰ δὲ γένοιο οὗ νῦν ἐγώ εἰμι, μᾶλλον δὲ ἴσως οὗ ἔσομαι ἐπειδὰν καὶ Ἀγάθων εἴπῃ, εὖ καὶ μάλ' ἂν φοβοῖο καὶ ἐν παντὶ εἴης ὥσπερ ἐγὼ νῦν.

Φαρμάττειν βούλει με, ὦ Σώκρατες, εἰπεῖν τὸν Ἀγάθωνα, ἵνα θορυβηθῶ διὰ τὸ οἴεσθαι τὸ θέατρον προσδοκίαν μεγάλην ἔχειν ὡς εὖ ἐροῦντος ἐμοῦ.

Ἐπιλήσμων μεντἂν εἴην, ὦ Ἀγάθων, εἰπεῖν τὸν Σωκράτη, εἰ ἰδὼν τὴν σὴν ἀνδρείαν καὶ μεγαλοφροσύνην ἀναβαίνοντος ἐπὶ τὸν ὀκρίβαντα μετὰ τῶν ὑποκριτῶν, καὶ βλέψαντος ἐναντία τοσούτῳ θεάτρῳ, μέλλοντος ἐπιδείξεσθαι σαυτοῦ λόγους, καὶ οὐδ' ὁπωστιοῦν ἐκπλαγέντος, νῦν οἰηθείην σε θορυβήσεσθαι ἕνεκα ἡμῶν ὀλίγων ἀνθρώπων.

Τί δέ, ὦ Σώκρατες; τὸν Ἀγάθωνα φάναι, οὐ δήπου με οὕτω θεάτρου μεστὸν ἡγῇ ὥστε καὶ ἀγνοεῖν ὅτι νοῦν ἔχοντι ὀλίγοι ἔμφρονες πολλῶν ἀφρόνων φοβερώτεροι;

Οὐ μεντἂν καλῶς ποιοίην, φάναι, ὦ Ἀγάθων, περὶ σοῦ τι ἐγὼ ἄγροικον δοξάζων· ἀλλ' εὖ οἶδα ὅτι εἴ τισιν ἐντύχοις οὓς ἡγοῖο σοφούς, μᾶλλον ἂν αὐτῶν φροντίζοις ἢ τῶν πολλῶν. ἀλλὰ μὴ οὐχ οὗτοι ἡμεῖς ὦμεν — ἡμεῖς μὲν γὰρ καὶ ἐκεῖ παρῆμεν καὶ ἦμεν τῶν πολλῶν—εἰ δὲ ἄλλοις ἐντύχοις σοφοῖς, τάχ' ἂν αἰσχύνοιο αὐτούς, εἴ τι ἴσως οἴοιο αἰσχρὸν ὂν ποιεῖν· ἢ πῶς λέγεις;

Ἀληθῆ λέγεις, φάναι.

sie in Verlegenheit wären über das, was sie vorbringen sollten, nachdem so mannigfache Reden vorgetragen worden. So aber bin ich gleichwohl guten Mutes.

194 S.: Du hast dich ja selbst als guter Wettkämpfer bewährt, Eryximachos. Wärest du aber in der Lage, in der ich jetzt bin oder, wie ich vielleicht besser gesagt hätte, in der ich sein werde, wenn auch Agathon geredet hat, dann würdest du ganz gehörig in Angst, ja, ganz außer Fassung sein, wie ich jetzt.

Ag.: Auf einen bösen Zauber hast du es angelegt, Sokrates: ich soll nach deiner Ansicht außer Fassung geraten bei dem Gedanken, daß die Festversammlung große Erwartungen hege von meiner bevorstehenden Rede.

S.: Ich müßte doch sehr vergeßlich sein, Agathon, wenn
b ich, der ich Zeuge deines Mutes und deines Selbstvertrauens war, als du an der Spitze deiner Schauspieler die Tribüne[50]) bestiegst und angesichts eines so zahlreichen Publikums bei Vorbereitung der Aufführung deiner Dichtung keinen Augenblick die Fassung verlorst — wenn ich jetzt glauben wollte, du werdest dich durch uns wenige Menschen hier aus der Fassung bringen lassen.

Ag.: Wie, Sokrates? Du hältst mich doch nicht für dermaßen vernarrt ins Theater, daß ich nicht wüßte, daß in den Augen eines Denkenden wenige Verständige mehr zu fürchten sind als ein großer Haufe von Unverständigen?

c S.: Allerdings wäre es nicht schön von mir, Agathon, wenn ich dich eines solchen Mangels an Bildung für fähig hielte; vielmehr weiß ich es bestimmt: wenn du mit Männern zusammenträfest, die du für urteilsfähig hieltest, so würdest du größere Achtung vor ihnen haben als vor der großen Menge. Aber wer weiß, wir sind vielleicht gar keine solchen; denn wir waren ja auch dort zugegen und gehörten also mit zur großen Menge. Solltest du es aber mit anderen Männern, mit wirklich Urteilsfähigen, zu tun haben, so würdest du dich gewiß vor ihnen schämen, wenn du dir etwa einer wirklich verwerflichen Handlungsweise bewußt wärest. Oder wie meinst du?

Ag.: Du hast recht.

Τους δε πολλούς ούκ αν αίσχύνοιο ει τι οίοιο αίσχρον ποιείν;

Και τον Φαιδρον έφη υπολαβόντα ειπείν Ὦ φίλε d Ἀγάθων, έαν άποκρίνη Σωκράτει, ούδεν έτι διοίσει αύτῷ όπηοῦν τῶν ένθάδε ότιοῦν γίγνεσθαι, έαν μόνον έχη ότω διαλέγηται, άλλως τε και καλῷ. έγω δε ηδέως μεν ακούω Σωκράτους διαλεγομένου, άναγκαιον δε μοι έπιμεληθηναι τοῦ έγκωμίου τῷ Ἔρωτι και άποδέξασθαι παρ' ένος έκάστου ύμῶν τον λόγον· άποδους οὖν έκάτερος τῷ θεῷ οὕτως ήδη διαλεγέσθω.

Ἀλλά καλῶς λέγεις, ὦ Φαιδρε, φάναι τον Ἀγάθωνα, e και ούδέν με κωλύει λέγειν· Σωκράτει γαρ και αὖθις έσται πολλάκις διαλέγεσθαι.

Ἐγω δε δη βούλομαι πρῶτον μεν είπείν ως χρή με είπείν, έπειτα είπείν. δοκοῦσι γάρ μοι πάντες οι πρόσθεν ειρηκότες ού τον θεον έγκωμιάζειν άλλα τους άνθρώπους εύδαιμονίζειν τῶν άγαθῶν ὧν ό θεος αυτοίς αίτιος· όποίος δέ τις αύτος ὢν ταῦτα έδωρήσατο, ούδεις είρηκεν. εις δε τρόπος όρθος παντος 195 έπαίνου περι παντός, λόγω διελθείν οίος οίων αίτιος ὢν τυγχάνει περι οὗ ἂν ό λόγος ᾖ. ούτω δη τον Ἔρωτα και ήμᾶς δίκαιον έπαινέσαι πρῶτον αύτον οἷός έστιν, έπειτα τας δόσεις. φημι οὖν έγω πάντων θεῶν εύδαιμόνων όντων Ἔρωτα, εί θέμις και άνεμέσητον είπείν, εύδαιμονέστατον είναι αύτῶν, κάλλιστον όντα και άριστον. έστι δε κάλλιστος ὢν τοιόσδε. πρῶτον μεν νεώτατος θεῶν, ὦ Φαιδρε. μέγα δε τεκμήριον τῷ λόγω αύτος παρέχεται, φεύγων φυγῇ το b γῆρας, ταχυ ὂν δῆλον ότι· θᾶττον γοῦν τοῦ δέοντος ήμίν προσέρχεται. ὃ δη πέφυκεν Ἔρως μισείν και ούδ' έντος

S.: Aber vor der großen Menge würdest du dich nicht schämen, wenn du glaubtest, etwas Verwerfliches zu tun?

d Ph. (dazwischen rufend): Mein lieber Agathon, wenn du Sokrates antwortest, dann mögen die Dinge hier verlaufen, wie sie wollen, das ist ihm ganz gleichgültig, wenn er nur einen hat, mit dem er seine gewohnte Zwiesprache halten kann, zumal mit einem von den Schönen. Ich habe zwar meine Freude daran, Sokrates' Gespräche zu hören; allein jetzt ist es meine Pflicht, Eros zur Lobpreisung zu verhelfen und von einem jeden von euch den schuldigen Redebeitrag einzufordern. Habt ihr beide dem Gott diese Schuld abgetragen, dann mögt ihr nach Gefallen miteinander Zwiesprache halten.

e Ag.: Wohl gesprochen, Phaidros, und ich werde nun ungehindert reden; denn mit Sokrates mich zu unterhalten werde ich noch oft wieder Gelegenheit haben.

18. Ich will also zunächst die leitenden Gesichtspunkte für meine Rede angeben, sodann sie selbst folgen lassen. Alle die nämlich, welche vor mir gehalten worden sind, haben meines Erachtens nicht dem Preise des Gottes gegolten, sondern dem des Glückes der Menschen ob der Güter, die sie dem Gott verdanken. Welcher Wesensart aber er selber ist, um solche Geschenke zu machen, das hat keiner 195 gesagt. Es gibt nur *einen* richtigen Weg für jedes Lob, nämlich darzulegen, welcher Art der ist, von dem die Rede ist und welcherlei Wirkungen von ihm ausgehen. Also müssen auch wir zunächst Eros selbst preisen nach seiner Wesensart, sodann erst seine Gaben.

So behaupte ich denn, daß alle Götter glückselig sind, daß aber Eros, wenn dies zu sagen recht und unverwehrt ist, der glückseligste von allen ist, weil er der Schönste und Beste ist.

Der Schönste aber ist er um folgender Eigenschaften willen: erstens ist er der jüngste unter den Göttern, Phaidros. Den schlagenden Beweis für diese Behauptung gibt er selbst,

b indem er flüchtigen Fußes dem Alter ausweicht, welches doch offenbar selbst schnell ist; wenigstens rückt es uns schneller als nötig zu Leibe. Eros also haßt es von Grund

πολλοῦ πλησιάζειν. μετὰ δὲ νέων ἀεὶ σύνεστί τε καὶ ἔσται· ὁ γὰρ παλαιὸς λόγος εὖ ἔχει, ὡς ὅμοιον ὁμοίῳ ἀεὶ πελάζει. ἐγὼ δὲ Φαίδρῳ πολλὰ ἄλλα ὁμολογῶν τοῦτο οὐχ ὁμολογῶ, ὡς Ἔρως Κρόνου καὶ Ἰαπετοῦ ἀρχαιότερός ἐστιν, ἀλλά φημι νεώτατον αὐτὸν εἶναι θεῶν καὶ ἀεὶ νέον, τὰ δὲ παλαιὰ c πράγματα περὶ θεούς, ἃ Ἡσίοδος καὶ Παρμενίδης λέγουσιν, Ἀνάγκῃ καὶ οὐκ Ἔρωτι γεγονέναι, εἰ ἐκεῖνοι ἀληθῆ ἔλεγον· οὐ γὰρ ἂν ἐκτομαὶ οὐδὲ δεσμοὶ ἀλλήλων ἐγίγνοντο καὶ ἄλλα πολλὰ καὶ βίαια, εἰ Ἔρως ἐν αὐτοῖς ἦν, ἀλλὰ φιλία καὶ εἰρήνη, ὥσπερ νῦν, ἐξ οὗ Ἔρως τῶν θεῶν βασιλεύει. νέος μὲν οὖν ἐστι, πρὸς δὲ τῷ νέῳ ἁπαλός· ποιητοῦ δ' ἔστιν ἐνδεὴς οἷος ἦν Ὅμηρος πρὸς τὸ ἐπιδεῖξαι θεοῦ ἁπαλότητα. d Ὅμηρος γὰρ Ἄτην θεόν τέ φησιν εἶναι καὶ ἁπαλήν—τοὺς γοῦν πόδας αὐτῆς ἁπαλοὺς εἶναι—λέγων

τῆς μένθ' ἁπαλοὶ πόδες· οὐ γὰρ ἐπ' οὔδεος
πίλναται, ἀλλ' ἄρα ἥ γε κατ' ἀνδρῶν κράατα βαίνει.

καλῷ οὖν δοκεῖ μοι τεκμηρίῳ τὴν ἁπαλότητα ἀποφαίνειν, ὅτι οὐκ ἐπὶ σκληροῦ βαίνει, ἀλλ' ἐπὶ μαλθακοῦ. τῷ αὐτῷ δὴ καὶ ἡμεῖς χρησόμεθα τεκμηρίῳ περὶ Ἔρωτα ὅτι ἁπαλός. e οὐ γὰρ ἐπὶ γῆς βαίνει οὐδ' ἐπὶ κρανίων, ἅ ἐστιν οὐ πάνυ μαλακά, ἀλλ' ἐν τοῖς μαλακωτάτοις τῶν ὄντων καὶ βαίνει καὶ οἰκεῖ. ἐν γὰρ ἤθεσι καὶ ψυχαῖς θεῶν καὶ ἀνθρώπων τὴν οἴκησιν ἵδρυται, καὶ οὐκ αὖ ἑξῆς ἐν πάσαις ταῖς ψυχαῖς, ἀλλ' ᾗτινι ἂν σκληρὸν ἦθος ἐχούσῃ ἐντύχῃ, ἀπέρχεται, ᾗ δ' ἂν μαλακόν, οἰκίζεται. ἁπτόμενον οὖν ἀεὶ καὶ ποσὶν καὶ πάντῃ ἐν μαλακωτάτοις τῶν μαλακωτάτων, ἁπαλώτατον ἀνάγκη

aus und nähert sich ihm auch nicht von fern, hält es viel=
mehr immer mit den jungen Menschen und wird es auch
ferner tun[51]). Denn der alte Spruch bleibt in Ehren, daß
Gleich und Gleich sich gern gesellt. Ich gebe dem Phaidros
vieles andere zu, aber nicht dies, daß Eros älter als Kronos
und Iapetos sei, nein, ich behaupte vielmehr, daß er der
c jüngste der Götter ist und ewig jung, und daß jene alten
Geschichten von den Göttern, die Hesiod und Parmenides
erzählen, der Ananke (Notwendigkeit), und nicht Eros bei=
zumessen sind, wenn jene überhaupt die Wahrheit erzähl=
ten. Denn zu Entmannung und Fesselung und sonstigen
vielerlei Gewalttätigkeiten untereinander wäre es nicht ge=
kommen, wenn Eros unter ihnen gewesen wäre, vielmehr
hätte Freundschaft und Friede geherrscht wie jetzt, seitdem
Eros Herr ist über die Götter.

Jung ist er also, und nicht nur jung, sondern auch zart.
d Es bedarf eines Dichters wie Homer, um des Gottes Zart=
heit kenntlich zu machen. Von der Ate nämlich sagt Ho=
mer, sie sei eine Göttin und zart, ihre Füße wenigstens
nennt er zart mit folgenden Worten:[52])

> leicht schweben die Füß' ihr; nimmer dem Grund auch
> Nahet sie, nein, hoch wandelt sie her auf den Häuptern
> der Männer.

Das Merkmal, durch das er ihre Zartheit kennzeichnet,
scheint mir sehr glücklich gewählt: sie wandelt nicht auf
dem Harten, sondern auf dem Weichen. Desselben Kenn=
zeichens wollen auch wir uns bedienen beim Eros für seine
e Zartheit; denn nicht auf der Erde wandelt er und auch nicht
über Scheiteln, die gar nicht besonders weich sind, sondern
in dem denkbar Weichsten wandelt und wohnt er. Denn er
hat seinen Wohnsitz aufgeschlagen in den Gemütern und
Seelen von Göttern und Menschen, und doch auch nicht
ohne Unterschied in allen Seelen, sondern wo er auf eine
harte Gemütsart stößt, da eilt er von dannen, wo aber auf
eine weiche, da macht er sich heimisch. Da er also immer
mit Füßen und sonstigen Gliedmaßen überhaupt das
Weichste im Weichen berührt, muß er an Zartheit alle
übertreffen.

εἶναι. νεώτατος μὲν δή ἐστι καὶ ἁπαλώτατος, πρὸς δὲ 196
τούτοις ὑγρὸς τὸ εἶδος. οὐ γὰρ ἂν οἷός τ' ἦν πάντῃ περιπτύσσεσθαι οὐδὲ διὰ πάσης ψυχῆς καὶ εἰσιὼν τὸ πρῶτον
λανθάνειν καὶ ἐξιών, εἰ σκληρὸς ἦν. συμμέτρου δὲ καὶ
ὑγρᾶς ἰδέας μέγα τεκμήριον ἡ εὐσχημοσύνη, ὃ δὴ διαφερόντως ἐκ πάντων ὁμολογουμένως Ἔρως ἔχει· ἀσχημοσύνη
γὰρ καὶ Ἔρωτι πρὸς ἀλλήλους ἀεὶ πόλεμος. χρόας δὲ
κάλλος ἡ κατ' ἄνθη δίαιτα τοῦ θεοῦ σημαίνει· ἀνανθεῖ γὰρ
καὶ ἀπηνθηκότι καὶ σώματι καὶ ψυχῇ καὶ ἄλλῳ ὁτῳοῦν οὐκ b
ἐνίζει Ἔρως, οὗ δ' ἂν εὐανθής τε καὶ εὐώδης τόπος ᾖ,
ἐνταῦθα δὲ καὶ ἵζει καὶ μένει.

Περὶ μὲν οὖν κάλλους τοῦ θεοῦ καὶ ταῦτα ἱκανὰ καὶ ἔτι
πολλὰ λείπεται, περὶ δὲ ἀρετῆς Ἔρωτος μετὰ ταῦτα λεκτέον,
τὸ μὲν μέγιστον ὅτι Ἔρως οὔτ' ἀδικεῖ οὔτ' ἀδικεῖται οὔτε
ὑπὸ θεοῦ οὔτε θεόν, οὔτε ὑπ' ἀνθρώπου οὔτε ἄνθρωπον. οὔτε
γὰρ αὐτὸς βίᾳ πάσχει, εἴ τι πάσχει—βία γὰρ Ἔρωτος οὐχ
ἅπτεται· οὔτε ποιῶν ποιεῖ—πᾶς γὰρ ἑκὼν Ἔρωτι πᾶν c
ὑπηρετεῖ, ἃ δ' ἂν ἑκὼν ἑκόντι ὁμολογήσῃ, φασὶν " οἱ πόλεως
βασιλῆς νόμοι" δίκαια εἶναι. πρὸς δὲ τῇ δικαιοσύνῃ σωφροσύνης πλείστης μετέχει. εἶναι γὰρ ὁμολογεῖται σωφροσύνη
τὸ κρατεῖν ἡδονῶν καὶ ἐπιθυμιῶν, Ἔρωτος δὲ μηδεμίαν
ἡδονὴν κρείττω εἶναι· εἰ δὲ ἥττους, κρατοῖντ' ἂν ὑπὸ Ἔρωτος,
ὁ δὲ κρατοῖ, κρατῶν δὲ ἡδονῶν καὶ ἐπιθυμιῶν ὁ Ἔρως διαφερόντως ἂν σωφρονοῖ. καὶ μὴν εἴς γε ἀνδρείαν Ἔρωτι
" ο ὐ δ' Ἄ ρ η ς ἀ ν θ ί σ τ α τ α ι." οὐ γὰρ ἔχει Ἔρωτα d
Ἄρης, ἀλλ' Ἔρως Ἄρη—Ἀφροδίτης, ὡς λόγος—κρείττων
δὲ ὁ ἔχων τοῦ ἐχομένου· τοῦ δ' ἀνδρειοτάτου τῶν ἄλλων κρα-

196 So ist er denn der jüngste und zarteste, dazu auch geschmeidig in seiner ganzen Gestalt. Denn wäre er ungelenk, so würde er nicht imstande sein, sich überall anzuschmiegen und unbemerkt sich erst in das Innere jeder Seele einzuschleichen, um dann sich wieder davonzumachen. Ein bedeutsames Kennzeichen seiner ebenmäßigen und geschmeidigen Gestalt ist die edle Haltung, die Eros nach allgemeinem Urteil auszeichnet. Denn Eros und die Häßlichkeit stehen immer auf Kriegsfuß miteinander.

Für seiner Farbe Schönheit bürgt sein Leben unter Blüten. Denn in blütenlosen oder verblühten Leibern oder Seelen oder was es sonst sein mag, schlägt Eros seinen
b Wohnsitz nicht auf; wo er aber eine blütenreiche und duftende Stätte findet, da läßt er sich nieder und verweilt.

19. Was also die Schönheit des Gottes anlangt, so genügt das Gesagte, wenn auch noch gar manches zu sagen wäre; doch es ist nunmehr zu reden von der *Tugend* des Eros. Das Wesentliche ist hier, daß Eros weder Unrecht tut noch Unrecht leidet; weder gegen einen Gott noch von einem Gott, weder gegen einen Menschen noch von einem Menschen, denn weder widerfährt ihm selbst ein Leid durch Gewalt, wenn ihm überhaupt eins widerfährt — denn Gewalt hat mit Eros nichts zu schaffen — noch wendet er sie
c an bei seinem Tun, denn jeder tut gern dem Eros alles zu Gefallen; was man aber willig dem Willigen gewährt, das erklären die Gesetze, die Könige des Staates, für gerecht.

Neben seiner *Gerechtigkeit* kommt ihm aber in vollstem Maße auch *Besonnenheit* zu. Denn Besonnenheit ist, wie allgemein anerkannt, die Herrschaft über Lust und Begierden; keine Lust aber ist stärker als Eros. Sind sie ihm aber unterlegen, so werden sie vom Eros beherrscht, und er ist der Herrscher, als Herrscher aber über Lust und Begierden ist Eros allen anderen an Besonnenheit überlegen.

d Und was die *Tapferkeit* anlangt, „so hält selbst Ares ihm nicht stand"[53]). Denn nicht Ares hat den Eros in seiner Gewalt, sondern Eros den Ares, die Liebe zu Aphrodite, wie es heißt. Stärker aber ist der Sieger als der Besiegte.

τῶν πάντων ἂν ἀνδρειότατος εἴη. περὶ μὲν οὖν δικαιοσύνης καὶ σωφροσύνης καὶ ἀνδρείας τοῦ θεοῦ εἴρηται, περὶ δὲ σοφίας λείπεται· ὅσον οὖν δυνατόν, πειρατέον μὴ ἐλλείπειν. καὶ πρῶτον μέν, ἵν' αὖ καὶ ἐγὼ τὴν ἡμετέραν τέχνην τιμήσω ὥσπερ Ἐρυξίμαχος τὴν αὑτοῦ, ποιητὴς ὁ θεὸς σοφὸς οὕτως ὥστε καὶ ἄλλον ποιῆσαι· πᾶς γοῦν ποιητὴς γίγνεται, "κἂν ἄμουσος ᾖ τὸ πρίν," οὗ ἂν Ἔρως ἅψηται. ᾧ δὴ πρέπει ἡμᾶς μαρτυρίῳ χρῆσθαι, ὅτι ποιητὴς ὁ Ἔρως ἀγαθὸς ἐν κεφαλαίῳ πᾶσαν ποίησιν τὴν κατὰ μουσικήν· ἃ γάρ τις ἢ μὴ ἔχει ἢ μὴ οἶδεν, οὔτ' ἂν ἑτέρῳ δοίη οὔτ' ἂν ἄλλον διδάξειεν. καὶ μὲν δὴ τήν γε τῶν ζῴων ποίησιν πάντων τίς ἐναντιώσεται μὴ οὐχὶ Ἔρωτος εἶναι σοφίαν, ᾗ γίγνεταί τε καὶ φύεται πάντα τὰ ζῷα; ἀλλὰ τὴν τῶν τεχνῶν δημιουργίαν οὐκ ἴσμεν, ὅτι οὗ μὲν ἂν ὁ θεὸς οὗτος διδάσκαλος γένηται, ἐλλόγιμος καὶ φανὸς ἀπέβη, οὗ δ' ἂν Ἔρως μὴ ἐφάψηται, σκοτεινός; τοξικήν γε μὴν καὶ ἰατρικὴν καὶ μαντικὴν Ἀπόλλων ἀνηῦρεν ἐπιθυμίας καὶ ἔρωτος ἡγεμονεύσαντος, ὥστε καὶ οὗτος Ἔρωτος ἂν εἴη μαθητής, καὶ Μοῦσαι μουσικῆς καὶ Ἥφαιστος χαλκείας καὶ Ἀθηνᾶ ἱστουργίας καὶ Ζεὺς κυβερνᾶν θεῶν τε καὶ ἀνθρώπων. ὅθεν δὴ καὶ κατεσκευάσθη τῶν θεῶν τὰ πράγματα Ἔρωτος ἐγγενομένου, δῆλον ὅτι κάλλους—αἴσχει γὰρ οὐκ ἔπι ἔρως—πρὸ τοῦ δέ, ὥσπερ ἐν ἀρχῇ εἶπον, πολλὰ καὶ δεινὰ θεοῖς ἐγίγνετο, ὡς λέγεται, διὰ τὴν τῆς Ἀνάγκης βασιλείαν· ἐπειδὴ δ' ὁ θεὸς οὗτος ἔφυ, ἐκ τοῦ ἐρᾶν τῶν καλῶν πάντ' ἀγαθὰ γέγονεν καὶ θεοῖς καὶ ἀνθρώποις.

Οὕτως ἐμοὶ δοκεῖ, ὦ Φαῖδρε, Ἔρως πρῶτος αὐτὸς ὢν κάλλιστος καὶ ἄριστος μετὰ τοῦτο τοῖς ἄλλοις ἄλλων τοιούτων αἴτιος εἶναι. ἐπέρχεται δέ μοί τι καὶ ἔμμετρον εἰπεῖν, ὅτι οὗτός ἐστιν ὁ ποιῶν

Wer aber dem Tapfersten unter allen übrigen überlegen ist, der ist der Allertapferste.

Über des Gottes Gerechtigkeit, Besonnenheit und Tapferkeit genug hiermit; es bleibt noch die *Weisheit*. Es gilt also, nach Möglichkeit zu versuchen, es hier nicht an uns fehlen zu lassen. Erstens nun — um auch meiner Kunst die Ehre zu erweisen, wie Eryximachos es der seinigen getan — ist der Gott ein *Dichter*, kundig genug, um auch andere dazu zu machen. Wird doch jeder zum Dichter, „*war musenfremd er auch vorher*"⁵⁴), den Eros angerührt hat. Dies darf uns zum Beweise dienen, daß Eros als hoher schöpferischer Genius in dem ganzen Schaffensgebiete der Muse überhaupt waltet. Denn was einer selber nicht hat oder nicht weiß, das kann er auch keinem andern geben, kann er keinen andern lehren.

Und vollends die Zeugung aller lebenden Geschöpfe — wer könnte wohl leugnen, daß es Eros' Weisheit sei, die allen Geschöpfen Dasein und Wachstum verleiht? Und was den Betrieb der Künste anlangt, wissen wir es da nicht? Wer diesen Gott zum Lehrmeister hatte, gelangte zu Ruhm und Glanz, wen aber Eros nicht angerührt, der blieb im Dunkel. Die Kunst des Bogenschießens, die Heilkunst und die Wahrsagekunst hat Apollon erfunden, getrieben von Eifer und Liebe: also ist auch er ein Schüler des Eros, so gut wie die Musen seine Schülerinnen sind in Dichtung und Musik, Hephaistos in der Schmiedekunst, Athene in der Webekunst und Zeus in der Leitung der Götter und Menschen. Daher erhielt auch die Götterwelt ihre Ordnung erst mit dem Auftreten des Eros, nämlich mit der Liebe zum Schönen; denn mit dem Häßlichen hat Eros keine Gemeinschaft; vordem aber soll es, wie ich zu Anfang sagte, viele Greuel unter den Göttern gegeben haben, weil Ananke (die Göttin der Notwendigkeit) die Herrschaft führte. Seitdem aber dieser Gott erschienen war, erwuchs aus der Liebe zum Schönen alles Gute für Götter und Menschen.

So scheint mir denn Eros nicht nur selbst der Schönste und Beste, sondern auch für die anderen der Urheber ähnlicher Vorzüge zu sein, Phaidros. Und der dichterische Trieb gibt mir den Vers ein, daß Eros es ist, der da schafft

ΠΛΑΤΩΝΟΣ ΣΥΜΠΟΣΙΟΝ

εἰρήνην μὲν ἐν ἀνθρώποις, πελάγει δὲ γαλήνην
νηνεμίαν, ἀνέμων κοίτην, ὕπνον νηκηδῆ.

οὗτος δὲ ἡμᾶς ἀλλοτριότητος μὲν κενοῖ, οἰκειότητος δὲ πληροῖ, d
τὰς τοιάσδε συνόδους μετ' ἀλλήλων πάσας τιθεὶς συνιέναι,
ἐν ἑορταῖς, ἐν χοροῖς, ἐν θυσίαισι γιγνόμενος ἡγεμών·
πραότητα μὲν πορίζων, ἀγριότητα δ' ἐξορίζων· φιλόδωρος
εὐμενείας, ἄδωρος δυσμενείας· ἵλεως ἀγαθοῖς· θεατὸς σοφοῖς,
ἀγαστὸς θεοῖς· ζηλωτὸς ἀμοίροις, κτητὸς εὐμοίροις· τρυφῆς,
ἁβρότητος, χλιδῆς, χαρίτων, ἱμέρου, πόθου πατήρ· ἐπιμελὴς
ἀγαθῶν, ἀμελὴς κακῶν· ἐν πόνῳ, ἐν φόβῳ, ἐν πόθῳ, ἐν
λόγῳ κυβερνήτης, ἐπιβάτης, παραστάτης τε καὶ σωτὴρ e
ἄριστος, συμπάντων τε θεῶν καὶ ἀνθρώπων κόσμος, ἡγεμὼν
κάλλιστος καὶ ἄριστος, ᾧ χρὴ ἕπεσθαι πάντα ἄνδρα ἐφυ-
μνοῦντα καλῶς, ᾠδῆς μετέχοντα ἣν ᾄδει θέλγων πάντων θεῶν
τε καὶ ἀνθρώπων νόημα.

Οὗτος, ἔφη, ὁ παρ' ἐμοῦ λόγος, ὦ Φαῖδρε, τῷ θεῷ
ἀνακείσθω, τὰ μὲν παιδιᾶς, τὰ δὲ σπουδῆς μετρίας, καθ'
ὅσον ἐγὼ δύναμαι, μετέχων.

Εἰπόντος δὲ τοῦ Ἀγάθωνος πάντας ἔφη ὁ Ἀριστόδημος 198
ἀναθορυβῆσαι τοὺς παρόντας, ὡς πρεπόντως τοῦ νεανίσκου
εἰρηκότος καὶ αὑτῷ καὶ τῷ θεῷ. τὸν οὖν Σωκράτη εἰπεῖν
βλέψαντα εἰς τὸν Ἐρυξίμαχον, Ἆρά σοι δοκῶ, φάναι, ὦ
παῖ Ἀκουμενοῦ, ἀδεὲς πάλαι δέος δεδιέναι, ἀλλ' οὐ μαντικῶς
ἃ νυνδὴ ἔλεγον εἰπεῖν, ὅτι Ἀγάθων θαυμαστῶς ἐροῖ, ἐγὼ δ'
ἀπορήσοιμι;

Τὸ μὲν ἕτερον, φάναι τὸν Ἐρυξίμαχον, μαντικῶς μοι
δοκεῖς εἰρηκέναι, ὅτι Ἀγάθων εὖ ἐρεῖ· τὸ δὲ σὲ ἀπορήσειν,
οὐκ οἶμαι.

Frieden unter den Menschen,
Meeresstille nach brausenden Stürmen
Und leidlosen Schlummer.*)

d   Er nimmt von uns, was uns entfremdet, und spendet in Fülle, was uns einander vertraut macht, er ist der Stifter all solcher Geselligkeit wie der unseren hier, der Führer bei Festen, Reigentänzen und Opfern, Mildheit erzeugend, Wildheit verscheuchend, die Freundlichkeit wohlwollend mehrend, der Feindlichkeit wehrend, huldvoll den Guten, geschätzt von den Weisen, bewundert von den Göttern; mit Neid zu schauen den Bedrückten, und fest umarmt von den Beglückten; der Üppigkeit, der Pracht, der Weichlichkeit, der Anmut, der Sehnsucht Vater, den Guten bereit zum Schutz, den Schlechten zum Trutz, in Hangen und Bangen, in Sehnsucht und Ratverlangen ein Leiter und Helfer, ein
e   Beistand und trefflicher Retter, aller Götter und Menschen Zier, schönster und trefflichster Heerführer, dem Mann für Mann folgen muß, ihn anrufend und schön einstimmend in das Lied, mit dem er aller Götter und Menschen Sinn bezaubert.

Dies ist die Rede, Phaidros, die dem Gott von mir geweiht sein soll, des Scherzes so wenig entbehrend wie des erforderlichen Ernstes, soweit meine Kraft reicht.

198 **20.** Als Agathon geredet, gaben, wie Aristodemos erzählte, alle Anwesenden stürmisch ihren Beifall kund, da der junge Mann seiner und des Gottes würdig geredet habe. Da habe denn Sokrates sich dem Eryximachos zugewendet und gesagt: Wie meinst du, Sohn des Akumenos? War es denn leere Furcht, die mich gleich im Anfang befiel? Oder war ich nicht ein guter Prophet, als ich vorher sagte, Agathon würde hinreißend sprechen und mich in eine peinliche Lage versetzen?

Er. Das eine scheinst du mir richtig vorausgesagt zu haben, daß Agathon eine schöne Rede halten würde; daß er dich aber in Verlegenheit bringen werde, das glaube ich nicht.

---

*) Text nach v. Wilamowitz.

Καὶ πῶς, ὦ μακάριε, εἰπεῖν τὸν Σωκράτη, οὐ μελλω b
ἀπορεῖν καὶ ἐγὼ καὶ ἄλλος ὁστισοῦν, μέλλων λέξειν μετὰ
καλὸν οὕτω καὶ παντοδαπὸν λόγον ῥηθέντα; καὶ τὰ μὲν ἄλλα
οὐχ ὁμοίως μὲν θαυμαστά· τὸ δὲ ἐπὶ τελευτῆς τοῦ κάλλους
τῶν ὀνομάτων καὶ ῥημάτων τίς οὐκ ἂν ἐξεπλάγη ἀκούων;
ἐπεὶ ἔγωγε ἐνθυμούμενος ὅτι αὐτὸς οὐχ οἷός τ' ἔσομαι οὐδ'
ἐγγὺς τούτων οὐδὲν καλὸν εἰπεῖν, ὑπ' αἰσχύνης ὀλίγου
ἀποδρὰς ᾠχόμην, εἴ πῃ εἶχον. καὶ γάρ με Γοργίου ὁ λόγος c
ἀνεμίμνησκεν, ὥστε ἀτεχνῶς τὸ τοῦ Ὁμήρου ἐπεπόνθη·
ἐφοβούμην μή μοι τελευτῶν ὁ Ἀγάθων Γοργίου κεφαλὴν
δεινοῦ λέγειν ἐπὶ τὸν ἐμὸν λόγον πέμψας αὐτόν με λίθον
τῇ ἀφωνίᾳ ποιήσειεν. καὶ ἐνενόησα τότε ἄρα καταγέλαστος
ὤν, ἡνίκα ὑμῖν ὡμολόγουν ἐν τῷ μέρει μεθ' ὑμῶν ἐγκω- d
μιάσεσθαι τὸν Ἔρωτα καὶ ἔφην εἶναι δεινὸς τὰ ἐρωτικά,
οὐδὲν εἰδὼς ἄρα τοῦ πράγματος, ὡς ἔδει ἐγκωμιάζειν ὁτιοῦν.
ἐγὼ μὲν γὰρ ὑπ' ἀβελτερίας ᾤμην δεῖν τἀληθῆ λέγειν περὶ
ἑκάστου τοῦ ἐγκωμιαζομένου, καὶ τοῦτο μὲν ὑπάρχειν, ἐξ
αὐτῶν δὲ τούτων τὰ κάλλιστα ἐκλεγομένους ὡς εὐπρεπέστατα
τιθέναι· καὶ πάνυ δὴ μέγα ἐφρόνουν ὡς εὖ ἐρῶν, ὡς εἰδὼς
τὴν ἀλήθειαν τοῦ ἐπαινεῖν ὁτιοῦν. τὸ δὲ ἄρα, ὡς ἔοικεν, οὐ
τοῦτο ἦ τὸ καλῶς ἐπαινεῖν ὁτιοῦν, ἀλλὰ τὸ ὡς μέγιστα e
ἀνατιθέναι τῷ πράγματι καὶ ὡς κάλλιστα, ἐάν τε ᾖ οὕτως
ἔχοντα ἐάν τε μή· εἰ δὲ ψευδῆ, οὐδὲν ἄρ' ἦν πρᾶγμα.
προυρρήθη γάρ, ὡς ἔοικεν, ὅπως ἕκαστος ἡμῶν τὸν Ἔρωτα
ἐγκωμιάζειν δόξει, οὐχ ὅπως ἐγκωμιάσεται. διὰ ταῦτα δὴ
οἶμαι πάντα λόγον κινοῦντες ἀνατίθετε τῷ Ἔρωτι, καί
φατε αὐτὸν τοιοῦτόν τε εἶναι καὶ τοσούτων αἴτιον, ὅπως ἂν
φαίνηται ὡς κάλλιστος καὶ ἄριστος, δῆλον ὅτι τοῖς μὴ γιγνώ- 199
σκουσιν—οὐ γὰρ δήπου τοῖς γε εἰδόσιν—καὶ καλῶς γ' ἔχει
καὶ σεμνῶς ὁ ἔπαινος. ἀλλὰ γὰρ ἐγὼ οὐκ ᾔδη ἄρα τὸν
τρόπον τοῦ ἐπαίνου, οὐ δ' εἰδὼς ὑμῖν ὡμολόγησα καὶ αὐτὸς ἐν

b S.: Wie, mein Verehrtester? Muß ich nicht in Verlegenheit geraten, ich so gut wie jeder andere, wenn ich nach einer so schönen und reichhaltigen Rede das Wort ergreifen soll? Das übrige zwar ist nicht in gleicher Weise bewundernswert, aber am Schluß die Schönheit der Worte und Wendungen, welchen Hörer hätte sie nicht betroffen gemacht? Ich wenigstens wäre bei der Erwägung, daß ich nicht imstande sein werde, etwas auch nur annähernd so Schönes vorzubringen, vor Scham fast davongelaufen, wenn es nur
c irgend möglich gewesen wäre. Denn an *Gorgias* erinnerte mich die Rede, so daß es mir ganz so erging wie bei Homer: ich fürchtete, Agathon würde schließlich das Gorgiashaupt, das Haupt des gewaltigen Redners, heraufbeschwören wider meine Rede[55]), daß ich stumm würde, als wär ich ein Stein. Und da ward mir erst klar, wie lächerlich ich mich machte,
d als ich euch versprach, auch meinerseits in der Reihenfolge mit euch Eros zu preisen, und die Äußerung tat, ich wäre stark in Sachen der Liebe, ich, der ich doch nicht das mindeste davon verstehe, was es heißt, irgend etwas zu loben. Denn ich glaubte in meiner Einfalt, es gelte die *Wahrheit* zu sagen über jedes Ding, das gelobt würde, und dies bilde den festen Bestand, aus dem man dann das Schönste auswählen und so eindrucksvoll wie möglich darstellen müsse. Und ich bildete mir wer weiß was darauf ein, wie schön ich sprechen würde, da ich ja Bescheid wüßte, wie man etwas richtig loben müsse. Doch nicht darin scheint das eigentliche Lob einer Sache zu bestehen, sondern vielmehr darin,
e daß man das Höchste und Schönste ihr zuschreibt, mag es sich nun so verhalten oder nicht; trifft es nicht zu, nun, so macht das nichts aus. War es ja doch anscheinend im voraus unter uns ausgemacht, es solle jeder sich den Anschein geben, Eros zu preisen, nicht aber, er solle es wirklich tun. Zu dem Ende, denk ich, spart ihr keine Worte, überhäuft Eros mit Ehren und stellt ihn als so geartet und als Urheber
199 so großer Wohltaten hin, auf daß er so schön und so trefflich wie möglich erscheine — natürlich den Unkundigen, denn Kennern doch keinesfalls. Und schön und erhaben nimmt sich dieses Lob aus. Doch mir war diese Art des Lobes nicht bekannt; in Unkenntnis also gab ich meine

τῷ μέρει ἐπαινέσεσθαι. ἡ γλῶσσα οὖν ὑπέσχετο, ἡ δὲ φρὴν οὔ· χαιρέτω δή. οὐ γὰρ ἔτι ἐγκωμιάζω τοῦτον τὸν τρόπον—οὐ γὰρ ἂν δυναίμην—οὐ μέντοι ἀλλὰ τά γε ἀληθῆ, εἰ βούλεσθε, ἐθέλω εἰπεῖν κατ' ἐμαυτόν, οὐ πρὸς τοὺς b ὑμετέρους λόγους, ἵνα μὴ γέλωτα ὄφλω. ὅρα οὖν, ὦ Φαῖδρε, εἴ τι καὶ τοιούτου λόγου δέῃ, περὶ Ἔρωτος τἀληθῆ λεγόμενα ἀκούειν, ὀνόμασι δὲ καὶ θέσει ῥημάτων τοιαύτῃ ὁποία δἄν τις τύχῃ ἐπελθοῦσα.

Τὸν οὖν Φαῖδρον ἔφη καὶ τοὺς ἄλλους κελεύειν λέγειν, ὅπῃ αὐτὸς οἴοιτο δεῖν εἰπεῖν, ταύτῃ.

Ἔτι τοίνυν, φάναι, ὦ Φαῖδρε, πάρες μοι Ἀγάθωνα σμίκρ' ἄττα ἐρέσθαι, ἵνα ἀνομολογησάμενος παρ' αὐτοῦ οὕτως ἤδη λέγω.

Ἀλλὰ παρίημι, φάναι τὸν Φαῖδρον, ἀλλ' ἐρώτα. μετὰ c ταῦτα δὴ τὸν Σωκράτη ἔφη ἐνθένδε ποθὲν ἄρξασθαι.

Καὶ μήν, ὦ φίλε Ἀγάθων, καλῶς μοι ἔδοξας καθηγήσασθαι τοῦ λόγου, λέγων ὅτι πρῶτον μὲν δέοι αὐτὸν ἐπιδεῖξαι ὁποῖός τίς ἐστιν ὁ Ἔρως, ὕστερον δὲ τὰ ἔργα αὐτοῦ. ταύτην τὴν ἀρχὴν πάνυ ἄγαμαι. ἴθι οὖν μοι περὶ Ἔρωτος, ἐπειδὴ καὶ τἆλλα καλῶς καὶ μεγαλοπρεπῶς διῆλθες οἷός ἐστι, καὶ τόδε εἰπέ· πότερόν ἐστι τοιοῦτος οἷος εἶναί τινος ὁ Ἔρως d ἔρως, ἢ οὐδενός; ἐρωτῶ δ' οὐκ εἰ μητρός τινος ἢ πατρός ἐστιν—γελοῖον γὰρ ἂν εἴη τὸ ἐρώτημα εἰ Ἔρως ἐστὶν ἔρως μητρὸς ἢ πατρός—ἀλλ' ὥσπερ ἂν εἰ αὐτὸ τοῦτο πατέρα ἠρώτων, ἆρα ὁ πατήρ ἐστι πατήρ τινος ἢ οὔ; εἶπες ἂν δήπου μοι, εἰ ἐβούλου καλῶς ἀποκρίνασθαι, ὅτι ἔστιν ὑέος γε ἢ θυγατρὸς ὁ πατὴρ πατήρ· ἢ οὔ;

Πάνυ γε, φάναι τὸν Ἀγάθωνα.

Οὐκοῦν καὶ ἡ μήτηρ ὡσαύτως; Ὁμολογεῖσθαι καὶ τοῦτο.

Zustimmung, wenn die Reihe an mich käme, mich gleich=
falls an dem Preise des Gottes zu beteiligen. *Die Zunge
also war's, die das Versprechen gab, und nicht der Geist!*[56])
Das ist erledigt. Auf diese Weise geb ich mich zu keinem
Lobe mehr her. Ich könnte es nicht. Indes die *Wahrheit,*
b wenn es euch recht ist, will ich doch sagen auf meine Art,
nicht im Ton eurer Reden, um mich nicht lächerlich zu
machen. Sie also zu, Phaidros, ob es dir erwünscht ist, auch
eine solche Rede zu hören, die Wahrheit nämlich über den
Eros, aber in solchen Worten und solcher Ausdrucksweise,
wie sie einem der Zufall gerade bietet.

Phaidros nun und die übrigen — so erzählte Aristo=
demos — forderten ihn auf zu reden und zwar ganz, wie
er es für gut hielte.

S.: Noch eine Kleinigkeit laß mich Agathon bitten, Phai=
dros, um in vollem Einvernehmen mit ihm dann meine
Rede zu halten.

c Ph.: Ja, ich erlaube es, frage nur.

Darauf hätte Sokrates etwa folgendermaßen begonnen:

21. Gewiß, lieber Agathon, mit dem Anfang deiner
Rede hast du es sehr glücklich getroffen, mit deiner Bemer=
kung nämlich, man müsse zunächst dartun, welches Wesens
Eros selber ist, sodann die von ihm ausgehenden Wirkun=
gen schildern. Dieser Anfang hat meinen vollen Beifall.
Wohlan denn, sage mir vom Eros, da du auch seine übrigen
Eigenschaften schön und prächtig geschildert hast, noch fol=
d gendes: ist der Eros von solcher Art, daß er sich auf irgend=
etwas bezieht oder nicht? Diese meine Frage läuft nicht
etwa darauf hinaus[57]), ob der Eros Liebe eines Vaters oder
einer Mutter sei — denn es wäre lächerlich zu fragen, ob
der Eros Liebe (ἔρως) sei von Mutter oder Vater — sondern
sie hat die Bedeutung, als fragte ich, ob eben ein Vater
Vater von irgendjemandem ist oder nicht. Du würdest
dann, wenn du es mit deiner Antwort genau nehmen woll=
test, wohl sagen: Der Vater ist Vater eines Sohnes oder
einer Tochter. Oder nicht?

Ag.: Gewiß.

S.: Und die Mutter — steht es mir ihr nicht ebenso?

Ἔτι τοίνυν, εἰπεῖν τὸν Σωκράτη, ἀπόκριναι ὀλίγῳ πλείω, ἵνα μᾶλλον καταμάθῃς ὃ βούλομαι. εἰ γὰρ ἐροίμην, "Τί δέ; ἀδελφός, αὐτὸ τοῦθ᾽ ὅπερ ἔστιν, ἔστι τινὸς ἀδελφὸς ἢ οὔ;" Φάναι εἶναι.

Οὐκοῦν ἀδελφοῦ ἢ ἀδελφῆς; Ὁμολογεῖν.

Πειρῶ δή, φάναι, καὶ τὸν ἔρωτα εἰπεῖν. ὁ Ἔρως ἔρως ἐστὶν οὐδενὸς ἢ τινός;

Πάνυ μὲν οὖν ἔστιν.

Τοῦτο μὲν τοίνυν, εἰπεῖν τὸν Σωκράτη, φύλαξον παρὰ σαυτῷ μεμνημένος ὅτου· τοσόνδε δὲ εἰπέ, πότερον ὁ Ἔρως ἐκείνου οὗ ἔστιν ἔρως, ἐπιθυμεῖ αὐτοῦ ἢ οὔ;

Πάνυ γε, φάναι.

Πότερον ἔχων αὐτὸ οὗ ἐπιθυμεῖ τε καὶ ἐρᾷ, εἶτα ἐπιθυμεῖ τε καὶ ἐρᾷ, ἢ οὐκ ἔχων;

Οὐκ ἔχων, ὡς τὸ εἰκός γε, φάναι.

Σκόπει δή, εἰπεῖν τὸν Σωκράτη, ἀντὶ τοῦ εἰκότος εἰ ἀνάγκη οὕτως, τὸ ἐπιθυμοῦν ἐπιθυμεῖν οὗ ἐνδεές ἐστιν, ἢ μὴ ἐπιθυμεῖν, ἐὰν μὴ ἐνδεὲς ᾖ; ἐμοὶ μὲν γὰρ θαυμαστῶς δοκεῖ, ὦ Ἀγάθων, ὡς ἀνάγκη εἶναι· σοὶ δὲ πῶς;

Κἀμοί, φάναι, δοκεῖ.

Καλῶς λέγεις. ἆρ᾽ οὖν βούλοιτ᾽ ἄν τις μέγας ὢν μέγας εἶναι, ἢ ἰσχυρὸς ὢν ἰσχυρός;

Ἀδύνατον ἐκ τῶν ὡμολογημένων.

Οὐ γάρ που ἐνδεὴς ἂν εἴη τούτων ὅ γε ὤν.

Ἀληθῆ λέγεις.

Εἰ γὰρ καὶ ἰσχυρὸς ὢν βούλοιτο ἰσχυρὸς εἶναι, φάναι τὸν Σωκράτη, καὶ ταχὺς ὢν ταχύς, καὶ ὑγιὴς ὢν ὑγιής—ἴσως γὰρ ἄν τις ταῦτα οἰηθείη καὶ πάντα τὰ τοιαῦτα τοὺς ὄντας τε τοιούτους καὶ ἔχοντας ταῦτα τούτων ἅπερ ἔχουσι καὶ ἐπιθυμεῖν, ἵν᾽ οὖν μὴ ἐξαπατηθῶμεν, τούτου ἕνεκα λέγω—τούτοις γάρ, ὦ Ἀγάθων, εἰ ἐννοεῖς, ἔχειν μὲν ἕκαστα

Ag.: Ja.

S.: Fahre nun noch etwas fort in deinen Antworten, damit du deutlicher siehst, worauf ich hinauswill. Wenn ich dich nämlich fragte: Und ferner, wie steht es mit dem Bruder? Ist er, eben als Bruder, Bruder von etwas oder nicht?

Ag.: Er ist es.

S.: Doch wohl von einem Bruder oder einer Schwester?

Ag.: Ja.

S.: Danach versuche denn, auch über den Eros Auskunft zu geben. Ist der Eros Liebe zu nichts oder zu etwas?

Ag.: Unbedingt ist er Liebe zu etwas.

S.: Dies „etwas" halte treu in deinem Gedächtnis fest, denn du weißt ja, was es ist. Jetzt aber sage mir nur soviel: Begehrt Eros nach dem, worauf seine Liebe gerichtet ist, oder nicht?

Ag.: Gewiß.

S.: Wenn er es begehrt und liebt, tut er das als einer, der im Besitz dessen ist, was er begehrt und liebt, oder als einer, der es noch nicht besitzt?

Ag.: Wahrscheinlich als einer, der es noch nicht besitzt.

S.: Sieh denn zu, ob es nicht etwa bloß wahrscheinlich, sondern notwendig ist, daß das Begehrende das begehrt, dessen es ermangelt, oder aber, wessen es nicht ermangelt, das überhaupt nicht begehrt. Mir scheint das ganz unausweichlich notwendig zu sein, Agathon. Und dir?

Ag.: Auch mir will es so scheinen.

S.: Recht so. Wünscht also wohl jemand, der groß ist, groß zu sein, oder wer stark ist, stark zu sein?

Ag.: Unmöglich nach dem Zugestandenen.

S.: Allerdings, denn wer es schon ist, der hat es nicht erst noch nötig.

Ag.: Ganz recht.

S.: Es könnte zwar der Fall sein, daß einer, der stark ist, doch den Wunsch hegte, stark zu sein, und wer schnell ist, schnell zu sein, und wer gesund ist, gesund zu sein. Denn vielleicht könnte einer glauben, daß, wer so geartet sei und alles dies sein eigen nenne, dennoch auch den Wunsch danach habe. Denn — nur um jeder Täuschung vorzubeugen, sage ich dies — bedenke nur, Agathon, jetzt, im gegenwär=

τούτων ἐν τῷ παρόντι ἀνάγκη ἃ ἔχουσιν, ἐάντε βούλωνται ἐάντε μή, καὶ τούτου γε δήπου τίς ἂν ἐπιθυμήσειεν; ἀλλ' ὅταν τις λέγῃ ὅτι ἐγὼ ὑγιαίνων βούλομαι καὶ ὑγιαίνειν, καὶ πλουτῶν βούλομαι καὶ πλουτεῖν, καὶ ἐπιθυμῶ αὐτῶν τούτων ἃ ἔχω, εἴποιμεν ἂν αὐτῷ ὅτι σύ, ὦ ἄνθρωπε, πλοῦτον κεκτημένος καὶ ὑγίειαν καὶ ἰσχὺν βούλει καὶ εἰς τὸν ἔπειτα χρόνον ταῦτα κεκτῆσθαι, ἐπεὶ ἐν τῷ γε νῦν παρόντι, εἴτε βούλει εἴτε μή, ἔχεις· σκόπει οὖν, ὅταν τοῦτο λέγῃς, ὅτι ἐπιθυμῶ τῶν παρόντων, εἰ ἄλλο τι λέγεις ἢ τόδε, ὅτι βούλομαι τὰ νῦν παρόντα καὶ εἰς τὸν ἔπειτα χρόνον παρεῖναι. ἄλλο τι ὁμολογοῖ ἄν; Συμφάναι ἔφη τὸν Ἀγάθωνα.

Εἰπεῖν δὴ τὸν Σωκράτη, Οὐκοῦν τοῦτό γ' ἐστὶν ἐκείνου ἐρᾶν, ὃ οὔπω ἕτοιμον αὐτῷ ἐστιν οὐδὲ ἔχει, τὸ εἰς τὸν ἔπειτα χρόνον ταῦτα εἶναι αὐτῷ σῳζόμενα καὶ παρόντα;

Πάνυ γε, φάναι.

Καὶ οὗτος ἄρα καὶ ἄλλος πᾶς ὁ ἐπιθυμῶν τοῦ μὴ ἑτοίμου ἐπιθυμεῖ καὶ τοῦ μὴ παρόντος, καὶ ὃ μὴ ἔχει καὶ ὃ μὴ ἔστιν αὐτὸς καὶ οὗ ἐνδεής ἐστι, τοιαῦτ' ἄττα ἐστὶν ὧν ἡ ἐπιθυμία τε καὶ ὁ ἔρως ἐστίν;

Πάνυ γ', εἰπεῖν.

Ἴθι δή, φάναι τὸν Σωκράτη, ἀνομολογησώμεθα τὰ εἰρημένα. ἄλλο τι ἔστιν ὁ Ἔρως πρῶτον μὲν τινῶν, ἔπειτα τούτων ὧν ἂν ἔνδεια παρῇ αὐτῷ;

Ναί, φάναι.

Ἐπὶ δὴ τούτοις ἀναμνήσθητι τίνων ἔφησθα ἐν τῷ λόγῳ εἶναι τὸν Ἔρωτα· εἰ δὲ βούλει, ἐγώ σε ἀναμνήσω. οἶμαι γάρ σε οὑτωσί πως εἰπεῖν, ὅτι τοῖς θεοῖς κατεσκευάσθη τὰ πράγματα δι' ἔρωτα καλῶν· αἰσχρῶν γὰρ οὐκ εἴη ἔρως. οὐχ οὑτωσί πως ἔλεγες;

Εἶπον γάρ, φάναι τὸν Ἀγάθωνα.

Καὶ ἐπιεικῶς γε λέγεις, ὦ ἑταῖρε, φάναι τὸν Σωκράτη·

tigen Augenblick, besitzen sie unbedingt das, was sie ha=
ben, ob sie es nun wünschen oder nicht; aber was hat es
dann für einen Sinn, es zu begehren? Gesetzt, es sagte
einer: Ich, der ich gesund bin, wünsche auch gesund zu sein,
und: Ich, der ich reich bin, wünsche auch reich zu sein, und
begehre eben das, was ich habe, so würden wir ihm ent=
d gegnen: Tor du! Im Besitz von Reichtum, Gesundheit und
Kraft wünschst du, dies auch in Zukunft zu besitzen, denn
jetzt, für den Augenblick wenigstens, hast du es ja, magst
du wollen oder nicht. Wenn du also sagst: Ich wünsche mir,
was ich jetzt habe, so sagst du, wohlgemerkt, nichts ande=
res als dies: Ich wünsche das, was ich jetzt habe, auch in
Zukunft zu haben. Nicht wahr, das würde er doch zugeben?

Ag.: Ja.

S.: Das heißt doch soviel, als dasjenige begehren, was
ihm noch nicht zur Verfügung steht und was er nicht be=
sitzt, also den weiteren gesicherten Besitz dessen, was er
jetzt besitzt.

e Ag.: Ja, gewiß.

S.: Also steht die Sache doch so: er sowohl wie jeder
andere Begehrende begehrt etwas, was ihm nicht zur Ver=
fügung steht und für ihn noch nicht vorhanden ist; was
man nicht hat und was man nicht selbst ist, wohl aber zu
sein wünscht, dies und dergleichen sind die Dinge, auf
welche die Begierde und das Verlangen gerichtet sind.

Ag.: Allerdings.

S.: Auf denn, es gilt nunmehr uns zu verständigen über
das Bisherige. Eros ist erstens doch Liebe zu etwas, sodann
Liebe zu dem, woran er selbst Mangel leidet?

201 Ag.: Ja.

S.: Weiter erinnere dich, worauf du die Liebe in deiner
Rede bezogst. Oder wenn du willst, so werde ich dich daran
erinnern. Denn irre ich nicht, so sagtest du etwa, unter den
Göttern sei Ordnung geschaffen worden aus Liebe zum
Schönen; denn zum Häßlichen gebe es keine Liebe. War
das nicht ungefähr das, was du sagtest?

Ag.: Allerdings.

S.: Und damit hast du ganz recht, mein Freund. Und ist

καὶ εἰ τοῦτο οὕτως ἔχει, ἄλλο τι ὁ Ἔρως κάλλους ἂν εἴη ἔρως, αἴσχους δὲ οὔ; Ὡμολόγει.

Οὐκοῦν ὡμολόγηται, οὗ ἐνδεής ἐστι καὶ μὴ ἔχει, τούτου b ἐρᾶν;

Ναί, εἰπεῖν.

Ἐνδεὴς ἄρ' ἐστὶ καὶ οὐκ ἔχει ὁ Ἔρως κάλλος.

Ἀνάγκη, φάναι.

Τί δέ; τὸ ἐνδεὲς κάλλους καὶ μηδαμῇ κεκτημένον κάλλος ἆρα λέγεις σὺ καλὸν εἶναι;

Οὐ δῆτα.

Ἔτι οὖν ὁμολογεῖς Ἔρωτα καλὸν εἶναι, εἰ ταῦτα οὕτως ἔχει;

Καὶ τὸν Ἀγάθωνα εἰπεῖν Κινδυνεύω, ὦ Σώκρατες, οὐδὲν εἰδέναι ὧν τότε εἶπον.

Καὶ μὴν καλῶς γε εἶπες, φάναι, ὦ Ἀγάθων. ἀλλὰ σμικρὸν c ἔτι εἰπέ· τἀγαθὰ οὐ καὶ καλὰ δοκεῖ σοι εἶναι;

Ἔμοιγε.

Εἰ ἄρα ὁ Ἔρως τῶν καλῶν ἐνδεής ἐστι, τὰ δὲ ἀγαθὰ καλά, κἂν τῶν ἀγαθῶν ἐνδεὴς εἴη.

Ἐγώ, φάναι, ὦ Σώκρατες, σοὶ οὐκ ἂν δυναίμην ἀντιλέγειν, ἀλλ' οὕτως ἐχέτω ὡς σὺ λέγεις.

Οὐ μὲν οὖν τῇ ἀληθείᾳ, φάναι, ὦ φίλε Ἀγάθων, δύνασαι ἀντιλέγειν, ἐπεὶ Σωκράτει γε οὐδὲν χαλεπόν.

Καὶ σὲ μέν γε ἤδη ἐάσω· τὸν δὲ λόγον τὸν περὶ τοῦ d Ἔρωτος, ὅν ποτ' ἤκουσα γυναικὸς Μαντινικῆς Διοτίμας, ἣ ταῦτά τε σοφὴ ἦν καὶ ἄλλα πολλά—καὶ Ἀθηναίοις ποτὲ θυσαμένοις πρὸ τοῦ λοιμοῦ δέκα ἔτη ἀναβολὴν ἐποίησε τῆς νόσου, ἣ δὴ καὶ ἐμὲ τὰ ἐρωτικὰ ἐδίδαξεν—ὃν οὖν ἐκείνη ἔλεγε λόγον, πειράσομαι ὑμῖν διελθεῖν ἐκ τῶν ὡμολογη-

dem so, wäre dann nicht Eros Liebe zur Schönheit, nicht aber zur Häßlichkeit?

Ag.: Ja.

S.: Ist dann nicht weiter unter uns festgestellt worden, daß er das liebt, was er entbehrt und *nicht* hat?

Ag.: Ja.

S.: Also entbehrt Eros der Schönheit und besitzt sie nicht.

Ag.: Notwendig.

S.: Wie nun? Was der Schönheit entbehrt und nichts weniger als im Besitz der Schönheit ist, kannst du das schön nennen?

Ag.: Gewiß nicht.

S.: Willst du also noch festhalten an deiner Behauptung, Eros sei schön, wenn die Dinge wirklich so liegen?

Ag.: Was ich damals sagte, scheine ich durchweg ohne klares Bewußtsein gesagt zu haben.

S.: Und doch sprachst du so schön, Agathon. Aber eine Kleinigkeit beantworte mir noch: *Scheint dir das Gute nicht auch schön zu sein?*

Ag.: Gewiß.

S.: Wenn aber Eros des Schönen ermangelt, das Gute aber schön ist, so wird er wohl auch des Guten ermangeln.

Ag.: Ich fühle mich außerstande, dir zu widersprechen, Sokrates; magst du also mit deiner Behauptung recht behalten.

S.: Der *Wahrheit* kannst du nicht widersprechen, lieber Agathon, dem Sokrates zu widersprechen, wäre nicht schwer.

22. Doch dich will ich nun in Ruhe lassen. Dagegen wende ich mich jetzt zu dem, was *Diotima*[58]) über Eros sagte, eine Frau aus Mantineia, die wie in diesen, so in vielen anderen Dingen weise war. Hat sie doch den Athenern einst aus Anlaß eines Opfers vor Ausbruch der Pest[59]) einen zehnjährigen Aufschub der Krankheit bewirkt. So hat sie auch mich in der Liebe belehrt. Ihre Ausführungen also will ich nunmehr ganz für mich allein, so gut es mir eben gelingen mag, euch wiederzugeben versuchen, auf Grund

μένων ἐμοὶ καὶ Ἀγάθωνι, αὐτὸς ἐπ' ἐμαυτοῦ, ὅπως ἂν δύνωμαι. δεῖ δή, ὦ Ἀγάθων, ὥσπερ σὺ διηγήσω, διελθεῖν αὐτὸν πρῶτον, τίς ἐστιν ὁ Ἔρως καὶ ποῖός τις, ἔπειτα τὰ ἔργα αὐτοῦ. δοκεῖ οὖν μοι ῥᾷστον εἶναι οὕτω διελθεῖν, ὥς ποτέ με ἡ ξένη ἀνακρίνουσα διῄει. σχεδὸν γάρ τι καὶ ἐγὼ πρὸς αὐτὴν ἕτερα τοιαῦτα ἔλεγον οἷάπερ νῦν πρὸς ἐμὲ Ἀγάθων, ὡς εἴη ὁ Ἔρως μέγας θεός, εἴη δὲ τῶν καλῶν· ἤλεγχε δή με τούτοις τοῖς λόγοις οἷσπερ ἐγὼ τοῦτον, ὡς οὔτε καλὸς εἴη κατὰ τὸν ἐμὸν λόγον οὔτε ἀγαθός.

Καὶ ἐγώ, Πῶς λέγεις, ἔφην, ὦ Διοτίμα; αἰσχρὸς ἄρα ὁ Ἔρως ἐστὶ καὶ κακός;

Καὶ ἥ, Οὐκ εὐφημήσεις; ἔφη· ἢ οἴει, ὅτι ἂν μὴ καλὸν ᾖ, ἀναγκαῖον αὐτὸ εἶναι αἰσχρόν;

Μάλιστά γε.

Ἦ καὶ ἂν μὴ σοφόν, ἀμαθές; ἢ οὐκ ᾔσθησαι ὅτι ἔστιν τι μεταξὺ σοφίας καὶ ἀμαθίας;

Τί τοῦτο;

Τὸ ὀρθὰ δοξάζειν ἄνευ τοῦ ἔχειν λόγον δοῦναι οὐκ οἶσθ', ἔφη, ὅτι οὔτε ἐπίστασθαί ἐστιν—ἄλογον γὰρ πρᾶγμα πῶς ἂν εἴη ἐπιστήμη;—οὔτε ἀμαθία—τὸ γὰρ τοῦ ὄντος τυγχάνον πῶς ἂν εἴη ἀμαθία;—ἔστι δὲ δήπου τοιοῦτον ἡ ὀρθὴ δόξα, μεταξὺ φρονήσεως καὶ ἀμαθίας.

Ἀληθῆ, ἦν δ' ἐγώ, λέγεις.

Μὴ τοίνυν ἀνάγκαζε ὃ μὴ καλόν ἐστιν αἰσχρὸν εἶναι, μηδὲ ὃ μὴ ἀγαθόν, κακόν. οὕτω δὲ καὶ τὸν Ἔρωτα ἐπειδὴ αὐτὸς ὁμολογεῖς μὴ εἶναι ἀγαθὸν μηδὲ καλόν, μηδέν τι μᾶλλον οἴου δεῖν αὐτὸν αἰσχρὸν καὶ κακὸν εἶναι, ἀλλά τι μεταξύ, ἔφη, τούτοιν.

Καὶ μήν, ἦν δ' ἐγώ, ὁμολογεῖταί γε παρὰ πάντων μέγας θεὸς εἶναι.

Rede des Sokrates

dessen, worüber ich mich mit Agathon verständigt habe. Es gilt also, Agathon, wozu du selbst den Weg gewiesen, zu= erst das Wesen des Eros und seine Eigenart darzulegen, so= dann die Wirkungen, die von ihm ausgehen. Es scheint mir nun, wir machen uns die Sache am leichtesten, wenn ich dem Verhörsverfahren folge, welches die Freundin mit mir seinerzeit einschlug. Ich nahm nämlich in der Unter= haltung mit ihr ziemlich denselben Standpunkt ein wie Agathon jetzt eben mir gegenüber. Ich behauptete, Eros sei ein großer Gott und sei dem Schönen zugetan; sie wider= legte mich dann mit denselben Gründen wie ich ihn: Er sei (in Wirklichkeit) weder schön nach meiner Ansicht noch gut. Ich erwiderte: Wie Diotima? Also häßlich wäre Eros und schlecht?

Di.: Lästere nicht! Oder glaubst du, was nicht schön ist, das sei notwendig häßlich?

S.: Unbedingt.

Di.: Auch, was nicht weise, das sei unwissend? Oder hast du nicht begriffen, daß es zwischen Weisheit und Unwis= senheit noch ein Mittleres gibt?

S.: Und was wäre das?

Di.: *Die richtige Meinung,* die es auch ohne Bewußtsein der Gründe gibt. Diese richtige Meinung ist weder ein Wissen — denn wie könnte etwas ein Wissen sein, von dem man sich nicht Rechenschaft geben kann? — noch Unwissenheit — wie könnte etwas Unwissenheit sein, das mit der Wahrheit zusammenstimmt? Es ist also die rich= tige Meinung ein Mittleres zwischen Wissen und Unwis= senheit.

S.: Das ist richtig.

Di.: Bilde dir also nicht ein, du könntest durch ein Ge= waltverfahren erzwingen, daß, was nicht schön ist, darum auch häßlich sei, und was nicht gut, darum auch schlecht. So halte es denn auch mit Eros, von dem du selber zugibst, daß er nicht gut sei und nicht schön: sei überzeugt, daß er trotzdem nicht häßlich und schlecht sein muß, sondern ein Mittleres zwischen beiden.

S.: Und doch sind alle darüber einverstanden, daß er ein großer Gott sei.

Τῶν μὴ εἰδότων, ἔφη, πάντων λέγεις, ἢ καὶ τῶν εἰδότων;
Συμπάντων μὲν οὖν.

Καὶ ἡ γελάσασα Καὶ πῶς ἄν, ἔφη, ὦ Σώκρατες, ὁμολογοῖτο μέγας θεὸς εἶναι παρὰ τούτων, οἵ φασιν αὐτὸν οὐδὲ c θεὸν εἶναι;

Τίνες οὗτοι; ἦν δ' ἐγώ.

Εἷς μέν, ἔφη, σύ, μία δ' ἐγώ.

Κἀγὼ εἶπον, Πῶς τοῦτο, ἔφην, λέγεις;

Καὶ ἥ, Ῥᾳδίως, ἔφη. λέγε γάρ μοι, οὐ πάντας θεοὺς φὴς εὐδαίμονας εἶνα καὶ καλούς; ἢ τολμήσαις ἄν τινα μὴ φάναι καλόν τε καὶ εὐδαίμονα θεῶν εἶναι;

Μὰ Δί' οὐκ ἔγωγ', ἔφην.

Εὐδαίμονας δὲ δὴ λέγεις οὐ τοὺς τἀγαθὰ καὶ τὰ καλὰ κεκτημένους;

Πάνυ γε.

Ἀλλὰ μὴν Ἔρωτά γε ὡμολόγηκας δι' ἔνδειαν τῶν d ἀγαθῶν καὶ καλῶν ἐπιθυμεῖν αὐτῶν τούτων ὧν ἐνδεής ἐστιν.

Ὡμολόγηκα γάρ.

Πῶς ἂν οὖν θεὸς εἴη ὅ γε τῶν καλῶν καὶ ἀγαθῶν ἄμοιρος;

Οὐδαμῶς, ὥς γ' ἔοικεν.

Ὁρᾷς οὖν, ἔφη, ὅτι καὶ σὺ Ἔρωτα οὐ θεὸν νομίζεις;

Τί οὖν ἄν, ἔφην, εἴη ὁ Ἔρως; θνητός;

Ἥκιστά γε.

Ἀλλὰ τί μήν;

Ὥσπερ τὰ πρότερα, ἔφη, μεταξὺ θνητοῦ καὶ ἀθανάτου.

Τί οὖν, ὦ Διοτίμα;

Δαίμων μέγας, ὦ Σώκρατες· καὶ γὰρ πᾶν τὸ δαιμόνιον μεταξύ ἐστι θεοῦ τε καὶ θνητοῦ. e

Τίνα, ἦν δ' ἐγώ, δύναμιν ἔχον;

Ἑρμηνεῦον καὶ διαπορθμεῦον θεοῖς τὰ παρ' ἀνθρώπων καὶ ἀνθρώποις τὰ παρὰ θεῶν, τῶν μὲν τὰς δεήσεις καὶ

Di.: Meinst du mit dem „alle" die Unwissenden oder auch die Wissenden?

S.: Alle ohne Ausnahme.

Da brach sie in Lachen aus und sagte: Wie wäre es möglich, Sokrates, daß er als großer Gott anerkannt würde
c von seiten derer, die ihn nicht einmal als Gott gelten lassen?

S.: Und wer wären die?

Di.: Einer du und eine ich.

S.: Wie kommst du zu dieser Meinung?

Di.: Sehr einfach. Sag mir nur, hältst du nicht alle Götter für glückselig und schön? Oder hast du den Mut zu behaupten, daß einer der Götter nicht schön und glückselig sei?

S.: Beileibe nicht.

Di.: Glückselig aber nennst du doch die, die im Besitz des Guten und Schönen sind?

S.: Allerdings.

d Di.: Vom Eros aber hast du doch eingeräumt, daß er aus Mangel am Guten und Schönen eben nach dem strebt, dessen er bedürftig ist.

S.: Ja, das habe ich zugegeben.

Di.: Wer nicht teilhat am Schönen und Guten, wie könnte denn der ein Gott sein?

S.: Nimmermehr, wie es scheint.

Di.: Siehst du nun, auch du hältst Eros nicht für einen Gott.

23. S.: Was wäre denn also Eros? Etwa ein Sterblicher?

Di.: Keineswegs.

S.: Aber was denn?

Di.: Wie schon vorher gesagt, ein Mittleres zwischen Sterblichem und Unsterblichem.

S.: Was also, Diotima?

Di.: Ein großer *Dämon*, Sokrates. Denn alles Dämoni=
e sche ist ein Mittleres zwischen Gott und Mensch.

S.: Mit welcher Wirkungskraft ist es begabt?

Di.: Es wirkt als Dolmetsch und Bote von den Menschen bei den Göttern und von den Göttern bei den Menschen:

θυσίας, τῶν δὲ τὰς ἐπιτάξεις τε καὶ ἀμοιβὰς τῶν θυσιῶν, ἐν μέσῳ δὲ ὂν ἀμφοτέρων συμπληροῖ, ὥστε τὸ πᾶν αὐτὸ αὑτῷ συνδεδέσθαι. διὰ τούτου καὶ ἡ μαντικὴ πᾶσα χωρεῖ καὶ ἡ τῶν ἱερέων τέχνη τῶν τε περὶ τὰς θυσίας καὶ τελετὰς καὶ τὰς ἐπῳδὰς καὶ τὴν μαντείαν πᾶσαν καὶ γοητείαν. θεὸς 203 δὲ ἀνθρώπῳ οὐ μείγνυται, ἀλλὰ διὰ τούτου πᾶσά ἐστιν ἡ ὁμιλία καὶ ἡ διάλεκτος θεοῖς πρὸς ἀνθρώπους, καὶ ἐγρηγορόσι καὶ καθεύδουσι· καὶ ὁ μὲν περὶ τὰ τοιαῦτα σοφὸς δαιμόνιος ἀνήρ, ὁ δὲ ἄλλο τι σοφὸς ὢν ἢ περὶ τέχνας ἢ χειρουργίας τινὰς βάναυσος. οὗτοι δὴ οἱ δαίμονες πολλοὶ καὶ παντοδαποί εἰσιν, εἷς δὲ τούτων ἐστὶ καὶ ὁ Ἔρως.

Πατρὸς δέ, ἦν δ' ἐγώ, τίνος ἐστὶ καὶ μητρός;

Μακρότερον μέν, ἔφη, διηγήσασθαι· ὅμως δέ σοι ἐρῶ. b ὅτε γὰρ ἐγένετο ἡ Ἀφροδίτη, εἱστιῶντο οἱ θεοὶ οἵ τε ἄλλοι καὶ ὁ τῆς Μήτιδος ὑὸς Πόρος. ἐπειδὴ δὲ ἐδείπνησαν, προσαιτήσουσα οἷον δὴ εὐωχίας οὔσης ἀφίκετο ἡ Πενία, καὶ ἦν περὶ τὰς θύρας. ὁ οὖν Πόρος μεθυσθεὶς τοῦ νέκταρος— οἶνος γὰρ οὔπω ἦν—εἰς τὸν τοῦ Διὸς κῆπον εἰσελθὼν βεβαρημένος ηὗδεν. ἡ οὖν Πενία ἐπιβουλεύουσα διὰ τὴν αὑτῆς ἀπορίαν παιδίον ποιήσασθαι ἐκ τοῦ Πόρου, κατακλίνεταί τε παρ' αὐτῷ καὶ ἐκύησε τὸν Ἔρωτα. διὸ δὴ καὶ c τῆς Ἀφροδίτης ἀκόλουθος καὶ θεράπων γέγονεν ὁ Ἔρως, γεννηθεὶς ἐν τοῖς ἐκείνης γενεθλίοις, καὶ ἅμα φύσει ἐραστὴς ὢν περὶ τὸ καλὸν καὶ τῆς Ἀφροδίτης καλῆς οὔσης. ἅτε οὖν Πόρου καὶ Πενίας ὑὸς ὢν ὁ Ἔρως ἐν τοιαύτῃ τύχῃ καθέστηκεν. πρῶτον μὲν πένης ἀεί ἐστι, καὶ πολλοῦ δεῖ ἁπαλός τε καὶ καλός, οἷον οἱ πολλοὶ οἴονται, ἀλλὰ σκληρὸς καὶ αὐχμηρὸς καὶ ἀνυπόδητος καὶ ἄοικος, χαμαιπετὴς ἀεὶ d ὢν καὶ ἄστρωτος, ἐπὶ θύραις καὶ ἐν ὁδοῖς ὑπαίθριος κοιμώ-

Rede des Sokrates

von diesen übermittelt es Gebete und Opfer, von jenen Befehle und Vergeltungen der Opfer; zwischen beiden ist es das den Zusammenhang wahrende Verbindungsglied, so daß das All ein festgefügtes Ganzes ist. Durch diese Dämonenkraft wird auch die gesamte Seherkunst (Mantik) in Gang erhalten wie auch die Kunst der Priester, derer sowohl, die es mit Opfern und Weihen zu tun haben, wie derer, die sich auf Besprechungen und Zauberkünste aller
203 Art verstehen. Denn ein Gott tritt nicht unmittelbar mit den Menschen in Verbindung; vielmehr vollzieht sich aller Verkehr und alle Zwiesprache der Götter mit den Menschen durch Vermittlung dieser Dämonen, sei es im Wachen oder im Schlaf. Und wer mit diesen Dingen genau Bescheid weiß, der ist ein dämonischer Mann, wer aber auf irgendwelchem anderen Gebiet in Kunst oder Handwerk, der ist ein Banause. Solcher Dämonen nun gibt es viele und von mancherlei Art, einer von ihnen ist auch Eros.

S.: Von welchem Vater stammt er und von welcher Mutter?

b Di.: Das erfordert eine längere Darlegung. Gleichwohl sollst du es hören. Als Aphrodite zur Welt gekommen war, hielten die Götter ein Festmahl und mit den anderen auch Poros[60]) (Erwerb, Reichtum), der Sohn der Metis (Klugheit). Nach beendigter Mahlzeit kam Penia (Armut), eine Gabe zu erbitten — denn es ging hoch her — und lungerte an der Tür. Poros nun, trunken vom Nektar (denn Wein gab es noch nicht), begab sich in den Garten des Zeus und schlief schwer berauscht ein. Penia aber, getrieben durch ihre Dürftigkeit, sann darauf, sich durch List zu einem Kind von Poros zu verhelfen, legte sich zu ihm und empfing Eros. So ist es denn gekommen, daß Eros auch der
c Aphrodite Begleiter und Diener ward, erzeugt am Tage ihrer Geburt, und zugleich von Natur ein Liebhaber des Schönen, da ja auch Aphrodite eine Schönheit ist. Als Sohn des Poros und der Penia ist ihm nun dies Los gefallen: erstens ist er immer arm, und weit gefehlt, daß er zart und schön wäre, wie die meisten wähnen, vielmehr ist er rauh
d und struppig, barfuß[61]) und obdachlos; zum Lager hat er nie etwas anderes als die bloße Erde, ohne Decke; an den

μενος, τὴν τῆς μητρὸς φύσιν ἔχων, ἀεὶ ἐνδείᾳ σύνοικος. κατὰ δὲ αὖ τὸν πατέρα ἐπίβουλός ἐστι τοῖς καλοῖς καὶ τοῖς ἀγαθοῖς, ἀνδρεῖος ὢν καὶ ἴτης καὶ σύντονος, θηρευτὴς δεινός, ἀεί τινας πλέκων μηχανάς, καὶ φρονήσεως ἐπιθυμητὴς καὶ πόριμος, φιλοσοφῶν διὰ παντὸς τοῦ βίου, δεινὸς γόης καὶ φαρμακεὺς καὶ σοφιστής· καὶ οὔτε ὡς ἀθάνατος πέφυκεν οὔτε ὡς θνητός, ἀλλὰ τοτὲ μὲν τῆς αὐτῆς e ἡμέρας θάλλει τε καὶ ζῇ, τοτὲ δὲ ἀποθνῄσκει, πάλιν δὲ ἀναβιώσκεται, ὅταν εὐπορήσῃ διὰ τὴν τοῦ πατρὸς φύσιν, τὸ δὲ ποριζόμενον ἀεὶ ὑπεκρεῖ, ὥστε οὔτε ἀπορεῖ Ἔρως ποτὲ οὔτε πλουτεῖ, σοφίας τε αὖ καὶ ἀμαθίας ἐν μέσῳ ἐστίν. ἔχει γὰρ ὧδε. θεῶν οὐδεὶς φιλοσοφεῖ οὐδ' ἐπιθυμεῖ σοφὸς 204 γενέσθαι—ἔστι γάρ—οὐδ' εἴ τις ἄλλος σοφός, οὐ φιλοσοφεῖ. οὐδ' αὖ οἱ ἀμαθεῖς φιλοσοφοῦσιν οὐδ' ἐπιθυμοῦσι σοφοὶ γενέσθαι· αὐτὸ γὰρ τοῦτό ἐστι χαλεπὸν ἀμαθία, τὸ μὴ ὄντα καλὸν κἀγαθὸν μηδὲ φρόνιμον δοκεῖν αὑτῷ εἶναι ἱκανόν. οὔκουν ἐπιθυμεῖ ὁ μὴ οἰόμενος ἐνδεὴς εἶναι οὗ ἂν μὴ οἴηται ἐπιδεῖσθαι.

Τίνες οὖν, ἔφην ἐγώ, ὦ Διοτίμα, οἱ φιλοσοφοῦντες, εἰ μήτε οἱ σοφοὶ μήτε οἱ ἀμαθεῖς;

Δῆλον δή, ἔφη, τοῦτό γε ἤδη καὶ παιδί, ὅτι οἱ μεταξὺ b τούτων ἀμφοτέρων, ὧν ἂν εἴη καὶ ὁ Ἔρως. ἔστιν γὰρ δὴ τῶν καλλίστων ἡ σοφία, Ἔρως δ' ἐστὶν ἔρως περὶ τὸ καλόν, ὥστε ἀναγκαῖον Ἔρωτα φιλόσοφον εἶναι, φιλόσοφον δὲ ὄντα μεταξὺ εἶναι σοφοῦ καὶ ἀμαθοῦς. αἰτία δὲ αὐτῷ καὶ τούτων ἡ γένεσις· πατρὸς μὲν γὰρ σοφοῦ ἐστι καὶ εὐπόρου, μητρὸς δὲ οὐ σοφῆς καὶ ἀπόρου. ἡ μὲν οὖν φύσις τοῦ

Türen und auf der Straße sucht er seine Ruhestätte unter freiem Himmel, die Natur der Mutter teilend, stets der Dürftigkeit gesellt. Dagegen vom Vater her ist er der listige Späher nach dem Schönen und Guten, ist tapfer, waghalsig und unermüdlich, ein gewaltiger Jäger, unerschöpflich im Ersinnen von Anschlägen, dabei beseelt von lebhaftestem Verlangen nach Erkenntnis und nie verlegen um Auskunft, strebend nach Weisheit sein lebelang,[62]) ein gewaltiger Zauberer, Hexenmeister und Sophist; und weder wie ein Unsterblicher ist er geartet noch wie ein Sterblicher, son=
e dern an demselben Tage ist er bald obenauf, bald sinkt er wie tot dahin, lebt aber immer wieder auf, wenn ihm vermöge der Natur seines Vaters die Mittel zufließen, doch, was er gewonnen, zerrinnt ihm immer wieder; nie= mals also ist Eros der Mittel völlig ledig, niemals aber auch wirklich reich. Zwischen Weisheit und Unwissenheit hält er die Mitte. Damit nämlich verhält es sich folgender=
204 maßen: keiner von den Göttern strebt nach der Weisheit oder begehrt weise zu werden; denn er i s t es schon, wie denn überhaupt, wer weise ist, nicht nach Weisheit sucht. Ebensowenig suchen nach ihr die aller Einsicht Baren, noch begehren sie, weise zu werden. Denn eben darin liegt ja das Schlimme der Unwissenheit, daß man, ohne schön, gut und einsichtsvoll zu sein, sich gleichwohl einbildet, man sei allen Anforderungen gewachsen. Wer nun nicht glaubt, bedürftig zu sein, der trägt natürlich auch kein Verlangen nach dem, dessen er nicht zu bedürfen glaubt.

S.: Wer sind denn also die Weisheitssuchenden[63]), Dio= tima, wenn es weder die Weisen noch die Toren sind?

b Di.: Das ist doch nunmehr schon jedem Kinde klar, daß die zwischen beiden in der Mitte Stehenden es sind, zu denen auch Eros gehört: *denn die Weisheit gehört ja doch zum Allerschönsten. Eros aber ist Liebe zu allem Schönen*, folglich ist Eros notwendig ein Weisheitssuchender; als Weisheitssuchender aber steht er in der Mitte zwischen einem Weisen und einem Toren. Auch dies hat seinen Grund in seiner Geburt; stammt er ja doch von einem weisen und erfinderischen Vater ab, dagegen von einer Mutter, die weder weise noch erfinderisch ist. So steht es

δαίμονος, ὦ φίλε Σώκρατες, αὕτη· ὃν δὲ σὺ ᾠήθης Ἔρωτα εἶναι, θαυμαστὸν οὐδὲν ἔπαθες. ᾠήθης δέ, ὡς ἐμοὶ δοκεῖ c τεκμαιρομένῃ ἐξ ὧν σὺ λέγεις, τὸ ἐρώμενον Ἔρωτα εἶναι, οὐ τὸ ἐρῶν· διὰ ταῦτά σοι οἶμαι πάγκαλος ἐφαίνετο ὁ Ἔρως. καὶ γὰρ ἔστι τὸ ἐραστὸν τὸ τῷ ὄντι καλὸν καὶ ἁβρὸν καὶ τέλεον καὶ μακαριστόν· τὸ δέ γε ἐρῶν ἄλλην ἰδέαν τοιαύτην ἔχον, οἵαν ἐγὼ διῆλθον.

Καὶ ἐγὼ εἶπον, Εἶεν δή, ὦ ξένη, καλῶς γὰρ λέγεις· τοιοῦτος ὢν ὁ Ἔρως τίνα χρείαν ἔχει τοῖς ἀνθρώποις;

Τοῦτο δὴ μετὰ ταῦτ᾽, ἔφη, ὦ Σώκρατες, πειράσομαί σε d διδάξαι. ἔστι μὲν γὰρ δὴ τοιοῦτος καὶ οὕτω γεγονὼς ὁ Ἔρως, ἔστι δὲ τῶν καλῶν, ὡς σὺ φῄς. εἰ δέ τις ἡμᾶς ἔροιτο· Τί τῶν καλῶν ἐστιν ὁ Ἔρως, ὦ Σώκρατές τε καὶ Διοτίμα; ὧδε δὲ σαφέστερον· ἐρᾷ ὁ ἐρῶν τῶν καλῶν· τί ἐρᾷ;

Καὶ ἐγὼ εἶπον ὅτι Γενέσθαι αὑτῷ.

Ἀλλ᾽ ἔτι ποθεῖ, ἔφη, ἡ ἀπόκρισις ἐρώτησιν τοιάνδε· Τί ἔσται ἐκείνῳ ᾧ ἂν γένηται τὰ καλά;

Οὐ πάνυ ἔφην ἔτι ἔχειν ἐγὼ πρὸς ταύτην τὴν ἐρώτησιν προχείρως ἀποκρίνασθαι.

Ἀλλ᾽, ἔφη, ὥσπερ ἂν εἴ τις μεταβαλὼν ἀντὶ τοῦ καλοῦ e τῷ ἀγαθῷ χρώμενος πυνθάνοιτο· Φέρε, ὦ Σώκρατες, ἐρᾷ ὁ ἐρῶν τῶν ἀγαθῶν· τί ἐρᾷ;

Γενέσθαι, ἦν δ᾽ ἐγώ, αὑτῷ.

Καὶ τί ἔσται ἐκείνῳ ᾧ ἂν γένηται τἀγαθά;

Τοῦτ᾽ εὐπορώτερον, ἦν δ᾽ ἐγώ, ἔχω ἀποκρίνασθαι, ὅτι εὐδαίμων ἔσται.

Κτήσει γάρ, ἔφη, ἀγαθῶν οἱ εὐδαίμονες εὐδαίμονες, καὶ 205 οὐκέτι προσδεῖ ἐρέσθαι Ἵνα τί δὲ βούλεται εὐδαίμων εἶναι

mit dem Wesen dieses Dämons, lieber Sokrates. Daß du dir aber unter Eros etwas ganz anderes dachtest, das nimmt mich durchaus nicht wunder. Du meintest, wie ich aus deinen Worten zu entnehmen glaube, das Geliebte sei Eros, nicht das Liebende. Deswegen, glaub ich, schien dir Eros so über alles schön. Ist doch das Geliebte das wahrhaft Schöne, Zarte, Vollendete, Glückselige; das Liebende dagegen hat eine ganz andere Gestalt, nämlich so, wie ich es schilderte.

24. S.: Gut denn, Freundin, denn du hast recht. Welchen Nutzen bringt nun Eros durch solche Eigenschaften den Menschen?

Di.: Das soll nunmehr an die Reihe kommen, und ich will versuchen, dich darüber zu belehren, Sokrates. Mit der Wesensart und der Herkunft des Eros hat es also diese Bewandtnis, und auf das Schöne ist er gerichtet, wie du sagst. Wenn aber jemand uns fragte: „In welcher Beziehung ist denn der Eros auf das Schöne gerichtet, Sokrates und Diotima?" Doch, um es noch deutlicher auszudrücken: wer das Schöne liebt, worum ist es ihm bei dieser Liebe zu tun?

S.: Darum, daß es ihm zuteil werde.

Di.: Diese Erwiderung bedarf einer weiteren Frage, nämlich: Welcher Vorteil erwächst denn dem davon, dem das Schöne zuteil wird?

S.: Auf diese Frage habe ich so leicht keine Antwort.

Di.: So nimm denn an, Sokrates, es werde durch einen Tausch an die Stelle des Schönen das Gute gesetzt, und die Frage lautete demgemäß: Der Liebende liebt das Gute; in welchem Sinne aber begehrt er es?

S.: Daß es ihm zuteil werde.

Di.: Und was für einen Vorteil hat der davon, dem das Gute zuteil wird?

S.: Darauf habe ich die Antwort leichter zur Hand, nämlich: Glücklich wird er sein.

Di.: Denn durch den Besitz des Guten sind die Glücklichen glücklich, und es bedarf nun nicht mehr der weiteren Frage: In welcher Absicht wünscht man, glücklich zu sein?,

ὁ βουλόμενος; ἀλλὰ τέλος δοκεῖ ἔχειν ἡ ἀπόκρισις.

Ἀληθῆ λέγεις, εἶπον ἐγώ.

Ταύτην δὴ τὴν βούλησιν καὶ τὸν ἔρωτα τοῦτον πότερα κοινὸν οἴει εἶναι πάντων ἀνθρώπων, καὶ πάντας τἀγαθὰ βούλεσθαι αὑτοῖς εἶναι ἀεί, ἢ πῶς λέγεις;

Οὕτως, ἦν δ' ἐγώ· κοινὸν εἶναι πάντων.

Τί δὴ οὖν, ἔφη, ὦ Σώκρατες, οὐ πάντας ἐρᾶν φαμεν, εἴπερ γε πάντες τῶν αὐτῶν ἐρῶσι καὶ ἀεί, ἀλλά τινάς φαμεν b ἐρᾶν, τοὺς δ' οὔ;

Θαυμάζω, ἦν δ' ἐγώ, καὶ αὐτός.

Ἀλλὰ μὴ θαύμαζ', ἔφη· ἀφελόντες γὰρ ἄρα τοῦ ἔρωτός τι εἶδος ὀνομάζομεν, τὸ τοῦ ὅλου ἐπιτιθέντες ὄνομα, ἔρωτα, τὰ δὲ ἄλλα ἄλλοις καταχρώμεθα ὀνόμασιν.

Ὥσπερ τί; ἦν δ' ἐγώ.

Ὥσπερ τόδε. οἶσθ' ὅτι ποίησίς ἐστί τι πολύ· ἡ γάρ τοι ἐκ τοῦ μὴ ὄντος εἰς τὸ ὂν ἰόντι ὁτῳοῦν αἰτία πᾶσά ἐστι ποίησις, ὥστε καὶ αἱ ὑπὸ πάσαις ταῖς τέχναις ἐργασίαι c ποιήσεις εἰσὶ καὶ οἱ τούτων δημιουργοὶ πάντες ποιηταί.

Ἀληθῆ λέγεις.

Ἀλλ' ὅμως, ἦ δ' ἥ, οἶσθ' ὅτι οὐ καλοῦνται ποιηταὶ ἀλλὰ ἄλλα ἔχουσιν ὀνόματα, ἀπὸ δὲ πάσης τῆς ποιήσεως ἓν μόριον ἀφορισθὲν τὸ περὶ τὴν μουσικὴν καὶ τὰ μέτρα τῷ τοῦ ὅλου ὀνόματι προσαγορεύεται. ποίησις γὰρ τοῦτο μόνον καλεῖται, καὶ οἱ ἔχοντες τοῦτο τὸ μόριον τῆς ποιήσεως ποιηταί.

Ἀληθῆ λέγεις, ἔφην.

Οὕτω τοίνυν καὶ περὶ τὸν ἔρωτα. τὸ μὲν κεφάλαιόν ἐστι d πᾶσα ἡ τῶν ἀγαθῶν ἐπιθυμία καὶ τοῦ εὐδαιμονεῖν ὁ μέ - γιστός τε καὶ δολερὸς ἔρως παντί· ἀλλ' οἱ μὲν ἄλλῃ

sondern damit scheint die Antwort ihren Abschluß gefunden zu haben.

S.: Du hast recht.

Di.: Dies Verlangen aber und diese Liebe, hältst du sie für allen Menschen gemeinsam und glaubst du, daß alle Menschen sich immer im Besitz des Guten sehen wollen, oder wie denkst du darüber?

S.: Ebenso: diesen Wunsch teilen alle.

Di.: Wenn alle das Gleiche lieben, und zwar immer, warum sagen wir dann nicht von allen, daß sie *lieben;* tatsächlich sagen wir nur von bestimmten Personen, daß sie lieben, von anderen dagegen nicht.

S.: Ich selber muß mich darüber wundern.

Di.: Laß das gut sein, wundere dich nicht. Wir sondern nämlich aus dem Begriffsbereich der Liebe nur *eine* bestimmte Art ab, geben ihr den Namen des Ganzen und nennen sie demnach Liebe, dagegen für die anderen verwenden wir ganz andere Namen.

S.: Wie zum Beispiel?

Di.: Folgendermaßen: du weißt doch, daß der Begriff des Schaffens ein vielumfassender ist; denn gelangt irgendetwas aus dem Nichtsein zum Sein, so handelt es sich immer um eine Ursache, und darin eben liegt das Schaffen beschlossen; es sind also auch die Werktätigkeiten im Dienst sämtlicher Künste Schaffenstätigkeiten, und die damit beschäftigten Meister sämtlich schaffende Geister (Schaffende, Schöpfer).

S.: Allerdings.

Di.: Gleichwohl werden, wie du weißt, nicht sie Dichter genannt, sondern erhalten andere Namen, und aus dem gesamten Schaffensgebiet wird nur *ein* abgesonderter Teil, nämlich nur derjenige, der sich auf Dichtkunst und Metrik bezieht, mit dem Namen des Ganzen benannt, denn das allein nennt man Dichtkunst, sowie nur diejenigen, die sich auf diesem Teilgebiet des Schaffens betätigen, Dichter.

S.: Du hast recht.

Di.: So also steht es auch mit dem Eros. Im allgemeinen ist jedes Verlangen nach dem Guten und der Glückseligkeit für einen jeden Eros,[64] *„der große, listenreiche".* Allein für

τρεπόμενοι πολλαχῇ ἐπ' αὐτόν, ἢ κατὰ χρηματισμὸν ἢ κατὰ φιλογυμναστίαν ἢ κατὰ φιλοσοφίαν, οὔτε ἐρᾶν καλοῦνται οὔτε ἐρασταί, οἱ δὲ κατὰ ἕν τι εἶδος ἰόντες τε καὶ ἐσπουδακότες τὸ τοῦ ὅλου ὄνομα ἴσχουσιν, ἔρωτά τε καὶ ἐρᾶν καὶ ἐρασταί.

Κινδυνεύεις ἀληθῆ, ἔφην ἐγώ, λέγειν.

Καὶ λέγεται μέν γέ τις, ἔφη, λόγος, ὡς οἳ ἂν τὸ ἥμισυ ἑαυτῶν ζητῶσιν, οὗτοι ἐρῶσιν· ὁ δ' ἐμὸς λόγος οὔτε ἡμίσεός e φησιν εἶναι τὸν ἔρωτα οὔτε ὅλου, ἐὰν μὴ τυγχάνῃ γέ που, ὦ ἑταῖρε, ἀγαθὸν ὄν, ἐπεὶ αὑτῶν γε καὶ πόδας καὶ χεῖρας ἐθέλουσιν ἀποτέμνεσθαι οἱ ἄνθρωποι, ἐὰν αὐτοῖς δοκῇ τὰ ἑαυτῶν πονηρὰ εἶναι. οὐ γὰρ τὸ ἑαυτῶν οἶμαι ἕκαστοι ἀσπάζονται, εἰ μὴ εἴ τις τὸ μὲν ἀγαθὸν οἰκεῖον καλεῖ καὶ ἑαυτοῦ, τὸ δὲ κακὸν ἀλλότριον· ὡς οὐδέν γε ἄλλο ἐστὶν οὗ ἐρῶσιν ἄνθρωποι ἢ τοῦ ἀγαθοῦ. ἢ σοὶ δοκοῦσιν; 206

Μὰ Δί' οὐκ ἔμοιγε, ἦν δ' ἐγώ.

Ἆρ' οὖν, ἦ δ' ἥ, οὕτως ἁπλοῦν ἐστι λέγειν ὅτι οἱ ἄνθρωποι τἀγαθοῦ ἐρῶσιν;

Ναί, ἔφην.

Τί δέ; οὐ προσθετέον, ἔφη, ὅτι καὶ εἶναι τὸ ἀγαθὸν αὑτοῖς ἐρῶσιν;

Προσθετέον.

Ἆρ' οὖν, ἔφη, καὶ οὐ μόνον εἶναι, ἀλλὰ καὶ ἀεὶ εἶναι;

Καὶ τοῦτο προσθετέον.

Ἔστιν ἄρα συλλήβδην, ἔφη, ὁ ἔρως τοῦ τὸ ἀγαθὸν αὑτῷ εἶναι ἀεί.

Ἀληθέστατα, ἔφην ἐγώ, λέγεις.

Ὅτε δὴ τοῦτο ὁ ἔρως ἐστὶν ἀεί, ἦ δ' ἥ, τῶν τίνα τρόπον b διωκόντων αὐτὸ καὶ ἐν τίνι πράξει ἡ σπουδὴ καὶ ἡ σύντασις ἔρως ἂν καλοῖτο; τί τοῦτο τυγχάνει ὂν τὸ ἔργον; ἔχεις εἰπεῖν;

die, die sich auf vielfache andere Weise ihm zuwenden, sei es geleitet durch Geldgier oder durch ihren Eifer für Leibesübungen oder für Philosophie, ist weder das Wort „lieben" noch „Liebhaber" üblich, sondern nur für diejenigen, die sich einer bestimmten Art zuwenden und ihr mit vollem Eifer huldigen, sind die Ausdrücke für das Ganze gebräuchlich, Liebe, lieben und Liebhaber.

S.: Mir scheint, du hast recht.

Di.: Es geht nun zwar die Rede, daß diejenigen *lieben*, die ihre andere Hälfte suchen,[65]) ich aber behaupte, daß die Liebe weder auf die Hälfte geht noch auf das Ganze, wenn es nicht eben auch, mein Freund, ein *Gutes* ist. Sind doch die Menschen bereit, sogar ihre eigenen Füße und Hände sich abschneiden zu lassen, wenn diese ihre eigenen Gliedmaßen ihnen schädlich zu sein scheinen, denn niemandes Herz, sollt ich meinen, hängt an dem Eigenen, es müßte denn einer das Gute sein Eigen[66]) nennen und ihm zugehörig, das Schlechte aber als ihm fremd. Denn die Menschen lieben nichts anderes als das Gute. Oder bist du anderer Meinung?

S.: Gott bewahre!

Di.: Darf man nun so schlechtweg sagen: Die Menschen lieben das Gute?

S.: Ja.

Di.: Doch wie? Ist nicht der Zusatz nötig, daß sie auch nach dem *Besitz* des Guten verlangen?

S.: Allerdings.

Di.: Und nicht nur nach dem Besitz, sondern auch dem dauernden Besitz?

S.: Auch dieses Zusatzes bedarf es.

Di.: *Es gilt also, um alles zusammenzufassen, die Liebe dem dauernden Besitz des Guten.*

S.: Du hast vollkommen recht.

25. Di.: Da also die Liebe auf dies Ziel gerichtet ist, in welcher Weise muß man es dann verfolgen, und in welcher Wirkungsart muß der Eifer und die Anstrengung der Liebe hervortreten, um diesen Namen zu verdienen? Was ist es für eine Betätigung? Weißt du's zu sagen?

Ού μεντᾶν σέ, ἔφην ἐγώ, ὦ Διοτίμα, ἐθαύμαζον ἐπὶ σοφίᾳ καὶ ἐφοίτων παρὰ σὲ αὐτὰ ταῦτα μαθησόμενος.

Ἀλλὰ ἐγώ σοι, ἔφη, ἐρῶ. ἔστι γὰρ τοῦτο τόκος ἐν καλῷ καὶ κατὰ τὸ σῶμα καὶ κατὰ τὴν ψυχήν.

Μαντείας, ἦν δ' ἐγώ, δεῖται ὅ τί ποτε λέγεις, καὶ οὐ μανθάνω.

Ἀλλ' ἐγώ, ἦ δ' ἥ, σαφέστερον ἐρῶ. κυοῦσιν γάρ, ἔφη, ὦ Σώκρατες, πάντες ἄνθροποι καὶ κατὰ τὸ σῶμα καὶ κατὰ τὴν ψυχήν, καὶ ἐπειδὰν ἔν τινι ἡλικίᾳ γένωνται, τίκτειν ἐπιθυμεῖ ἡμῶν ἡ φύσις. τίκτειν δὲ ἐν μὲν αἰσχρῷ οὐ δύναται, ἐν δὲ τῷ καλῷ. ἡ γὰρ ἀνδρὸς καὶ γυναικὸς συνουσία τόκος ἐστίν. ἔστι δὲ τοῦτο θεῖον τὸ πρᾶγμα, καὶ τοῦτο ἐν θνητῷ ὄντι τῷ ζῴῳ ἀθάνατον ἔνεστιν, ἡ κύησις καὶ ἡ γέννησις. τὰ δὲ ἐν τῷ ἀναρμόστῳ ἀδύνατον γενέσθαι. ἀνάρμοστον δ' ἐστὶ τὸ αἰσχρὸν παντὶ τῷ θείῳ, τὸ δὲ καλὸν ἁρμόττον. Μοῖρα οὖν καὶ Εἰλείθυια ἡ καλλονή ἐστι τῇ γενέσει. διὰ ταῦτα ὅταν μὲν καλῷ προσπελάζῃ τὸ κυοῦν, ἵλεών τε γίγνεται καὶ εὐφραινόμενον διαχεῖται καὶ τίκτει τε καὶ γεννᾷ· ὅταν δὲ αἰσχρῷ, σκυθρωπόν τε καὶ λυπούμενον συσπειρᾶται καὶ ἀποτρέπεται καὶ ἀνείλλεται καὶ οὐ γεννᾷ, ἀλλὰ ἴσχον τὸ κύημα χαλεπῶς φέρει. ὅθεν δὴ τῷ κυοῦντί τε καὶ ἤδη σπαργῶντι πολλὴ ἡ πτοίησις γέγονε περὶ τὸ καλὸν διὰ τὸ μεγάλης ὠδῖνος ἀπολύειν τὸν ἐλόντα. ἔστιν γάρ, ὦ Σώκρατες, ἔφη, οὐ τοῦ καλοῦ ὁ ἔρως, ὡς σὺ οἴει.

Ἀλλὰ τί μήν;

Τῆς γεννήσεως καὶ τοῦ τόκου ἐν τῷ καλῷ.

Εἶεν, ἦν δ' ἐγώ.

Πάνυ μὲν οὖν, ἔφη. τί δὴ οὖν τῆς γεννήσεως; ὅτι ἀειγενές ἐστι καὶ ἀθάνατον ὡς θνητῷ ἡ γέννησις. ἀθα-

S.: Wahrlich, Diotima, könnt ich dies sagen, dann würd' ich nicht zu den Bewunderern deiner Weisheit gehören und nicht als Schüler in eben diesen Fragen zu dir in die Lehre gehen.

Di.: Nun, so will ich es dir sagen. Es ist dies die Zeugung im Schönen, dem Körper wie der Seele nach.

S.: Sehergabe gehört dazu, um deine Worte zu deuten: ich fasse sie nicht.

c   Di.: Nun gut, so werd' ich mich deutlicher ausdrücken. Alle Menschen nämlich, mein Sokrates, tragen Zeugungs= stoff in sich, ihr Körper nicht bloß, sondern auch ihre Seele, und sobald sie das gehörige Alter erreicht haben, trägt unsere Natur Verlangen nach Zeugung. Zeugen aber kann sie nicht im Häßlichen, sondern nur im Schönen. Die Ver= einigung nämlich von Mann und Frau ist Zeugung. Es ist dies aber ein göttlicher Vorgang, und das sterbliche Ge= schöpf trägt dieses beides, die Schwangerschaft und die Zeugung, als unsterbliche Beigabe in sich. Im Disharmoni=
d   schen aber ist ein solcher Vorgang unmöglich. Das Häßliche aber steht zu allem Göttlichen im Verhältnis der Dishar= monie, das Schöne dagegen in Harmonie. Es ist also die *Schönheit*, die als Schicksals= und Entbindungsgöttin über allem Werden waltet. Wenn also das zeugungsbedürftige Wesen dem Schönen sich nähert, so wird es froh gestimmt, zerfließt in Wonne, entlädt sich und zeugt. Trifft es aber auf Häßliches, dann zieht es sich finster und traurig in sich selbst zusammen, wendet sich ab, rollt sich zusammen und zeugt nicht, sondern behält zu seinem Leid seinen Zeu= gungsstoff bei sich. Daher die tiefe Erregung des Zeugungs= bedürftigen beim Anblick des Schönen; wird er doch von
e   schweren Wehen befreit, wenn er Besitz davon ergriffen hat.[67]) Denn, mein Sokrates, die Liebe gehört nicht so schlechthin dem Schönen, wie du glaubst.

S.: Aber wem denn sonst?

Di.: Der *Erzeugung* und *Hervorbringung* im Schönen.

S.: Mag sein.

Di.: Ohne allen Zweifel. Warum nun also der Erzeu= gung? Weil die Zeugung etwas Ewiges und Unsterbliches ist, soweit bei Sterblichen davon die Rede sein kann. Da=

νασίας δὲ ἀναγκαῖον ἐπιθυμεῖν μετὰ ἀγαθοῦ ἐκ τῶν ὡμολογημένων, εἴπερ τοῦ ἀγαθοῦ ἑαυτῷ εἶναι ἀεὶ ἔρως ἐστίν. ἀναγκαῖον δὴ ἐκ τούτου τοῦ λόγου καὶ τῆς ἀθανασίας τὸν ἔρωτα εἶναι.

Ταῦτά τε οὖν πάντα ἐδίδασκέ με, ὁπότε περὶ τῶν ἐρωτικῶν λόγους ποιοῖτο, καί ποτε ἤρετο Τί οἴει, ὦ Σώκρατες, αἴτιον εἶναι τούτου τοῦ ἔρωτος καὶ τῆς ἐπιθυμίας; ἢ οὐκ αἰσθάνῃ ὡς δεινῶς διατίθεται πάντα τὰ θηρία ἐπειδὰν γεννᾶν ἐπιθυμήσῃ, καὶ τὰ πεζὰ καὶ τὰ πτηνά, νοσοῦντά τε πάντα καὶ ἐρωτικῶς διατιθέμενα, πρῶτον μὲν περὶ τὸ συμμιγῆναι ἀλλήλοις, ἔπειτα περὶ τὴν τροφὴν τοῦ γενομένου, καὶ ἕτοιμά ἐστιν ὑπὲρ τούτων καὶ διαμάχεσθαι τὰ ἀσθενέστατα τοῖς ἰσχυροτάτοις καὶ ὑπεραποθνῄσκειν, καὶ αὐτὰ τῷ λιμῷ παρατεινόμενα ὥστ' ἐκεῖνα ἐκτρέφειν, καὶ ἄλλο πᾶν ποιοῦντα. τοὺς μὲν γὰρ ἀνθρώπους, ἔφη, οἴοιτ' ἄν τις ἐκ λογισμοῦ ταῦτα ποιεῖν· τὰ δὲ θηρία τίς αἰτία οὕτως ἐρωτικῶς διατίθεσθαι; ἔχεις λέγειν;

Καὶ ἐγὼ αὖ ἔλεγον ὅτι οὐκ εἰδείην· ἡ δ' εἶπεν, Διανοῇ οὖν δεινός ποτε γενήσεσθαι τὰ ἐρωτικά, ἐὰν ταῦτα μὴ ἐννοῇς;

Ἀλλὰ διὰ ταῦτά τοι, ὦ Διοτίμα, ὅπερ νυνδὴ εἶπον, παρὰ σὲ ἥκω, γνοὺς ὅτι διδασκάλων δέομαι. ἀλλά μοι λέγε καὶ τούτων τὴν αἰτίαν καὶ τῶν ἄλλων τῶν περὶ τὰ ἐρωτικά.

Εἰ τοίνυν, ἔφη, πιστεύεις ἐκείνου εἶναι φύσει τὸν ἔρωτα, οὗ πολλάκις ὡμολογήκαμεν, μὴ θαύμαζε. ἐνταῦθα γὰρ τὸν αὐτὸν ἐκείνῳ λόγον ἡ θνητὴ φύσις ζητεῖ κατὰ τὸ δυνατὸν ἀεί τε εἶναι καὶ ἀθάνατος. δύναται δὲ ταύτῃ μόνον, ὅτι ἀεὶ καταλείπει ἕτερον νέον ἀντὶ τοῦ παλαιοῦ, ἐπεὶ καὶ ἐν ᾧ ἓν

207 her gehört nach dem Zugestandenen unbedingt zum Streben nach dem Guten auch das nach Unsterblichkeit, wenn anders die Liebe dem dauernden Besitz des Guten gilt. Aus dieser Betrachtung ergibt sich also mit Notwendigkeit, daß der Eros auch auf die *Unsterblichkeit* gerichtet ist.

26. Über alles dies belehrte sie mich, sooft sie auf das Gebiet der Liebe zu reden kam, und dabei fiel auch gelegentlich die Frage: Was meinst du wohl, Sokrates, sei der Grund dieser Liebe und dieses Verlangens? Oder merkst du nichts von der ungestümen Aufregung, in die alle Tiere versetzt werden, wenn der Zeugungstrieb über sie kommt, Vierfüßler so gut wie Vögel? Sie alle werden krank und
b verfallen der Liebesraserei. Doch sie vereinen sich nicht nur miteinander, sondern geben sich auch der Ernährung des Erzeugten hin, ja, auch die schwächsten Tiere sind bereit, für ihre Jungen mit den stärksten zu kämpfen und für sie zu sterben, und geben sich selbst der Hungerqual preis, um nur jene großzuziehen, und vor keiner Mühe schrecken sie zurück. Bei den Menschen könnte man ein solches Verhalten wohl auf vernünftige Überlegung zurückführen; bei den Tieren aber, was ist bei ihnen der Grund, daß sie so heftigen Liebesregungen ausgesetzt sind? Kannst du mir's
c sagen?

S.: Auch dies weiß ich nicht.

Di.: Glaubst du denn, du würdest je ein Wissender in Dingen der Liebe, wenn du das nicht begreifst?

S.: Aber eben deshalb bin ich ja, wie eben bemerkt, dein Schüler geworden, Diotima, weil ich weiß, daß ich der Lehrer bedarf. So gib mir nun nicht bloß hiervon den Grund an, sondern auch von allem anderen, was die Liebeskunde betrifft.

Di.: Wenn du also des festen Glaubens bist, die Liebe habe von Natur dasjenige zum Ziel, worüber wir uns oftmals verständigt haben, so wundere dich nicht. Denn wie
d in der Tierwelt strebt aus dem nämlichen Grunde auch die sterbliche Natur des Menschen danach, soweit wie möglich fortzudauern und ewig zu sein. Sie vermag dies aber nur dadurch, daß sie immer ein neues Junges hinterläßt für das

ἕκαστον τῶν ζῴων ζῆν καλεῖται καὶ εἶναι τὸ αὐτό—οἷον ἐκ παιδαρίου ὁ αὐτὸς λέγεται ἕως ἂν πρεσβύτης γένηται· οὗτος μέντοι οὐδέποτε τὰ αὐτὰ ἔχων ἐν αὑτῷ ὅμως ὁ αὐτὸς καλεῖται, ἀλλὰ νέος ἀεὶ γιγνόμενος, τὰ δὲ ἀπολλύς, καὶ κατὰ τὰς τρίχας καὶ σάρκα καὶ ὀστᾶ καὶ αἷμα καὶ σύμπαν τὸ σῶμα. καὶ μὴ ὅτι κατὰ τὸ σῶμα, ἀλλὰ καὶ κατὰ τὴν ψυχὴν οἱ τρόποι, τὰ ἤθη, δόξαι, ἐπιθυμίαι, ἡδοναί, λῦπαι, φόβοι, τούτων ἕκαστα οὐδέποτε τὰ αὐτὰ πάρεστιν ἑκάστῳ, ἀλλὰ τὰ μὲν γίγνεται, τὰ δὲ ἀπόλλυται. πολὺ δὲ τούτων ἀτοπώτερον ἔτι, ὅτι καὶ αἱ ἐπιστῆμαι μὴ ὅτι αἱ μὲν γίγνονται, αἱ δὲ ἀπόλλυνται ἡμῖν, καὶ οὐδέποτε οἱ αὐτοί ἐσμεν οὐδὲ κατὰ τὰς ἐπιστήμας, ἀλλὰ καὶ μία ἑκάστη τῶν ἐπιστημῶν ταὐτὸν πάσχει. ὃ γὰρ καλεῖται μελετᾶν, ὡς ἐξιούσης ἐστὶ τῆς ἐπιστήμης· λήθη γὰρ ἐπιστήμης ἔξοδος, μελέτη δὲ πάλιν καινὴν ἐμποιοῦσα ἀντὶ τῆς ἀπιούσης σῴζει τὴν ἐπιστήμην, ὥστε τὴν αὐτὴν δοκεῖν εἶναι. τούτῳ γὰρ τῷ τρόπῳ πᾶν τὸ θνητὸν σῴζεται, οὐ τῷ παντάπασιν τὸ αὐτὸ ἀεὶ εἶναι ὥσπερ τὸ θεῖον, ἀλλὰ τῷ τὸ ἀπιὸν καὶ παλαιούμενον ἕτερον νέον ἐγκαταλείπειν οἷον αὐτὸ ἦν. ταύτῃ τῇ μηχανῇ, ὦ Σώκρατες, ἔφη, θνητὸν ἀθανασίας μετέχει, καὶ σῶμα καὶ τἆλλα πάντα· ἀδύνατον δὲ ἄλλῃ. μὴ οὖν θαύμαζε εἰ τὸ αὑτοῦ ἀποβλάστημα φύσει πᾶν τιμᾷ· ἀθανασίας γὰρ χάριν παντὶ αὕτη ἡ σπουδὴ καὶ ὁ ἔρως ἕπεται.

Καὶ ἐγὼ ἀκούσας τὸν λόγον ἐθαύμασά τε καὶ εἶπον Εἶεν, ἦν δ' ἐγώ, ὦ σοφωτάτη Διοτίμα, ταῦτα ὡς ἀληθῶς οὕτως ἔχει;

dahinschwindende Alte. Bezeichnet man doch auch jedes einzelne Geschöpf während seiner Lebenszeit als das nämliche, wie man z. B. von einem Knäbchen als von derselben Person spricht bis ins Greisenalter; seine Stoffmasse ist in beständigem Wechsel, und doch bezeichnet man ihn als denselben, während er tatsächlich sich beständig erneuert und das Alte verliert, als da sind Haare, Fleisch, Knochen,
e Blut, kurz den ganzen Körper. Und das gilt nicht etwa bloß vom Körper, sondern auch von der Seele: Sinnesart, Charakter, Ansichten, Begierden, Gefühle der Lust, der Unlust, der Furcht — nichts von alledem bleibt bei dem Einzelnen sich gleich, sondern es findet ein beständiger Wechsel von Entstehen und Vergehen statt. Was aber noch viel seltsamer
208 ist, ist dies, daß auch die Kenntnisse nicht etwa bloß in ihrem gegenseitigen Verhältnis zueinander dem Wechsel des Entstehens und Vergehens in uns unterworfen sind. So sind wir auch in bezug auf die Kenntnisse niemals dieselben, nein, auch mit jeder einzelnen Kenntnis geht es ebenso.[68]) Denn wenn man von Nachsinnen spricht, so geschieht das in der Voraussetzung, daß das Wissen verschwinde. Vergessen nämlich ist das Verschwinden einer Kenntnis, das Nachsinnen aber setzt anstelle der alten Erkenntnis wieder eine neue und gibt ihr Halt, so daß sie dieselbe zu sein scheint. Denn auf diese Weise erhält sich alles sterbliche Wesen, nicht etwa dadurch, daß es schlechterdings immer dasselbe bleibt wie das Göttliche, sondern dadurch, daß das Abgehende und Veraltende stets
b ein anderes Neues, von gleicher Art wie es selbst, zurückläßt. Durch diese Einrichtung, Sokrates, hat das Sterbliche Anteil an der Unsterblichkeit, der Körper nicht nur, sondern auch alles andere. Auf andere Weise wäre es unmöglich.[69]) Wundere dich also nicht, wenn von Natur ein jedes Wesen seinen Sprößling in Ehren hält. Denn die *Unsterblichkeit* ist es, um deren willen einem jeden Wesen diese hingebende Fürsorge und Liebe anhaftet.

27. Mit Verwunderung hatte ich diese Rede vernommen und sagte: Gut denn; aber, weiseste Diotima, steht es damit auch in Wirklichkeit so?

Καὶ ἥ, ὥσπερ οἱ τέλεοι σοφισταί, Εὖ ἴσθι, ἔφη, ὦ c
Σώκρατες· ἐπεί γε καὶ τῶν ἀνθρώπων εἰ ἐθέλεις εἰς τὴν
φιλοτιμίαν βλέψαι, θαυμάζοις ἂν τῆς ἀλογίας περὶ ἃ ἐγὼ
εἴρηκα εἰ μὴ ἐννοεῖς, ἐνθυμηθεὶς ὡς δεινῶς διάκεινται ἔρωτι
τοῦ ὀνομαστοὶ γενέσθαι καὶ κλέος ἐς τὸν ἀεὶ
χρόνον ἀθάνατον καταθέσθαι, καὶ ὑπὲρ
τούτου κινδύνους τε κινδυνεύειν ἕτοιμοί εἰσι πάντας ἔτι
μᾶλλον ἢ ὑπὲρ τῶν παίδων, καὶ χρήματα ἀναλίσκειν καὶ d
πόνους πονεῖν οὑστινασοῦν καὶ ὑπεραποθνῄσκειν. ἐπεὶ οἴει
σύ, ἔφη, Ἄλκηστιν ὑπὲρ Ἀδμήτου ἀποθανεῖν ἄν, ἢ Ἀχιλλέα
Πατρόκλῳ ἐπαποθανεῖν, ἢ προαποθανεῖν τὸν ὑμέτερον
Κόδρον ὑπὲρ τῆς βασιλείας τῶν παίδων, μὴ οἰομένους
ἀθάνατον μνήμην ἀρετῆς πέρι ἑαυτῶν ἔσεσθαι, ἣν νῦν ἡμεῖς
ἔχομεν; πολλοῦ γε δεῖ, ἔφη, ἀλλ' οἶμαι ὑπὲρ ἀρετῆς ἀθανάτου
καὶ τοιαύτης δόξης εὐκλεοῦς πάντες πάντα ποιοῦσιν, ὅσῳ
ἂν ἀμείνους ὦσι, τοσούτῳ μᾶλλον· τοῦ γὰρ ἀθανάτου ἐρῶσιν. e
οἱ μὲν οὖν ἐγκύμονες, ἔφη, κατὰ τὰ σώματα ὄντες πρὸς τὰς
γυναῖκας μᾶλλον τρέπονται καὶ ταύτῃ ἐρωτικοί εἰσιν, διὰ
παιδογονίας ἀθανασίαν καὶ μνήμην καὶ εὐδαιμονίαν, ὡς
οἴονται, αὑτοῖς εἰς τὸν ἔπειτα χρόνον πάντα ποριζόμενοι·
οἱ δὲ κατὰ τὴν ψυχήν—εἰσὶ γὰρ οὖν, ἔφη, οἳ ἐν ταῖς ψυχαῖς 209
κυοῦσιν ἔτι μᾶλλον ἢ ἐν τοῖς σώμασιν, ἃ ψυχῇ προσήκει
καὶ κυῆσαι καὶ τεκεῖν· τί οὖν προσήκει; φρόνησίν τε καὶ
τὴν ἄλλην ἀρετήν—ὧν δή εἰσι καὶ οἱ ποιηταὶ πάντες
γεννήτορες καὶ τῶν δημιουργῶν ὅσοι λέγονται εὑρετικοὶ
εἶναι· πολὺ δὲ μεγίστη, ἔφη, καὶ καλλίστη τῆς φρονήσεως
ἡ περὶ τὰ τῶν πόλεών τε καὶ οἰκήσεων διακόσμησις, ᾗ δὴ
ὄνομά ἐστι σωφροσύνη τε καὶ δικαιοσύνη—τούτων δ' αὖ
ὅταν τις ἐκ νέου ἐγκύμων ᾖ τὴν ψυχήν, θεῖος ὢν καὶ ἠκούσης b

Darauf sie, im Ton eines vollendeten Sophisten: Präg dir's fest ein, Sokrates. Wirst du doch auch, wenn du deinen Blick auf den Ehrgeiz der Menschen richten willst, genau auf das eben von mir Gesagte achten müssen; sonst wirst du dich nicht genug wundern können über die Sinnlosig=
keit ihres Treibens — wenn du dir also zu Gemüte führst, von welch unbändigem Liebesdrang nach Berühmtheit sie besessen sind und nach *„einem unsterblichen Namen, der nimmer vergeht in der Zukunft"*, und wie sie bereit sind, dafür noch größere Gefahren zu bestehen als für ihre Kin=
der, ihr Vermögen zu opfern und alle Mühsal auf sich zu nehmen, ja, selbst den Tod dafür nicht zu scheuen. Denn glaubst du wohl, Alkestis wäre für Admetos in den Tod gegangen oder Achill dem Patroklos in den Tod gefolgt oder euer Kodros[70]) wäre vorzeitig in den Tod gegangen, um seinen Kindern die Herrschaft zu erhalten, wenn sie nicht des Glaubens gewesen wären, „nimmer würde ver=
gessen werden ihr Edelsinn", dessen wir noch jetzt geden=
ken? Nein, für „unsterblichen Tatenruhm" und für „ehren=
reiches Gedenken" tun, mein' ich, alle alles, und dies in um so höherem Grade, je edler sie sind; denn das *Unsterb=
liche* ist es, dem ihre Liebe gilt.

Diejenigen nun, deren Zeugungstrieb nach seiten des Körpers liegt, wenden sich mehr den Weibern zu und tun ihrer Liebeslust auf diese Weise Genüge, um, wie sie mei=
nen, durch Zeugung von Kindern Unsterblichkeit, Fortleben im Gedächtnis und Glückseligkeit „sich zu erwerben als=
bald für alle kommende Zeit". Diejenigen aber, denen es auf die Seele ankommt — denn es gibt ja auch solche, die einen stärkeren Zeugungstrieb in der Seele haben als im Körper für alles, was die Seele erzeugen und in sich reifen lassen soll. Was aber ist das? Erkenntnis und alle andere Tugend. Deren Erzeuger sind nicht nur sämtliche Dichter, sondern auch alle die Künstler, denen man eigene Erfin=
dungskraft beimißt. Was aber die Erkenntnis anlangt, so bewährt sie sich vor allem in der Verwaltung der Staaten und des Hauswesens, eine Leistung, die man als Besonnen=
heit und Gerechtigkeit bezeichnet — wenn nun einer von diesen (zweiten) als Gottbegnadeter von Jugend auf in sei=

της ηλικίας, τίκτειν τε και γενναν ήδη επιθυμη, ζητεί δη οίμαι και ούτος περιιών το καλόν εν ώ αν γεννήσειεν· εν τω γαρ αισχρώ ουδέποτε γεννήσει. τά τε ούν σώματα τα καλά μάλλον η τα αισχρά ασπάζεται άτε κυών, και αν εντύχη ψυχή καλή και γενναία και ευφυεί, πάνυ δη ασπάζεται το συναμφότερον, και προς τούτον τον άνθρωπον ευθύς ευπορεί λόγων περί αρετής και περί οίον χρή είναι τον άνδρα τον αγαθόν και α επιτηδεύειν, και επιχειρεί c παιδεύειν. απτόμενος γαρ οίμαι του καλού και ομιλών αυτώ, α πάλαι εκύει τίκτει και γεννά, και παρών και απών μεμνημένος, και το γεννηθέν συνεκτρέφει κοινή μετ' εκείνου, ώστε πολύ μείζω κοινωνίαν της των παίδων προς αλλήλους οι τοιούτοι ίσχουσι και φιλίαν βεβαιοτέραν, άτε καλλιόνων και αθανατωτέρων παίδων κεκοινωνηκότες. και πας αν δέξαιτο εαυτώ τοιούτους παίδας μάλλον γεγονέναι η τους ανθρωπίνους, και εις Όμηρον αποβλέψας και Ησίοδον και d τους άλλους ποιητάς τους αγαθούς ζηλών, οία έκγονα εαυτών καταλείπουσιν, α εκείνοις αθάνατον κλέος και μνήμην παρέχεται αυτά τοιαύτα όντα· ει δε βούλει, έφη, οίους Λυκούργος παίδας κατελίπετο εν Λακεδαίμονι σωτήρας της Λακεδαίμονος και ως έπος ειπείν της Ελλάδος. τίμιος δε παρ' υμίν και Σόλων δια την των νόμων γέννησιν, και άλλοι άλλοθι πολλαχού άνδρες, και εν Έλλησι και εν βαρβάροις, e πολλά και καλά αποφηνάμενοι έργα, γεννήσαντες παντοίαν αρετήν· ών και ιερά πολλά ήδη γέγονε δια τους τοιούτους παίδας, δια δε τους ανθρωπίνους ουδενός πω.

Ταύτα μεν ούν τα ερωτικά ίσως, ω Σώκρατες, καν συ μυηθείης· τα δε τέλεα και εποπτικά, ών ένεκα και ταύτα 210

ner Seele mit solchen Gedanken schwanger geht und die Zeit herankommt, wo er zu zeugen und hervorzubringen verlangt, da sucht auch er, denk ich, nach dem Schönen, um in ihm zu zeugen. Denn im Häßlichen vermag er es nimmermehr. Die schönen Körper entzücken ihn, nicht die häßlichen, in seinem Zeugungsdrang. Und wenn er auf eine schöne, edle und wohlgestaltete Seele trifft, da ist er außer sich vor Entzücken über die Verbindung von beidem und einem solchen Auserwählten gegenüber kann er sich nicht genug tun in Erörterungen über die Tugend und über Wesensart und Tätigkeit des tugendhaften Mannes und

c sucht bildend auf ihn einzuwirken. Denn einmal in Berührung, denk ich, mit dem Schönen und ihm zugesellt, gebiert und zeugt er, womit er schon lange schwanger ging, in seinen Gedanken ganz nur ihm angehörend, gleichviel ob anwesend oder abwesend, und in Gemeinschaft mit ihm zieht er das Erzeugte auf. So haben denn Genossen dieser Art eine weit innigere Gemeinschaft und festere Freundschaft miteinander als eine auf leiblichen Kindersegen gegründete; haben sie ja doch schönere und unsterblichere Kinder miteinander gezeugt. Und es würde sich wohl jeder

d lieber solche Kinder wünschen als leibliche, und Homer, Hesiod und die übrigen hervorragenden Dichter darum beneiden, daß sie solche Sprößlinge hinterlassen haben, die ihnen unsterblichen Ruhm in der Nachwelt erhalten, da sie selber unsterblich sind. Oder solche Kinder, wie sie Lykurg in Lakedämon hinterließ als die Retter Lakedämons, ja, man könnte sogar sagen, ganz Griechenlands. Hoch in Ehren steht bei euch auch Solon wegen der Schöpfung seiner Gesetze und auch sonst viele Männer in so manchen

e anderen Orten Griechenlands wie im Barbarenland, die viele schöne Leistungen aufzuweisen haben, denn sie verwirklichten die Tugend in manchen Erscheinungsformen. Ja, vielen von ihnen sind um solcher Kinder willen sogar schon Heiligtümer[71]) gestiftet worden, noch keinem einzigen bisher aber wegen seiner leiblichen Kinder.

28. Soweit kannst auch du, mein Sokrates, in die Ge-
210 heimnisse der Liebe eingeweiht werden; ob du aber für die

ἔστιν, ἐάν τις ὀρθῶς μετίῃ, οὐκ οἶδ' εἰ οἷός τ' ἂν εἴης. ἐρῶ μὲν οὖν, ἔφη, ἐγὼ καὶ προθυμίας οὐδὲν ἀπολείψω. πειρῶ δὲ ἕπεσθαι, ἂν οἷός τε ᾖς. δεῖ γάρ, ἔφη, τὸν ὀρθῶς ἰόντα ἐπὶ τοῦτο τὸ πρᾶγμα ἄρχεσθαι μὲν νέον ὄντα ἰέναι ἐπὶ τὰ καλὰ σώματα, καὶ πρῶτον μέν, ἐὰν ὀρθῶς ἡγῆται ὁ ἡγούμενος, ἑνὸς αὐτὸν σώματος ἐρᾶν καὶ ἐνταῦθα γεννᾶν λόγους καλούς, ἔπειτα δὲ αὐτὸν κατανοῆσαι ὅτι τὸ κάλλος τὸ ἐπὶ ὁτῳοῦν σώματι τῷ ἐπὶ ἑτέρῳ σώματι ἀδελφόν ἐστι, b καὶ εἰ δεῖ διώκειν τὸ ἐπ' εἴδει καλόν, πολλὴ ἄνοια μὴ οὐχ ἕν τε καὶ ταὐτὸν ἡγεῖσθαι τὸ ἐπὶ πᾶσιν τοῖς σώμασι κάλλος. τοῦτο δ' ἐννοήσαντα καταστῆναι πάντων τῶν καλῶν σωμάτων ἐραστήν, ἑνὸς δὲ τὸ σφόδρα τοῦτο χαλάσαι καταφρονή- c σαντα καὶ σμικρὸν ἡγησάμενον· μετὰ δὲ ταῦτα τὸ ἐν ταῖς ψυχαῖς κάλλος τιμιώτερον ἡγήσασθαι τοῦ ἐν τῷ σώματι, ὥστε καὶ ἐὰν ἐπιεικὴς ὢν τὴν ψυχήν τις κἂν σμικρὸν ἄνθος ἔχῃ, ἐξαρκεῖν αὐτῷ καὶ ἐρᾶν καὶ κήδεσθαι καὶ τίκτειν λόγους τοιούτους καὶ ζητεῖν, οἵτινες ποιήσουσι βελτίους τοὺς νέους, ἵνα ἀναγκασθῇ αὖ θεάσασθαι τὸ ἐν τοῖς ἐπιτηδεύμασι καὶ τοῖς νόμοις καλὸν καὶ τοῦτ' ἰδεῖν ὅτι πᾶν αὐτὸ αὑτῷ συγγενές ἐστιν, ἵνα τὸ περὶ τὸ σῶμα καλὸν σμικρόν τι ἡγήσηται εἶναι· μετὰ δὲ τὰ ἐπιτηδεύματα ἐπὶ τὰς ἐπιστήμας ἀγαγεῖν, ἵνα ἴδῃ αὖ ἐπιστημῶν κάλλος, καὶ βλέπων πρὸς πολὺ ἤδη τὸ καλὸν μηκέτι τὸ παρ' ἑνί, ὥσπερ οἰκέτης, d ἀγαπῶν παιδαρίου κάλλος ἢ ἀνθρώπου τινὸς ἢ ἐπιτηδεύ- ματος ἑνός, δουλεύων φαῦλος ᾖ καὶ σμικρολόγος, ἀλλ' ἐπὶ

höchste Stufe des Schauens, deren Erreichung auch diese ersten Stufen dienen, wenn man den richtigen Weg verfolgt, schon empfänglich genug bist, weiß ich nicht. Ich werde dir Kunde geben, und an gutem Willen soll es dabei nicht fehlen. Versuche du nur zu folgen, sofern du es vermagst. Es muß nämlich, wer den richtigen Weg zu diesem Ziele wählt, als Jüngling fürs erste allerdings den schönen Körpern nachgehen, und zwar zunächst, wenn der Führer ihn richtig leitet[72]), *einen* solchen Körper lieben und in diesem Menschen den Sinn für das Edle und Schöne wecken, dann aber muß er selber zu der Erkenntnis kommen, daß

b die Schönheit in jedem einzelnen Körper der in jedem anderen Körper verschwistert ist, und, wenn es gilt, der Schönheit der sichtbaren Gestalt nachzugehen, es einen großen Mangel an Einsicht verraten würde, wenn er nicht die Schönheit an *allen* Körpern als die eine und gleiche anerkennen wollte. Ist er aber zu dieser Einsicht gelangt, dann

c muß er *alle* schönen Körper lieben und nachlassen von der ungestümen Leidenschaft für einen einzelnen, von der er sich nun vielmehr mit Verachtung und Geringschätzung lossagt.

Weiterhin muß er der *geistigen* Schönheit einen höheren Rang zuerkennen als der körperlichen. Und wenn einer bei einer wohlgestalteten Seele auch nur geringen körperlichen Reiz hat, so genügt ihm dies, und er liebt ihn, wendet ihm seine ganze Sorge zu und sucht solche Gespräche, durch die er die Jünglinge veredelt.

So soll er gezwungen werden, auch auf das Schöne im *tätigen Leben* sowie in den Gesetzen zu achten und einzusehen, daß das alles eng miteinander verwandt ist. Das soll dazu führen, daß er dem körperlich Schönen nur einen geringfügigen Wert beizumessen lernt.

Nach Beobachtung des tätigen Lebens soll man ihn zu den *Wissenschaften* führen, auf daß er auch die Schönheit der Wissenschaften erkenne und, bereits eine Fülle des Schönen, nicht das Einzelne schauend, nicht mehr wie ein

d minderwertiger und kleingeistiger Sklave an der Liebe zur Schönheit eines Knäbleins oder sonst eines einzelnen Menschen oder einer einzelnen Lebensbestätigung haftet — nein!

τὸ πολὺ πέλαγος τετραμμένος τοῦ καλοῦ καὶ θεωρῶν πολλοὺς καὶ καλοὺς λόγους καὶ μεγαλοπρεπεῖς τίκτῃ καὶ διανοήματα ἐν φιλοσοφίᾳ ἀφθόνῳ, ἕως ἂν ἐνταῦθα ῥωσθεὶς καὶ αὐξηθεὶς κατίδῃ τινὰ ἐπιστήμην μίαν τοιαύτην, ἥ ἐστι καλοῦ τοιοῦδε. πειρῶ δέ μοι, ἔφη, τὸν νοῦν προσέχειν ὡς οἷόν e τε μάλιστα. ὃς γὰρ ἂν μέχρι ἐνταῦθα πρὸς τὰ ἐρωτικὰ παιδαγωγηθῇ, θεώμενος ἐφεξῆς τε καὶ ὀρθῶς τὰ καλά, πρὸς τέλος ἤδη ἰὼν τῶν ἐρωτικῶν ἐξαίφνης κατόψεταί τι θαυμαστὸν τὴν φύσιν καλόν, τοῦτο ἐκεῖνο, ὦ Σώκρατες, οὗ δὴ ἕνεκεν καὶ οἱ ἔμπροσθεν πάντες πόνοι ἦσαν, πρῶτον μὲν ἀεὶ ὂν καὶ οὔτε γιγνόμενον οὔτε ἀπολλύμενον, οὔτε αὐξανό- 211 μενον οὔτε φθίνον, ἔπειτα οὐ τῇ μὲν καλόν, τῇ δ' αἰσχρόν, οὐδὲ τοτὲ μέν, τοτὲ δὲ οὔ, οὐδὲ πρὸς μὲν τὸ καλόν, πρὸς δὲ τὸ αἰσχρόν, οὐδ' ἔνθα μὲν καλόν, ἔνθα δὲ αἰσχρόν, ὡς τισὶ μὲν ὂν καλόν, τισὶ δὲ αἰσχρόν· οὐδ' αὖ φαντασθήσεται αὐτῷ τὸ καλὸν οἷον πρόσωπόν τι οὐδὲ χεῖρες οὐδὲ ἄλλο οὐδὲν ὧν σῶμα μετέχει, οὐδέ τις λόγος οὐδέ τις ἐπιστήμη, οὐδέ που ὂν ἐν ἑτέρῳ τινί, οἷον ἐν ζῴῳ ἢ ἐν γῇ ἢ ἐν οὐρανῷ ἢ ἔν τῳ ἄλλῳ, ἀλλ' αὐτὸ καθ' αὑτὸ μεθ' αὑτοῦ μονοειδὲς ἀεὶ b ὄν, τὰ δὲ ἄλλα πάντα καλὰ ἐκείνου μετέχοντα τρόπον τινὰ τοιοῦτον, οἷον γιγνομένων τε τῶν ἄλλων καὶ ἀπολλυμένων μηδὲν ἐκεῖνο μήτε τι πλέον μήτε ἔλαττον γίγνεσθαι μηδὲ πάσχειν μηδέν. ὅταν δή τις ἀπὸ τῶνδε διὰ τὸ ὀρθῶς παιδεραστεῖν ἐπανιὼν ἐκεῖνο τὸ καλὸν ἄρχηται καθορᾶν, σχεδὸν ἄν τι ἅπτοιτο τοῦ τέλους. τοῦτο γὰρ δή ἐστι τὸ ὀρθῶς ἐπὶ τὰ ἐρωτικὰ ἰέναι ἢ ὑπ' ἄλλου ἄγεσθαι, ἀρχόμενον ἀπὸ c τῶνδε τῶν καλῶν ἐκείνου ἕνεκα τοῦ καλοῦ ἀεὶ ἐπανιέναι,

Hinaus soll er auf das weite Meer des Schönen und in seinem Anblick viele schöne und herrliche Reden und Gedanken erzeugen in unerschöpflichem Weisheitstrieb, bis er, hierdurch gekräftigt und herangereift, eine *einzige* Erkenntnis erschaut, nämlich diejenige, die gerichtet ist auf ein Schönes von folgender Art — jetzt aber mußt du deine
e ganze Geisteskraft zusammennehmen, um mir zu folgen —.

29. Wer nämlich bis an diesen Punkt gelangt ist als Zögling in den Weihen der Liebe, der wird nach stufenweiser und richtiger Betrachtung des mancherlei Schönen, endlich, am Ziel des Liebesweges angelangt, plötzlich ein Schönes von wunderbarer Art erblicken, eben das, mein Sokrates, auf das alle früheren Bemühungen hinzielten[73]). Zum ersten ist es ein ewig Seiendes, weder entstehend noch
211 vergehend, und weder zunehmend noch abnehmend, sodann nicht in dieser Weise schön, in jener häßlich, auch nicht bald schön, bald wieder nicht, auch nicht in dieser Beziehung schön, in jener häßlich, auch nicht hier schön, dort häßlich, so daß es für die einen schön, die anderen häßlich wäre. Auch wird sich dies Schöne dem Beschauer nicht darstellen als ein Gesicht oder in der Gestalt von Händen oder sonst etwas Körperhaftem, ebensowenig aber auch als irgendeine Art von Rede oder Wissenschaft, auch nicht als etwas, das in irgendeinem anderen ist, sei es in einem lebenden Wesen oder sei es auf Erden oder im Himmel oder sonst in irgend
b etwas anderem, sondern rein für sich und ewig in *einer* Gestalt. Alles andere Schöne nimmt zwar an jenem in gewisser Weise teil, aber während dies andere entsteht und vergeht, ist jenes Urschöne keinerlei Wechsel unterworfen, weder durch Zunahme noch durch Abnahme oder durch sonst irgendwelche Veränderung seines Zustandes. Wenn aber einer, emporsteigend von diesen irdischen Erscheinungen hienieden, auf dem Wege der rechten Knabenliebe, jenes Urschöne selbst zuerst auftauchen sieht, dann ist er in unmittelbarer Nähe des Ziels; denn das ist der richtige Weg, um selbständig oder von einem anderen geleitet das
c Ziel der Liebe zu erreichen: beginnend mit dem sinnlich Schönen hienieden muß man dem Schönen an sich zuliebe

ὥσπερ ἐπαναβασμοῖς χρώμενον, ἀπὸ ἑνὸς ἐπὶ δύο καὶ ἀπὸ δυοῖν ἐπὶ πάντα τὰ καλὰ σώματα, καὶ ἀπὸ τῶν καλῶν σωμάτων ἐπὶ τὰ καλὰ ἐπιτηδεύματα, καὶ ἀπὸ τῶν ἐπιτηδευμάτων ἐπὶ τὰ καλὰ μαθήματα, καὶ ἀπὸ τῶν μαθημάτων ἐπ' ἐκεῖνο τὸ μάθημα τελευτῆσαι, ὅ ἐστιν οὐκ ἄλλου ἢ αὐτοῦ ἐκείνου τοῦ καλοῦ μάθημα, καὶ γνῷ αὐτὸ τελευτῶν ὃ ἔστι καλόν. ἐνταῦθα τοῦ βίου, ὦ φίλε Σώκρατες, ἔφη ἡ Μαν- d τινικὴ ξένη, εἴπερ που ἄλλοθι, βιωτὸν ἀνθρώπῳ, θεωμένῳ αὐτὸ τὸ καλόν. ὃ ἐάν ποτε ἴδῃς, οὐ κατὰ χρυσίον τε καὶ ἐσθῆτα καὶ τοὺς καλοὺς παῖδάς τε καὶ νεανίσκους δόξει σοι εἶναι οὓς νῦν ὁρῶν ἐκπέπληξαι καὶ ἕτοιμος εἶ καὶ σὺ καὶ ἄλλοι πολλοί, ὁρῶντες τὰ παιδικὰ καὶ συνόντες ἀεὶ αὐτοῖς, εἴ πως οἷόν τ' ἦν, μήτ' ἐσθίειν μήτε πίνειν, ἀλλὰ θεᾶσθαι μόνον καὶ συνεῖναι. τί δῆτα, ἔφη, οἰόμεθα, εἴ τῳ γένοιτο αὐτὸ τὸ καλὸν ἰδεῖν εἰλικρινές, καθαρόν, ἄμεικτον, ἀλλὰ e μὴ ἀνάπλεων σαρκῶν τε ἀνθρωπίνων καὶ χρωμάτων καὶ ἄλλης πολλῆς φλυαρίας θνητῆς, ἀλλ' αὐτὸ τὸ θεῖον καλὸν δύναιτο μονοειδὲς κατιδεῖν; ἆρ' οἴει, ἔφη, φαῦλον βίον γίγνεσθαι ἐκεῖσε βλέποντος ἀνθρώπου καὶ ἐκεῖνο ἀεὶ 212 θεωμένου καὶ συνόντος αὐτῷ; ἢ οὐκ ἐνθυμῇ, ἔφη, ὅτι ἐνταῦθα αὐτῷ μοναχοῦ γενήσεται, ὁρῶντι ᾧ ὁρατὸν τὸ καλόν, τίκτειν οὐκ εἴδωλα ἀρετῆς, ἅτε οὐκ εἰδώλου ἐφαπτομένῳ, ἀλλὰ ἀληθῆ, ἅτε τοῦ ἀληθοῦς ἐφαπτομένῳ· τεκόντι δὲ ἀρετὴν ἀληθῆ καὶ θρεψαμένῳ ὑπάρχει θεοφιλεῖ γενέσθαι, καὶ εἴπέρ τῳ ἄλλῳ ἀνθρώπων ἀθανάτῳ καὶ ἐκείνῳ;

Ταῦτα δή, ὦ Φαῖδρέ τε καὶ οἱ ἄλλοι, ἔφη μὲν Διοτίμα, b πέπεισμαι δ' ἐγώ· πεπεισμένος δὲ πειρῶμαι καὶ τοὺς ἄλλους

immer weiter emporsteigen, als ginge es eine Stufenleiter hinauf, von einem einzelnen schönen Körper zu zweien und von zweien zu allen schönen Körpern, von den schönen Körpern sodann zu den schönen Lebensberufen und von diesen zu den schönen Wissensgebieten, um schließlich von den Wissensgebieten zu jenem Wissen zu gelangen, das nichts anderes zum Gegenstand hat als jenes *Schöne an sich*, das er nun schließlich in seiner Absolutheit erkennt.

d Auf dieser Stufe des Lebens, lieber Sokrates, erklärte die Freundin aus Mantineia, ist, wenn irgendwo, das Leben für den Menschen erst lebenswert, da er das Urschöne schaut. Bekommst du es jemals zu schauen, so wird es in deinen Augen einen ganz anderen Wert haben als Gold, Gewänder und als schöne Knaben und Jünglinge, bei deren Anblick du jetzt ganz außer dir gerätst gleich vielen anderen, die sich in den Anblick ihres Lieblings versenken und sich von ihm nicht trennen können, womöglich bereit, Essen und Trinken ganz zu vergessen, um immer nur ihn anzuschauen und mit ihm zusammen zu sein. Was also darf man wohl erwarten, wenn einem das Glück zuteil würde, das *Schöne*
e *an sich* zu schauen in voller Deutlichkeit, Reinheit und Unvermischtheit, ohne jede Spur von menschlichem Fleisch, von Farben und sonstigem irdischen Tand, wenn man vielmehr das göttliche Schöne an sich in seiner immer sich gleich bleibenden Gestalt schauen könnte? Meinst du etwa, es sei ein nichtiges Leben, wenn ein Mensch dorthin blickte
212 und immerdar jenes anschaute und mit ihm vereint wäre? Oder sagst du dir nicht, daß es ihm dort allein gelingen wird, im Anschauen des Schönen mit seinem geistigen Auge nicht bloß Schattenbilder der *Tugend* zu erzeugen — denn er haftet ja nicht am bloßen Bilde[74]), sondern die wahre Tugend, da er die *Wahrheit* berührt. Erzeugt er aber die wahre Tugend und läßt sie sich weiter entwickeln, dann ist es ihm beschieden, ein Gottgeliebter zu werden und der Unsterblichkeit teilhaftig, wenn anders sie überhaupt einem Menschen zuteil wird.

b Solches, mein Phaidros und ihr anderen, verkündete Diotima, und was mich anlangt, so hat sie mich überzeugt. Durchdrungen aber von dieser Überzeugung, suche ich auch

πείθειν ὅτι τούτου τοῦ κτήματος τῇ ἀνθρωπείᾳ φύσει συνεργὸν ἀμείνω Ἔρωτος οὐκ ἄν τις ῥᾳδίως λάβοι. διὸ δὴ ἔγωγέ φημι χρῆναι πάντα ἄνδρα τὸν Ἔρωτα τιμᾶν, καὶ αὐτὸς τιμῶ καὶ τὰ ἐρωτικὰ καὶ διαφερόντως ἀσκῶ, καὶ τοῖς ἄλλοις παρακελεύομαι, καὶ νῦν τε καὶ ἀεὶ ἐγκωμιάζω τὴν δύναμιν καὶ ἀνδρείαν τοῦ Ἔρωτος καθ᾽ ὅσον οἷός τ᾽ εἰμί. τοῦτον οὖν τὸν λόγον, ὦ Φαῖδρε, εἰ μὲν βούλει, ὡς ἐγκώμιον c εἰς Ἔρωτα νόμισον εἰρῆσθαι, εἰ δέ, ὅτι καὶ ὅπῃ χαίρεις ὀνομάζων, τοῦτο ὀνόμαζε.

Εἰπόντος δὲ ταῦτα τοῦ Σωκράτους τοὺς μὲν ἐπαινεῖν, τὸν δὲ Ἀριστοφάνη λέγειν τι ἐπιχειρεῖν, ὅτι ἐμνήσθη αὐτοῦ λέγων ὁ Σωκράτης περὶ τοῦ λόγου· καὶ ἐξαίφνης τὴν αὔλειον θύραν κρουομένην πολὺν ψόφον παρασχεῖν ὡς κωμαστῶν, καὶ αὐλητρίδος φωνὴν ἀκούειν. τὸν οὖν Ἀγάθωνα, Παῖδες, φάναι, οὐ σκέψεσθε; καὶ ἐὰν μέν τις τῶν ἐπιτηδείων ᾖ, καλεῖτε· d εἰ δὲ μή, λέγετε ὅτι οὐ πίνομεν ἀλλ᾽ ἀναπαυόμεθα ἤδη.

Καὶ οὐ πολὺ ὕστερον Ἀλκιβιάδου τὴν φωνὴν ἀκούειν ἐν τῇ αὐλῇ σφόδρα μεθύοντος καὶ μέγα βοῶντος, ἐρωτῶντος ὅπου Ἀγάθων καὶ κελεύοντος ἄγειν παρ᾽ Ἀγάθωνα. ἄγειν οὖν αὐτὸν παρὰ σφᾶς τήν τε αὐλητρίδα ὑπολαβοῦσαν καὶ ἄλλους τινὰς τῶν ἀκολούθων, καὶ ἐπιστῆναι ἐπὶ τὰς θύρας ἐστεφανωμένον αὐτὸν κιττοῦ τέ τινι στεφάνῳ δασεῖ καὶ e ἴων, καὶ ταινίας ἔχοντα ἐπὶ τῆς κεφαλῆς πάνυ πολλάς, καὶ εἰπεῖν· Ἄνδρες, χαίρετε· μεθύοντα ἄνδρα πάνυ σφόδρα δέξεσθε συμπότην, ἢ ἀπίωμεν ἀναδήσαντες μόνον Ἀγάθωνα, ἐφ᾽ ᾧπερ ἤλθομεν; ἐγὼ γάρ τοι, φάναι, χθὲς μὲν οὐχ οἷός τ᾽ ἐγενόμην ἀφικέσθαι, νῦν δὲ ἥκω ἐπὶ τῇ κεφαλῇ ἔχων τὰς ταινίας, ἵνα ἀπὸ τῆς ἐμῆς κεφαλῆς τὴν τοῦ σοφωτάτου καὶ καλλίστου κεφαλὴν ἀνειπὼν οὑτωσὶ ἀναδήσω.

die anderen zu überzeugen, daß man einen besseren Beihelfer zur Erlangung dieses Besitzes für die menschliche Natur nicht leicht finden kann als Eros. Daher behaupte ich denn, jedermann müsse Eros ehren, und ich selbst halte ihn in Ehren und befleißige mich der Liebeskunst aufs angelegentlichste und empfehle sie den anderen. Jetzt und immerdar preise ich die Macht und den Wagemut des Eros, soweit meine Kraft nur reicht.

Diese Rede magst du, wenn es dir recht ist, als einen Lobgesang auf Eros gelten lassen, Phaidros, wo nicht, so c wähle für sie eine Bezeichnung, wie es dir gerade gut dünkt.

30. Als Sokrates so gesprochen, wären die übrigen voll Lobes gewesen, nur Aristophanes wollte etwas erwidern, weil Sokrates in seinem Bericht auf seine Rede angespielt hatte. Da habe man plötzlich ein starkes Getöse, verursacht durch heftiges Klopfen an der Haustür, vernommen, wie von Nachtschwärmern; auch habe man eine Flötenspielerin blasen hören. Da habe Agathon den Sklaven zugerufen: d Rasch, ihr Burschen, schaut nach! Ist es ein Bekannter, dann ruft ihn herein, wo nicht, so sagt, wir wären nicht mehr beim Trinken, sondern pflegten bereits der Ruhe. —

Nicht lange darauf habe man des *Alkibiades* Stimme vom Hofe her vernommen; er war stark betrunken und fragte laut schreiend nach Agathon und verlangte gebieterisch, man solle ihn zu Agathon führen. Gestützt von der Flötenspielerin und einigen andern Begleitern, sei er eingetreten und am Saaleingang stehengeblieben, geschmückt mit einem e dichten Kranz von Efeu und Veilchen, mit einer Fülle von Bändern auf dem Haupte, und habe sich folgendermaßen vernehmen lassen: Seid gegrüßt, ihr Männer! Wollt ihr einen schwer berauschten Mann als Mitzecher aufnehmen, oder sollen wir wieder abziehen, nachdem wir nur Agathon bekränzt haben; denn das war der Zweck unseres Kommens. Gestern war ich nicht in der Lage, zu kommen; jetzt aber bin ich gekommen, umwunden mit Bändern, damit ich statt meines Hauptes das Haupt des Weisesten und Schönsten damit umwinde und ihn öffentlich als solchen ausrufe.

ἆρα καταγελάσεσθέ μου ὡς μεθύοντος; ἐγὼ δέ, κἂν ὑμεῖς γελᾶτε, ὅμως εὖ οἶδ' ὅτι ἀληθῆ λέγω. ἀλλά μοι λέγετε 213 αὐτόθεν, ἐπὶ ῥητοῖς εἰσίω ἢ μή; συμπίεσθε ἢ οὔ;

Πάντας οὖν ἀναθορυβῆσαι καὶ κελεύειν εἰσιέναι καὶ κατακλίνεσθαι, καὶ τὸν Ἀγάθωνα καλεῖν αὐτόν. καὶ τὸν ἰέναι ἀγόμενον ὑπὸ τῶν ἀνθρώπων, καὶ περιαιρούμενον ἅμα τὰς ταινίας ὡς ἀναδήσοντα, ἐπίπροσθε τῶν ὀφθαλμῶν ἔχοντα οὐ κατιδεῖν τὸν Σωκράτη, ἀλλὰ καθίζεσθαι παρὰ τὸν Ἀγάθωνα ἐν μέσῳ Σωκράτους τε καὶ ἐκείνου· παραχωρῆσαι b γὰρ τὸν Σωκράτη ὡς ἐκεῖνον καθίζειν. παρακαθεζόμενον δὲ αὐτὸν ἀσπάζεσθαί τε τὸν Ἀγάθωνα καὶ ἀναδεῖν.

Εἰπεῖν οὖν τὸν Ἀγάθωνα Ὑπολύετε, παῖδες, Ἀλκιβιάδην, ἵνα ἐκ τρίτων κατακέηται.

Πάνυ γε, εἰπεῖν τὸν Ἀλκιβιάδην· ἀλλὰ τίς ἡμῖν ὅδε τρίτος συμπότης; καὶ ἅμα μεταστρεφόμενον αὐτὸν ὁρᾶν τὸν Σωκράτη, ἰδόντα δὲ ἀναπηδῆσαι καὶ εἰπεῖν Ὦ Ἡράκλεις, τουτὶ τί ἦν; Σωκράτης οὗτος; ἐλλοχῶν αὖ ἐνταῦθα κατέκεισο, ὥσπερ εἰώθεις ἐξαίφνης ἀναφαίνεσθαι ὅπου ἐγὼ ᾤμην c ἥκιστά σε ἔσεσθαι. καὶ νῦν τί ἥκεις; καὶ τί αὖ ἐνταῦθα κατεκλίνης; ὡς οὐ παρὰ Ἀριστοφάνει οὐδὲ εἴ τις ἄλλος γελοῖος ἔστι τε καὶ βούλεται, ἀλλὰ διεμηχανήσω ὅπως παρὰ τῷ καλλίστῳ τῶν ἔνδον κατακείσῃ.

Καὶ τὸν Σωκράτη, Ἀγάθων, φάναι, ὅρα εἴ μοι ἐπαμύνεις· ὡς ἐμοὶ ὁ τούτου ἔρως τοῦ ἀνθρώπου οὐ φαῦλον πρᾶγμα γέγονεν. ἀπ' ἐκείνου γὰρ τοῦ χρόνου, ἀφ' οὗ τούτου ἠράσθην, οὐκέτι ἔξεστίν μοι οὔτε προσβλέψαι οὔτε δια- d λεχθῆναι καλῷ οὐδ' ἑνί, ἢ οὑτοσὶ ζηλοτυπῶν με καὶ φθονῶν θαυμαστὰ ἐργάζεται καὶ λοιδορεῖταί τε καὶ τὼ χεῖρε μόγις ἀπέχεται. ὅρα οὖν μή τι καὶ νῦν ἐργάσηται, ἀλλὰ διάλλαξον ἡμᾶς, ἢ ἐὰν ἐπιχειρῇ βιάζεσθαι, ἐπάμυνε, ὡς ἐγὼ τὴν τούτου μανίαν τε καὶ φιλεραστίαν πάνυ ὀρρωδῶ.

Zwischenszene

Kann sein, ihr werdet über mich lachen als über einen Be=
rauschten. Aber lacht immerhin, ich sage die Wahrheit,
213 dessen bin ich gewiß. Doch nun sagt mir auf der Stelle:
Laßt ihr euch meine Eintrittsbedingungen gefallen oder
nicht? Wollt ihr meine Mitzecher sein oder nicht?

Da brachen alle in hellen Jubel aus und hießen ihn ein=
treten und sich niederlassen, und Agathon lud ihn dazu ein.
So trat er denn ein, geführt von seinen Begleitern. Er löste
zugleich seine Bänder ab, um Agathon damit zu schmücken,
und da diese ihm vor den Augen flatterten, sah er Sokrates
b nicht, sondern ließ sich neben Agathon zwischen Sokrates
und jenem nieder. Sokrates nämlich war etwas abgerückt,
um ihm Platz zu machen. Alkibiades nun umarmte Aga=
thon und wand ihm die Bänder um den Kopf. —

He, ihr Burschen, rief da Agathon, löst Alkibiades seine
Sandalen ab, damit er sich als dritter bei uns niederlasse.

Recht so, erwiderte Alkibiades; aber wer ist hier unser
dritter Trinkgenosse? Dabei wandte er sich um und ward
des Sokrates ansichtig; bei seinem Anblick sprang er auf
mit dem Ruf: Beim Herakles, was soll das? Sokrates hier?
Mir wieder aufzulauern hast du hier deinen Platz genom=
c men, wie du so oft plötzlich auftauchtest, wo ich dich am
wenigsten vermutete! Und wozu bist du jetzt da? Und
warum hast du deinen Platz gerade hier gewählt, und nicht
neben Aristophanes oder einem anderen Spaßmacher, der
seine Witze leuchten lassen will, sondern hast es mit aller
Kunst zuwege gebracht, gerade neben dem schönsten aller
Tischgenossen deinen Platz zu finden?

S.: Agathon, jetzt ist es an dir, mir beizuspringen; denn
die Liebe zu diesem Menschen ist keine Kleinigkeit für
mich. Von der Zeit an, wo ich ihn lieb gewann, darf ich
d auch nicht ein einziges schönes Menschenkind mehr an=
blicken oder gar mit ihm reden, ohne daß er aus Eifersucht
und Neid sich wunder wie anstellt, mich schilt und am
liebsten mich die Kraft seiner Arme fühlen lassen möchte.
Sieh also zu, daß er nicht auch jetzt auf dergleichen ver=
fällt, sondern versöhne uns, oder, wenn er es auf Gewalt
ankommen läßt, so hilf mir, denn ich bin in heller Angst
vor seiner Raserei und seinem Liebesfeuer.

Ἀλλ' οὐκ ἔστι, φάναι τὸν Ἀλκιβιάδην, ἐμοὶ καὶ σοὶ διαλλαγή. ἀλλὰ τούτων μὲν εἰς αὖθίς σε τιμωρήσομαι· νῦν δέ μοι, Ἀγάθων, φάναι, μετάδος τῶν ταινιῶν, ἵνα ἀναδήσω καὶ τὴν τούτου ταυτηνὶ τὴν θαυμαστὴν κεφαλήν, καὶ μή μοι μέμφηται ὅτι σὲ μὲν ἀνέδησα, αὐτὸν δὲ νικῶντα ἐν λόγοις πάντας ἀνθρώπους, οὐ μόνον πρώην ὥσπερ σύ, ἀλλ' ἀεί, ἔπειτα οὐκ ἀνέδησα. καὶ ἅμ' αὐτὸν λαβόντα τῶν ταινιῶν ἀναδεῖν τὸν Σωκράτη καὶ κατακλίνεσθαι.

Ἐπειδὴ δὲ κατεκλίνη, εἰπεῖν· Εἶεν δή, ἄνδρες· δοκεῖτε γάρ μοι νήφειν. οὐκ ἐπιτρεπτέον οὖν ὑμῖν, ἀλλὰ ποτέον· ὡμολόγηται γὰρ ταῦθ' ἡμῖν. ἄρχοντα οὖν αἱροῦμαι τῆς πόσεως, ἕως ἂν ὑμεῖς ἱκανῶς πίητε, ἐμαυτόν. ἀλλὰ φερέτω Ἀγάθων εἴ τι ἔστιν ἔκπωμα μέγα. μᾶλλον δὲ οὐδὲν δεῖ, ἀλλὰ φέρε, παῖ, φάναι, τὸν ψυκτῆρα ἐκεῖνον, ἰδόντα αὐτὸν πλέον ἢ ὀκτὼ κοτύλας χωροῦντα. τοῦτον ἐμπλησάμενον πρῶτον μὲν αὐτὸν ἐκπιεῖν, ἔπειτα τῷ Σωκράτει κελεύειν ἐγχεῖν καὶ ἅμα εἰπεῖν· Πρὸς μὲν Σωκράτη, ὦ ἄνδρες, τὸ σόφισμά μοι οὐδέν· ὁπόσον γὰρ ἂν κελεύῃ τις, τοσοῦτον ἐκπιὼν οὐδὲν μᾶλλον μή ποτε μεθυσθῇ.

Τὸν μὲν οὖν Σωκράτη ἐγχέαντος τοῦ παιδὸς πίνειν· τὸν δ' Ἐρυξίμαχον Πῶς οὖν, φάναι, ὦ Ἀλκιβιάδη, ποιοῦμεν; οὕτως οὔτε τι λέγομεν ἐπὶ τῇ κύλικι οὔτε τι ᾄδομεν, ἀλλ' ἀτεχνῶς ὥσπερ οἱ διψῶντες πιόμεθα;

Τὸν οὖν Ἀλκιβιάδην εἰπεῖν Ὦ Ἐρυξίμαχε, βέλτιστε βελτίστου πατρὸς καὶ σωφρονεστάτου, χαῖρε.
Καὶ γὰρ σύ, φάναι τὸν Ἐρυξίμαχον· ἀλλὰ τί ποιῶμεν;
Ὅτι ἂν σὺ κελεύῃς. δεῖ γάρ σοι πείθεσθαι·

ἰητρὸς γὰρ ἀνὴρ πολλῶν ἀντάξιος ἄλλων·

ἐπίταττε οὖν ὅτι βούλει.

Alk.: Nein, zwischen mir und dir ist von Versöhnung nicht die Rede. Für dies hier soll später mit dir abgerechnet werden. Jetzt aber, Agathon, gib mir einige von den Bän=
e dern zurück, um auch dieses Mannes wunderbares Haupt zu bekränzen und seinem Tadel vorzubeugen, daß ich dich schmückte, nicht aber ihn, der im Redekampf alle Men=schen, nicht nur gestern wie du, sondern immerdar, über=windet.

Dabei nahm er einige von den Bändern, schmückte So=krates damit und ließ sich dann nieder.

31. Darauf sprach er: Wie nun, ihr Genossen? Es scheint, ihr seid noch nüchtern; das darf euch nicht gestattet sein; nein, trinken müßt ihr; denn das haben wir mitein=ander abgemacht. Zum Leiter des Gelages, bis ihr genug getrunken habt, erwähle ich mich selbst. Agathon soll ein großes Trinkgefäß zur Stelle schaffen lassen, wenn er eins im Hause hat. Doch nein, nicht nötig! He, Bursche, bring das große Kühlgefäß dort her!

Sein Blick fiel nämlich auf ein solches, das mehr als acht
214 Maß[75] faßte. Dies ließ er zunächst für sich selber füllen und trank es aus, dann ließ er es für Sokrates wieder füllen mit den Worten:

Gegen den Sokrates, ihr Genossen, verfängt kein noch so listiger Anschlag von mir. Denn man erlege ihm noch so viel auf, er trinkt es aus, ohne doch jemals trunken zu werden.

Der Bursche also schenkte ein, und Sokrates trank.

Eryximachos aber wandte sich an Alkibiades mit der Frage: Wie halten wir's nun? Wollen wir auf jedes Ge=
b spräch und jeden Gesang verzichten beim Becher und ganz wie die Durstigen nur trinken?

Alk.: Eryximachos, du bester Sohn des besten und ver=ständigsten Vaters, sei mir willkommen.

Er.: Du mir auch! Aber wie sollen wir's halten?

Alk.: Ganz, wie du befiehlst; denn dir muß man ge=horchen:

Wiegt doch ein Arzt weit mehr als viele andere Menschen[76])

Befiehl also, was du willst.

Ἄκουσον δή, εἰπεῖν τὸν Ἐρυξίμαχον. ἡμῖν πρὶν σὲ εἰσελθεῖν ἔδοξε χρῆναι ἐπὶ δεξιὰ ἕκαστον ἐν μέρει λόγον περὶ Ἔρωτος εἰπεῖν ὡς δύναιτο κάλλιστον, καὶ ἐγκωμιάσαι. οἱ μὲν οὖν ἄλλοι πάντες ἡμεῖς εἰρήκαμεν· σὺ δ' ἐπειδὴ οὐκ εἴρηκας καὶ ἐκπέπωκας, δίκαιος εἶ εἰπεῖν, εἰπὼν δὲ ἐπιτάξαι Σωκράτει ὅτι ἂν βούλῃ, καὶ τοῦτον τῷ ἐπὶ δεξιὰ καὶ οὕτω τοὺς ἄλλους.

Ἀλλά, φάναι, ὦ Ἐρυξίμαχε, τὸν Ἀλκιβιάδην, καλῶς μὲν λέγεις, μεθύοντα δὲ ἄνδρα παρὰ νηφόντων λόγους παραβάλλειν μὴ οὐκ ἐξ ἴσου ᾖ. καὶ ἅμα, ὦ μακάριε, πείθει τί σε Σωκράτης ὧν ἄρτι εἶπεν; ἢ οἶσθα ὅτι τοὐναντίον ἐστὶ πᾶν ἢ ὃ ἔλεγεν; οὗτος γάρ, ἐάν τινα ἐγὼ ἐπαινέσω τούτου παρόντος ἢ θεὸν ἢ ἄνθρωπον ἄλλον ἢ τοῦτον, οὐκ ἀφέξεταί μου τὼ χεῖρε.

Οὐκ εὐφημήσεις; φάναι τὸν Σωκράτη.

Μὰ τὸν Ποσειδῶ, εἰπεῖν τὸν Ἀλκιβιάδην, μηδὲν λέγε πρὸς ταῦτα, ὡς ἐγὼ οὐδ' ἂν ἕνα ἄλλον ἐπαινέσαιμι σοῦ παρόντος.

Ἀλλ' οὕτω ποίει, φάναι τὸν Ἐρυξίμαχον, εἰ βούλει· Σωκράτη ἐπαίνεσον.

Πῶς λέγεις; εἰπεῖν τὸν Ἀλκιβιάδην· δοκεῖ χρῆναι, ὦ Ἐρυξίμαχε; ἐπιθῶμαι τῷ ἀνδρὶ καὶ τιμωρήσωμαι ὑμῶν ἐναντίον;

Οὗτος, φάναι τὸν Σωκράτη, τί ἐν νῷ ἔχεις; ἐπὶ τὰ γελοιότερά με ἐπαινέσαι; ἢ τί ποιήσεις;

Τἀληθῆ ἐρῶ. ἀλλ' ὅρα εἰ παρίης.

Ἀλλὰ μέντοι, φάναι, τά γε ἀληθῆ παρίημι καὶ κελεύω λέγειν.

Οὐκ ἂν φθάνοιμι, εἰπεῖν τὸν Ἀλκιβιάδην. καὶ μέντοι οὑτωσὶ ποίησον. ἐάν τι μὴ ἀληθὲς λέγω, μεταξὺ ἐπιλαβοῦ, ἂν βούλῃ, καὶ εἰπὲ ὅτι τοῦτο ψεύδομαι· ἑκὼν γὰρ εἶναι οὐδὲν

Er.: So höre denn. Ehe du eintratest, waren wir übereingekommen, es solle reihum nach rechts herum jeder eine
c Rede auf Eros halten und ihn preisen, so schön als möglich. Wir anderen nun haben alle schon unsere Reden gehalten. Du aber hast noch nicht geredet und schon ausgetrunken, bist also verpflichtet, zu reden und danach Sokrates eine Aufgabe zu stellen ganz nach deinem Gefallen; und Sokrates wieder seinem Nachbarn zur Rechten und so auch die anderen.

Alk.: Du hast ganz recht, Eryximachos, aber einen berauschten Mann zum Redekampf mit Nüchternen auffordern, das heißt doch nicht mit gleichem Maße messen. Und weiter, du trefflicher Ehrenmann, glaubst du denn irgend
d etwas von dem, was Sokrates soeben sagte? Laß dir nur gesagt sein: das gerade Gegenteil von dem, was er sagte, ist wahr. Denn wenn ich in seiner Gegenwart irgendeinen anderen lobe als ihn, gleichviel ob einen Gott oder einen Menschen, so bekomme ich unfehlbar die Kraft seiner Arme zu spüren.

S.: Lästere nicht!

Alk.: Beim Poseidon, laß jeden Widerspruch fahren, denn was mich anlangt, so werde ich in deiner Gegenwart nie einen anderen loben.

Er.: Gut, so tue danach. Wenn dir's beliebt, halte eine Lobrede auf *Sokrates*.

e Alk.: Wie sagst du? Hältst du das für nötig, Eryximachos? Soll ich dem Mann zu Leibe gehen und Rache an ihm nehmen in eurer Gegenwart?

S.: Halt, du, Alkibiades, was hast du im Sinn? Willst du in deiner Lobrede mich lächerlich machen oder wie wirst du's halten?

Alk.: Die *Wahrheit* werd' ich sagen. Aber gestattest du's auch? Das ist zu überlegen.

S.: Fort mit allen Bedenken! Die Wahrheit zu sagen, gestatte ich nicht nur, sondern befehle es.

Alk.: Keinen Augenblick werd' ich zögern. Doch geb' ich dir folgende Weisung: sage ich irgend etwas, was nicht wahr ist, so unterbrich mich ohne jedes Bedenken und bezichtige mich der Lüge, denn absichtlich werde ich keine

ψεύσομαι. ἐὰν μέντοι ἀναμιμνησκόμενος ἄλλο ἄλλοθεν λέγω, 215
μηδὲν θαυμάσῃς· οὐ γάρ τι ῥᾴδιον τὴν σὴν ἀτοπίαν ὧδ᾽
ἔχοντι εὐπόρως καὶ ἐφεξῆς καταριθμῆσαι.

Σωκράτη δ᾽ ἐγὼ ἐπαινεῖν, ὦ ἄνδρες, οὕτως ἐπιχειρήσω,
δι᾽ εἰκόνων. οὗτος μὲν οὖν ἴσως οἰήσεται ἐπὶ τὰ γελοιότερα,
ἔσται δ᾽ ἡ εἰκὼν τοῦ ἀληθοῦς ἕνεκα, οὐ τοῦ γελοίου. φημὶ
γὰρ δὴ ὁμοιότατον αὐτὸν εἶναι τοῖς σιληνοῖς τούτοις τοῖς
ἐν τοῖς ἑρμογλυφείοις καθημένοις, οὕστινας ἐργάζονται οἱ b
δημιουργοὶ σύριγγας ἢ αὐλοὺς ἔχοντας, οἳ διχάδε διοιχθέντες
φαίνονται ἔνδοθεν ἀγάλματα ἔχοντες θεῶν. καὶ φημὶ αὖ
ἐοικέναι αὐτὸν τῷ σατύρῳ τῷ Μαρσύᾳ. ὅτι μὲν οὖν τό γε
εἶδος ὅμοιος εἶ τούτοις, ὦ Σώκρατες, οὐδ᾽ αὐτὸς ἄν που
ἀμφισβητήσαις· ὡς δὲ καὶ τἆλλα ἔοικας, μετὰ τοῦτο ἄκουε.
ὑβριστὴς εἶ· ἢ οὔ; ἐὰν γὰρ μὴ ὁμολογῇς, μάρτυρας παρέξομαι. ἀλλ᾽ οὐκ αὐλητής; πολύ γε θαυμασιώτερος ἐκείνου.
ὁ μέν γε δι᾽ ὀργάνων ἐκήλει τοὺς ἀνθρώπους τῇ ἀπὸ τοῦ c
στόματος δυνάμει, καὶ ἔτι νυνὶ ὃς ἂν τὰ ἐκείνου αὐλῇ—ἃ γὰρ
Ὄλυμπος ηὔλει, Μαρσύου λέγω, τούτου διδάξαντος—τὰ οὖν
ἐκείνου ἐάντε ἀγαθὸς αὐλητὴς αὐλῇ ἐάντε φαύλη αὐλητρίς,
μόνα κατέχεσθαι ποιεῖ καὶ δηλοῖ τοὺς τῶν θεῶν τε καὶ
τελετῶν δεομένους διὰ τὸ θεῖα εἶναι. σὺ δ᾽ ἐκείνου τοσοῦτον
μόνον διαφέρεις, ὅτι ἄνευ ὀργάνων ψιλοῖς λόγοις ταὐτὸν
τοῦτο ποιεῖς. ἡμεῖς γοῦν ὅταν μέν του ἄλλου ἀκούωμεν d
λέγοντος καὶ πάνυ ἀγαθοῦ ῥήτορος ἄλλους λόγους, οὐδὲν
μέλει ὡς ἔπος εἰπεῖν οὐδενί· ἐπειδὰν δὲ σοῦ τις ἀκούῃ ἢ τῶν

Unwahrheit sagen. Wenn aber im Verlauf meiner Rede mir
215 mein Gedächtnis hie und da einen Streich spielt und Ver=
wirrung anrichtet, so wundere dich nicht; denn es ist keine
Kleinigkeit, in meinem Zustand deine wunderlichen Eigen=
heiten geläufig und in gehöriger Ordnung aufzuzählen.

32. Mein Lob des Sokrates, ihr Männer, soll sich auf=
bauen auf der Grundlage von Gleichnissen. Er selbst frei=
lich wird darin vielleicht die Absicht wittern, ihn lächerlich
zu machen, allein das Gleichnis soll der Wahrheit dienen,
nicht dem Spott. Ich behaupte nämlich, er habe die größte
Ähnlichkeit mit jenen hockenden Silenen in den Bildhauer=
b werkstätten, wie sie von den Künstlern mit Hirtenpfeifen
oder Flöten im Munde dargestellt werden: öffnet man die
Doppeltür, so bergen sie, wie sich zeigt, in ihrem Innern
Götterbilder. Und weiter vergleiche ich ihn auch mit dem
Satyr Marsyas[77]). Daß du wenigstens in deinem Äußeren
ihnen ähnlich bist, Sokrates, wirst du auch selbst nicht be=
streiten; daß du aber auch im übrigen ihnen gleichst, dar=
über laß dich nunmehr belehren. Du bist ein übermütiger
Schalk, oder nicht? Wenn du es leugnest, stelle ich Zeugen.
Aber — solltest du nicht auch ein Flötenspieler sein? Ja, weit
c wundersamer als Marsyas. Denn dieser bezauberte die
Menschen mit Hilfe seines Musikinstruments durch die
Macht, die von seinem Munde ausging, und so tut es auch
jetzt noch jeder, der seine Weisen spielt. Denn des Olympos
Melodien für die Flöte sind, so behaupte ich, die des Mar=
syas, da dieser sein Lehrer war. Diese Weisen, mag nun
ein guter Flötenspieler oder eine gewöhnliche Flötenspiele=
rin sie vortragen, sind die einzigen, welche die innere Er=
griffenheit bewirken und kundtun, wer nach den Göttern
und nach den Weihen Verlangen trägt, denn sie sind selbst
göttlicher Herkunft. Du aber unterscheidest dich von ihm
nur dadurch, daß du *ohne* Instrumente mit bloßen Worten
dasselbe bewirkst. Was uns wenigstens anlangt, so steht es
d so: mögen wir von irgendwelchem anderen noch so treff=
lichen Redner seine Ansichten vortragen hören, so macht
das auf uns sozusagen auch nicht den mindesten Eindruck.
Hört aber einer dich oder deine Erörterungen aus dem

σῶν λόγων ἄλλου λέγοντος, κἂν πάνυ φαῦλος ᾖ ὁ λέγων, ἐάντε γυνὴ ἀκούῃ ἐάντε ἀνὴρ ἐάντε μειράκιον, ἐκπεπληγμένοι ἐσμὲν καὶ κατεχόμεθα. ἐγὼ γοῦν, ὦ ἄνδρες, εἰ μὴ ἔμελλον κομιδῇ δόξειν μεθύειν, εἶπον ὀμόσας ἂν ὑμῖν οἷα δὴ πέπονθα αὐτὸς ὑπὸ τῶν τούτου λόγων καὶ πάσχω ἔτι καὶ νυνί. ὅταν γὰρ ἀκούω, πολύ μοι μᾶλλον ἢ τῶν κορυβαν- e τιώντων ἥ τε καρδία πηδᾷ καὶ δάκρυα ἐκχεῖται ὑπὸ τῶν λόγων τῶν τούτου, ὁρῶ δὲ καὶ ἄλλους παμπόλλους τὰ αὐτὰ πάσχοντας· Περικλέους δὲ ἀκούων καὶ ἄλλων ἀγαθῶν ῥητόρων εὖ μὲν ἡγούμην λέγειν, τοιοῦτον δ᾽ οὐδὲν ἔπασχον, οὐδ᾽ ἐτεθορύβητό μου ἡ ψυχὴ οὐδ᾽ ἠγανάκτει ὡς ἀνδραποδωδῶς διακειμένου, ἀλλ᾽ ὑπὸ τουτουΐ τοῦ Μαρσύου πολλάκις δὴ οὕτω διετέθην ὥστε μοι δόξαι μὴ βιωτὸν εἶναι ἔχοντι ὡς 216 ἔχω. καὶ ταῦτα, ὦ Σώκρατες, οὐκ ἐρεῖς ὡς οὐκ ἀληθῆ. καὶ ἔτι γε νῦν σύνοιδ᾽ ἐμαυτῷ ὅτι εἰ ἐθέλοιμι παρέχειν τὰ ὦτα, οὐκ ἂν καρτερήσαιμι ἀλλὰ ταὐτὰ ἂν πάσχοιμι. ἀναγκάζει γάρ με ὁμολογεῖν ὅτι πολλοῦ ἐνδεὴς ὢν αὐτὸς ἔτι ἐμαυτοῦ μὲν ἀμελῶ, τὰ δ᾽ Ἀθηναίων πράττω. βίᾳ οὖν ὥσπερ ἀπὸ τῶν Σειρήνων ἐπισχόμενος τὰ ὦτα οἴχομαι φεύγων, ἵνα μὴ αὐτοῦ καθήμενος παρὰ τούτῳ καταγηράσω. πέπονθα δὲ πρὸς τοῦτον μόνον ἀνθρώπων, ὃ οὐκ ἄν τις οἴοιτο ἐν ἐμοὶ b ἐνεῖναι, τὸ αἰσχύνεσθαι ὁντινοῦν· ἐγὼ δὲ τοῦτον μόνον αἰσχύνομαι. σύνοιδα γὰρ ἐμαυτῷ ἀντιλέγειν μὲν οὐ δυναμένῳ ὡς οὐ δεῖ ποιεῖν ἃ οὗτος κελεύει, ἐπειδὰν δὲ ἀπέλθω, ἡττημένῳ τῆς τιμῆς τῆς ὑπὸ τῶν πολλῶν. δραπετεύω οὖν αὐτὸν καὶ φεύγω, καὶ ὅταν ἴδω, αἰσχύνομαι τὰ ὡμολογημένα.

Munde eines anderen, mag der Berichtende auch noch so geringwertig und mögen Mann, Weib oder Knabe die Zuhörer sein, so fühlen wir uns hingerissen und innerlich ergriffen. Ich wenigstens, ihr Männer, würde, wenn ich damit nicht den Eindruck völliger Trunkenheit machen würde, euch unter eidlicher Versicherung berichten, wie es mir selbst unter dem Einfluß seiner Reden ergangen ist und jetzt noch ergeht. Denn wenn ich ihm zuhöre, dann klopft
e mir das Herz weit stärker als den Korybantenschwärmern[78]), und seine Reden entlocken mir Tränen. Und unzähligen anderen ergeht es ebenso, wie ich sehe. Wenn ich Perikles hörte und andere treffliche Redner, so mußte ich zwar ihre Redegabe anerkennen, aber Eindrücke wie von Sokrates empfing ich nie; nie geriet meine Seele in solche Erregung, nie zeigte sie sich so entrüstet darüber, daß mein Verhalten eines freien Mannes unwürdig sei; aber von diesem Marsyas hier mußte ich das oft über mich ergehen lassen, so
216 daß mir das Leben unerträglich schien ohne eine Änderung meines ganzen Wesens. Und dies wirst du nicht als wahrheitswidrig bezeichnen, Sokrates. Fühle ich es doch auch jetzt noch zutiefst: wollte ich ihm mein Ohr leihen, ich würde die Kraft zum Widerstand nicht finden, sondern das Gleiche erleben. Denn er zwingt mich, einzugestehen, daß ich bei allen mir noch anhaftenden Schwächen doch meine eigene Ausbildung vernachlässige und nur die Geschäfte der Athener betreibe[79]). Darum halte ich mir die Ohren zu und reiße mich gewaltsam von ihm los wie von den Sirenen und eile spornstreichs von dannen, um nicht an ihm hängen zu bleiben, bis ich ein Greis bin. Und er ist der einzige Mensch, dem gegenüber ich einen inneren Vorgang verspürte, den wohl niemand in mir vermuten würde, nämlich
b Scham vor irgend jemand; er ist der einzige, vor dem ich mich schäme. Denn ich bin mir zwar wohl bewußt, daß ich nicht imstande bin, ihm zu widersprechen in dem Sinne, daß ich seinen Anweisungen nicht zu gehorchen brauchte, aber ich weiß, sobald ich von ihm fort bin, hat der ehrende Beifall, den mir die Menge entgegenbringt, bei mir wieder die Oberhand. Ich laufe also fort von ihm und meide ihn, und wenn ich ihn sehe, so schäme ich mich meines Abfalls von

καὶ πολλάκις μὲν ἡδέως ἂν ἰδοιμι αὐτὸν μὴ ὄντα ἐν ἀνθρώ- c
ποις· εἰ δ' αὖ τοῦτο γένοιτο, εὖ οἶδα ὅτι πολὺ μεῖζον ἂν
ἀχθοίμην, ὥστε οὐκ ἔχω ὅτι χρήσωμαι τούτῳ τῷ ἀνθρώπῳ.

Καὶ ὑπὸ μὲν δὴ τῶν αὐλημάτων καὶ ἐγὼ καὶ ἄλλοι πολλοὶ
τοιαῦτα πεπόνθασιν ὑπὸ τοῦδε τοῦ σατύρου· ἄλλα δὲ ἐμοῦ
ἀκούσατε ὡς ὅμοιός τ' ἐστὶν οἷς ἐγὼ ᾔκασα αὐτὸν καὶ τὴν
δύναμιν ὡς θαυμασίαν ἔχει. εὖ γὰρ ἴστε ὅτι οὐδεὶς ὑμῶν
τοῦτον γιγνώσκει· ἀλλὰ ἐγὼ δηλώσω, ἐπείπερ ἠρξάμην. d
ὁρᾶτε γὰρ ὅτι Σωκράτης ἐρωτικῶς διάκειται τῶν καλῶν καὶ
ἀεὶ περὶ τούτους ἐστὶ καὶ ἐκπέπληκται, καὶ αὖ ἀγνοεῖ πάντα
καὶ οὐδὲν οἶδεν ὡς τὸ σχῆμα αὐτοῦ. τοῦτο οὐ σιληνῶδες;
σφόδρα γε. τοῦτο γὰρ οὗτος ἔξωθεν περιβέβληται, ὥσπερ
ὁ γεγλυμμένος σιληνός· ἔνδοθεν δὲ ἀνοιχθεὶς πόσης οἴεσθε
γέμει, ὦ ἄνδρες συμπόται, σωφροσύνης; ἴστε ὅτι οὔτε εἴ τις
καλός ἐστι μέλει αὐτῷ οὐδέν, ἀλλὰ καταφρονεῖ τοσοῦτον
ὅσον οὐδ' ἂν εἷς οἰηθείη, οὔτ' εἴ τις πλούσιος, οὔτ' εἰ ἄλλην e
τινὰ τιμὴν ἔχων τῶν ὑπὸ πλήθους μακαριζομένων· ἡγεῖται
δὲ πάντα ταῦτα τὰ κτήματα οὐδενὸς ἄξια καὶ ἡμᾶς οὐδὲν
εἶναι—λέγω ὑμῖν—εἰρωνευόμενος δὲ καὶ παίζων πάντα τὸν
βίον πρὸς τοὺς ἀνθρώπους διατελεῖ. σπουδάσαντος δὲ αὐτοῦ
καὶ ἀνοιχθέντος οὐκ οἶδα εἴ τις ἑώρακεν τὰ ἐντὸς ἀγάλματα·
ἀλλ' ἐγὼ ἤδη ποτ' εἶδον, καί μοι ἔδοξεν οὕτω θεῖα καὶ
χρυσᾶ εἶναι καὶ πάγκαλα καὶ θαυμαστά, ὥστε ποιητέον εἶναι 217
ἔμβραχυ ὅτι κελεύοι Σωκράτης. ἡγούμενος δὲ αὐτὸν ἐσπου-
δακέναι ἐπὶ τῇ ἐμῇ ὥρᾳ ἕρμαιον ἡγησάμην εἶναι καὶ εὐτύχημα

seinen Weisungen. Und oftmals würde ich's dankbar emp=
c finden, wenn er nicht mehr unter den Lebenden wäre;
träte aber dieser Fall ein, so würde ich — dessen bin ich
sicher — noch weit mehr Schmerz empfinden, so daß ich rat=
los bin, wie ich mich zu diesem Manne stellen soll.

33. Was also das Flötenspiel betrifft, so haben ich und
viele andere derartige Erfahrungen mit dem Satyr hier
gemacht. Laßt euch nun andere Belege von mir vorführen
für seine Ähnlichkeit mit denen, mit welchen ich ihn ver=
glich, und für seine wunderbare Macht. Denn laßt euch
gesagt sein, niemand von euch kennt diesen Mann wirk=
d lich. Aber ich will das Dunkel lichten, da ich einmal ange=
fangen habe. Ihr seht ja, daß Sokrates in die Schönen ver=
liebt ist und sich immer mit ihnen zu schaffen macht und
voller Entzücken ist, und wie er andererseits seinem äuße=
ren Gebaren nach jede Erkenntnis ablehnt und nichts weiß.
Erinnert das nicht an die Silenen? Ich dächte doch, in hohem
Maße. Denn das ist nur die äußere Hülle bei ihm, wie jene
Silenengestalt der Künstler. Legt er sie aber einmal ab,
welche Fülle von geistiger Kraft zeigt da das Innere! Kaum
zu glauben, ihr Zechgenossen! Wisset denn, daß es ihm in
Wahrheit gar nicht darauf ankommt, ob einer schön ist —
nein, er verachtet das so gründlich, wie keiner glauben
e möchte — und ebensowenig, ob einer reich ist oder sonst
mit Ehren geziert, die von der Menge wer weiß wie hoch
gepriesen werden. Alle diese Güter hält er für wertlos, und
wir Menschen sind in seinen Augen nichts — merkt's euch
— sein ganzes Leben aber ist ein fortwährendes ironisches
Spiel der Verstellung und der Hänselei der Menschen. Ob
aber sonst einer die Götterbilder in seinem Inneren ge=
schaut hat, wenn er es einmal ernst meinte und sich er=
schloß, weiß ich nicht; ich aber habe sie schon einmal ge=
sehen, da erschienen sie mir so göttlich und so golden, so
unvergleichlich schön und wunderbar, daß ich schlechtweg
217 alles tun zu müssen glaubte, was Sokrates von mir ver=
langte. Da ich nun wähnte, er habe es ernstlich auf meine
Jugendschönheit abgesehen, so hielt ich das für einen un=
verhofften Fund und für einen wunderbaren Glücksfall für

ἐμὸν θαυμαστόν, ὡς ὑπάρχον μοι χαρισαμένῳ Σωκράτει πάντ᾽ ἀκοῦσαι ὅσαπερ οὗτος ᾔδει· ἐφρόνουν γὰρ δὴ ἐπὶ τῇ ὥρᾳ θαυμάσιον ὅσον. ταῦτα οὖν διανοηθείς, πρὸ τοῦ οὐκ εἰωθὼς ἄνευ ἀκολούθου μόνος μετ᾽ αὐτοῦ γίγνεσθαι, τότε ἀποπέμπων τὸν ἀκόλουθον μόνος συνεγιγνόμην—δεῖ γὰρ πρὸς ὑμᾶς πάντα b τἀληθῆ εἰπεῖν· ἀλλὰ προσέχετε τὸν νοῦν, καὶ εἰ ψεύδομαι, Σώκρατες, ἐξέλεγχε—συνεγιγνόμην γάρ, ὦ ἄνδρες, μόνος μόνῳ, καὶ ᾤμην αὐτίκα διαλέξεσθαι αὐτόν μοι ἅπερ ἂν ἐραστὴς παιδικοῖς ἐν ἐρημίᾳ διαλεχθείη, καὶ ἔχαιρον. τούτων δ᾽ οὐ μάλα ἐγίγνετο οὐδέν, ἀλλ᾽ ὥσπερ εἰώθει διαλεχθεὶς ἄν μοι καὶ συνημερεύσας ᾤχετο ἀπιών. μετὰ ταῦτα συγγυμνάζεσθαι προυκαλούμην αὐτὸν καὶ συνεγυμναζόμην, ὥς τι c ἐνταῦθα περανῶν. συνεγυμνάζετο οὖν μοι καὶ προσεπάλαιεν πολλάκις οὐδενὸς παρόντος· καὶ τί δεῖ λέγειν; οὐδὲν γάρ μοι πλέον ἦν. ἐπειδὴ δὲ οὐδαμῇ ταύτῃ ἤνυτον, ἔδοξέ μοι ἐπιθετέον εἶναι τῷ ἀνδρὶ κατὰ τὸ καρτερὸν καὶ οὐκ ἀνετέον, ἐπειδήπερ ἐνεκεχειρήκη, ἀλλὰ ἰστέον ἤδη τί ἐστι τὸ πρᾶγμα. προκαλοῦμαι δὴ αὐτὸν πρὸς τὸ συνδειπνεῖν, ἀτεχνῶς ὥσπερ ἐραστὴς παιδικοῖς ἐπιβουλεύων. καί μοι οὐδὲ τοῦτο ταχὺ ὑπήκουσεν, ὅμως δ᾽ οὖν χρόνῳ ἐπείσθη. ἐπειδὴ δὲ ἀφίκετο d τὸ πρῶτον, δειπνήσας ἀπιέναι ἐβούλετο. καὶ τότε μὲν αἰσχυνόμενος ἀφῆκα αὐτόν· αὖθις δ᾽ ἐπιβουλεύσας, ἐπειδὴ ἐδεδειπνήκεμεν διελεγόμην ἀεὶ πόρρω τῶν νυκτῶν, καὶ ἐπειδὴ ἐβούλετο ἀπιέναι, σκηπτόμενος ὅτι ὀψὲ εἴη, προσηνάγκασα αὐτὸν μένειν. ἀνεπαύετο οὖν ἐν τῇ ἐχομένῃ ἐμοῦ κλίνῃ, ἐν ᾗπερ ἐδείπνει, καὶ οὐδεὶς ἐν τῷ οἰκήματι ἄλλος καθηῦδεν ἢ ἡμεῖς. μέχρι μὲν οὖν δὴ δεῦρο τοῦ λόγου καλῶς ἂν ἔχοι e καὶ πρὸς ὁντινοῦν λέγειν· τὸ δ᾽ ἐντεῦθεν οὐκ ἄν μου ἠκούσατε

mich, als ob mir nunmehr, wenn ich Sokrates zu Willen wäre, alles zu hören vergönnt wäre, was er selber wußte. Denn ich bildete mir auf meine jugendliche Schönheit wer weiß was ein. In diesem Gedanken verzichtete ich nunmehr auf meine bisherige Gewohnheit, nicht ohne einen dienen= den Begleiter mit ihm zusammen zu sein: ich entließ diesen
b Diener und war allein mit ihm. Denn ihr sollt die volle Wahrheit hören. Dabei müßt ihr aber gespannt aufmerken, und wenn ich eine Unwahrheit sage, Sokrates, dann strafe mich Lügen. Ich war nun, ihr Männer, ganz allein mit ihm zusammen und nahm an, er würde mir alsbald mit Anträgen kommen, wie sie ein Liebhaber seinem Geliebten an ein= samer Stelle macht, und freute mich darauf. Davon geschah aber nicht das Geringste, sondern nachdem er sich mit mir den ganzen Tag unterhalten hatte, ging er wie gewöhnlich nach Hause. Darauf forderte ich ihn auf, sich an meinen gymnastischen Übungen zu beteiligen, und zog ihn zu die=
c sen heran in der Hoffnung, damit etwas zu erreichen. Er übte also mit mir und rang oft mit mir ohne jeden Zu= schauer. Und was bedarf es weiterer Worte? Es war alles umsonst. Da ich aber mit alledem nicht vorwärts kam, so glaubte ich, mit kräftigeren Mitteln gegen den Mann vor= gehen zu müssen und nicht nachlassen zu dürfen, da ich mich einmal darauf eingelassen; ich mußte doch endlich wissen, wie es mit der Sache stände. Ich lade ihn also ein, mit mir zu speisen, ganz wie ein Liebhaber, der seinem Ge= liebten nachstellt. Aber er ließ sich nicht etwa gleich dazu herbei, mit der Zeit jedoch ging er darauf ein. Als er sich
d zum erstenmal einfand, wollte er nach dem Essen gleich wieder fortgehen, und ich ließ es für diesmal geschehen, weil ich mich schämte. Einen weiteren Anschlag machte ich in folgender Weise: nachdem wir gespeist, führte ich die Unterhaltung fort bis tief in die Nacht, und als er fortge= hen wollte, nötigte ich ihn, dazubleiben, unter dem Vor= geben, es sei zu spät. Er legte sich also zur Ruhe auf das Lager neben dem meinen, auf dem er auch zu Tisch gelegen hatte, und es schlief in dem Zimmer niemand sonst als wir.
e Bis hierher nun wäre an dem Bericht nichts auszusetzen, und jedermann könnte zuhören; was aber nun folgt, das

λέγοντος, εἰ μὴ πρῶτον μέν, τὸ λεγόμενον, οἶνος ἄνευ τε παίδων καὶ μετὰ παίδων ἦν ἀληθής, ἔπειτα ἀφανίσαι Σωκράτους ἔργον ὑπερήφανον εἰς ἔπαινον ἐλθόντα ἄδικόν μοι φαίνεται. ἔτι δὲ τὸ τοῦ δηχθέντος ὑπὸ τοῦ ἔχεως πάθος κἄμ᾽ ἔχει. φασὶ γάρ πού τινα τοῦτο παθόντα οὐκ ἐθέλειν λέγειν οἷον ἦν πλὴν τοῖς δεδηγμένοις, ὡς μόνοις γνωσομένοις τε καὶ συγγνωσομένοις εἰ πᾶν ἐτόλμα δρᾶν τε καὶ λέγειν ὑπὸ τῆς ὀδύνης. ἐγὼ οὖν δεδηγμένος τε ὑπὸ ἀλγεινοτέρου καὶ τὸ ἀλγεινότατον ὧν ἄν τις δηχθείη—τὴν καρδίαν γὰρ ἢ ψυχὴν ἢ ὅτι δεῖ αὐτὸ ὀνομάσαι πληγείς τε καὶ δηχθεὶς ὑπὸ τῶν ἐν φιλοσοφίᾳ λόγων, οἳ ἔχονται ἐχίδνης ἀγριώτερον, νέου ψυχῆς μὴ ἀφυοῦς ὅταν λάβωνται, καὶ ποιοῦσι δρᾶν τε καὶ λέγειν ὁτιοῦν—καὶ ὁρῶν αὖ Φαίδρους, Ἀγάθωνας, Ἐρυξιμάχους, Παυσανίας, Ἀριστοδήμους τε καὶ Ἀριστοφάνας· Σωκράτη δὲ αὐτὸν τί δεῖ λέγειν, καὶ ὅσοι ἄλλοι; πάντες γὰρ κεκοινωνήκατε τῆς φιλοσόφου μανίας τε καὶ βακχείας—διὸ πάντες ἀκούσεσθε· συγγνώσεσθε γὰρ τοῖς τε τότε πραχθεῖσι καὶ τοῖς νῦν λεγομένοις. οἱ δὲ οἰκέται, καὶ εἴ τις ἄλλος ἐστὶν βέβηλός τε καὶ ἄγροικος, πύλας πάνυ μεγάλας τοῖς ὠσὶν ἐπίθεσθε.

Ἐπειδὴ γὰρ οὖν, ὦ ἄνδρες, ὅ τε λύχνος ἀπεσβήκει καὶ οἱ παῖδες ἔξω ἦσαν, ἔδοξέ μοι χρῆναι μηδὲν ποικίλλειν πρὸς αὐτόν, ἀλλ᾽ ἐλευθέρως εἰπεῖν ἅ μοι ἐδόκει· καὶ εἶπον κινήσας αὐτόν, Σώκρατες, καθεύδεις;

Οὐ δῆτα, ἦ δ᾽ ὅς.

Οἶσθα οὖν ἅ μοι δέδοκται;

Τί μάλιστα, ἔφη.

hätte ich nicht gewagt, euch mitzuteilen, wenn nicht erstens der Wein, sei 's „ohne Kinder oder mit Kindern"[80]), dem Sprichwort zufolge die Wahrheit sagte. Auch wäre es unrecht, den edlen Stolz des Sokrates zu verschweigen, nachdem man sich als seinen Lobredner angekündigt hat. Und dazu kommt noch, daß es mir geht wie dem von der Natter Gebissenen. Denn man sagt, wer diesen Schmerz an sich selbst erlebt hat, der scheue sich, über die Art desselben sich zu irgendwelchen andern zu äußern als zu denen, die selbst schon gebissen worden sind, weil diese allein es verstehen
218 und verzeihen würden, wenn er vor Schmerz sich nicht lassen und in seinem Tun und Reden keine Grenzen finden konnte. Was mich nun anlangt, so bin ich gebissen von etwas noch Schmerzhafterem und gerade an der schmerzhaftesten Stelle — am Herzen nämlich oder an der Seele oder wie man es sonst nennen will, bin ich getroffen und gepeinigt worden von dem Stachel der *Philosophie*. Erfaßt dieser einen jugendlichen und nicht unbegabten Geist, so bohrt er sich noch grimmiger ein als der Zahn der Natter und läßt jede Rücksicht schwinden in Rede und Tat. Angesichts von Männern wie Phaidros, Agathon, Eryximachos,
b Pausanias, Aristodemos und Aristophanes — was bedarf's noch, Sokrates selbst zu nennen und die anderen? Habt ihr doch alle an euch selbst die philosophische Besessenheit und Schwärmerei kennengelernt. Darum dürft ihr alle es hören, denn ihr werdet mir verzeihen, was ich damals tat und nunmehr erzähle. Die Diener aber und wer sonst der Weihen und der höheren Geistesbildung bar ist — sie mögen ihre Ohren verriegeln, so fest wie nur möglich![81])

34. Als nämlich das Licht ausgelöscht war, ihr Freunde,
c und die Sklaven sich entfernt hatten, da hielt ich es für angebracht, auf alle Verschleierungen und Beschönigungen zu verzichten und frei herauszurücken mit der Sprache über das, was mir am Herzen lag. Ich stieß ihn also an und fragte: Sokrates, schläfst du?

Keineswegs!

Weißt du, worauf ich hinaus will?

Worauf denn?

Σὺ ἐμοὶ δοκεῖς, ἦν δ' ἐγώ, ἐμοῦ ἐραστὴς ἄξιος γεγονέναι μόνος, καί μοι φαίνῃ ὀκνεῖν μνησθῆναι πρός με. ἐγὼ δὲ οὑτωσὶ ἔχω· πάνυ ἀνόητον ἡγοῦμαι εἶναι σοὶ μὴ οὐ καὶ τοῦτο χαρίζεσθαι καὶ εἴ τι ἄλλο ἢ τῆς οὐσίας τῆς ἐμῆς δέοιο ἢ τῶν φίλων τῶν ἐμῶν. ἐμοὶ μὲν γὰρ οὐδέν ἐστι d πρεσβύτερον τοῦ ὡς ὅτι βέλτιστον ἐμὲ γενέσθαι, τούτου δὲ οἶμαί μοι συλλήπτορα οὐδένα κυριώτερον εἶναι σοῦ. ἐγὼ δὴ τοιούτῳ ἀνδρὶ πολὺ μᾶλλον ἂν μὴ χαριζόμενος αἰσχυνοίμην τοὺς φρονίμους, ἢ χαριζόμενος τούς τε πολλοὺς καὶ ἄφρονας.

Καὶ οὗτος ἀκούσας μάλα εἰρωνικῶς καὶ σφόδρα ἑαυτοῦ τε καὶ εἰωθότως ἔλεξεν Ὦ φίλε Ἀλκιβιάδη, κινδυνεύεις τῷ ὄντι οὐ φαῦλος εἶναι, εἴπερ ἀληθῆ τυγχάνει ὄντα ἃ λέγεις περὶ ἐμοῦ, καί τις ἔστ' ἐν ἐμοὶ δύναμις δι' ἧς ἂν σὺ γένοιο e ἀμείνων· ἀμήχανόν τοι κάλλος ὁρῴης ἂν ἐν ἐμοὶ καὶ τῆς παρὰ σοὶ εὐμορφίας πάμπολυ διαφέρον. εἰ δὴ καθορῶν αὐτὸ κοινώσασθαί τέ μοι ἐπιχειρεῖς καὶ ἀλλάξασθαι κάλλος ἀντὶ κάλλους, οὐκ ὀλίγῳ μου πλεονεκτεῖν διανοῇ, ἀλλ' ἀντὶ δόξης ἀλήθειαν καλῶν κτᾶσθαι ἐπιχειρεῖς καὶ τῷ ὄντι "χρύσεα χαλκείων" διαμείβεσθαι νοεῖς. ἀλλ', 219 ὦ μακάριε, ἄμεινον σκόπει, μή σε λανθάνω οὐδὲν ὤν. ἤ τοι τῆς διανοίας ὄψις ἄρχεται ὀξὺ βλέπειν ὅταν ἡ τῶν ὀμμάτων τῆς ἀκμῆς λήγειν ἐπιχειρῇ· σὺ δὲ τούτων ἔτι πόρρω.

Κἀγὼ ἀκούσας, Τὰ μὲν παρ' ἐμοῦ, ἔφην, ταῦτά ἐστιν, ὧν οὐδὲν ἄλλως εἴρηται ἢ ὡς διανοοῦμαι· σὺ δὲ αὐτὸς οὕτω βουλεύου ὅτι σοί τε ἄριστον καὶ ἐμοὶ ἡγῇ.

Ἀλλ', ἔφη, τοῦτό γ' εὖ λέγεις· ἐν γὰρ τῷ ἐπιόντι χρόνῳ βουλευόμενοι πράξομεν ὃ ἂν φαίνηται νῷν περί τε τούτων b καὶ περὶ τῶν ἄλλων ἄριστον.

Du bist, will mir scheinen, der einzige Liebhaber, der meiner wert ist, und willst nur, glaube ich, nicht mit der Sprache herausrücken. Mit mir aber steht es so: für große Torheit würde ich es halten, dir nicht auch hierin zu Willen zu sein, ebenso wie in jedem anderen Falle, sei es etwa, daß du meines Vermögens oder der Beihilfe meiner Freunde
d bedürftig wärest. Denn mir liegt nichts mehr am Herzen, als so tüchtig wie möglich zu werden, und dafür wüßte ich keinen zuständigeren Helfer als dich. Wollte ich also einem solchen Manne nicht zu Willen sein, so würde ich mich vor allen Einsichtigen weit mehr schämen als vor der Masse der Toren, wenn ich es gewährte.

Darauf er, höchst ironisch und ganz nach seiner Weise und Gewohnheit: Mein lieber Alkibiades, du scheinst in der Tat kein Dummkopf zu sein, wenn du recht hast mit deiner Behauptung über mich, und mir wirklich eine solche
e Kraft innewohnt, die imstande wäre, aus dir einen besseren Menschen zu machen. Eine Schönheit über alle Begriffe hinaus würdest du dann in mir erblicken, eine Schönheit, die von deiner Wohlgestalt völlig verschieden ist. Wenn du also bei ihrem Anblick sie mit mir zu teilen und einen Austausch von Schönheit gegen Schönheit vorzunehmen trach= test, so ist es keine geringe Übervorteilung, auf die du es gegen mich abgesehen hast; gehst du doch vielmehr darauf aus, für den bloßen Schein der Schönheit dir die wahre Schönheit anzueignen, denkst also in Wahrheit darauf,
219 „goldene gegen eherne Rüstung"[82]) einzutauschen. Doch, mein Bester, sieh schärfer zu, sonst merkst du nicht, daß an mir gar nichts ist. Glaube mir, des Geistes Auge fängt erst dann an, scharf zu sehen, wenn das des Leibes seine Schärfe zu verlieren beginnt. Davon bist du noch weit entfernt.

Darauf erwiderte ich: Was ich dir gegenüber auf dem Herzen hatte, das habe ich dir mitgeteilt in vollster Über= einstimmung mit meiner wirklichen Gesinnung. An dir aber ist es nun, mit dir zu Rate zu gehen, was du für dich und mich für das Beste hältst.

Das heißt den Nagel auf den Kopf treffen, entgegnete er;
b ja, in der Folgezeit wollen wir in gegenseitiger Verständi=

ΠΛΑΤΩΝΟΣ ΣΥΜΠΟΣΙΟΝ

Ἐγὼ μὲν δὴ ταῦτα ἀκούσας τε καὶ εἰπών, καὶ ἀφεὶς ὥσπερ βέλη, τετρῶσθαι αὐτὸν ᾤμην· καὶ ἀναστάς γε, οὐδ' ἐπιτρέψας τούτῳ εἰπεῖν οὐδὲν ἔτι, ἀμφιέσας τὸ ἱμάτιον τὸ ἐμαυτοῦ τοῦτον—καὶ γὰρ ἦν χειμών—ὑπὸ τὸν τρίβωνα κατακλινεὶς τὸν τουτουί, περιβαλὼν τὼ χεῖρε τούτῳ τῷ δαιμονίῳ ὡς ἀληθῶς καὶ θαυμαστῷ, κατεκείμην τὴν νύκτα c ὅλην. καὶ οὐδὲ ταῦτα αὖ, ὦ Σώκρατες, ἐρεῖς ὅτι ψεύδομαι. ποιήσαντος δὲ δὴ ταῦτα ἐμοῦ οὗτος τοσοῦτον περιεγένετό τε καὶ κατεφρόνησεν καὶ κατεγέλασεν τῆς ἐμῆς ὥρας καὶ ὕβρισεν—καὶ περὶ ἐκεῖνό γε ᾤμην τὶ εἶναι, ὦ ἄνδρες δικασταί· δικασταὶ γάρ ἐστε τῆς Σωκράτους ὑπερηφανίας—εὖ γὰρ ἴστε μὰ θεούς, μὰ θεάς, οὐδὲν περιττότερον καταδεδαρθηκὼς ἀνέστην μετὰ Σωκράτους, ἢ εἰ μετὰ πατρὸς καθηῦδον ἢ d ἀδελφοῦ πρεσβυτέρου.

Τὸ δὴ μετὰ τοῦτο τίνα οἴεσθέ με διάνοιαν ἔχειν, ἡγούμενον μὲν ἠτιμάσθαι, ἀγάμενον δὲ τὴν τούτου φύσιν τε καὶ σωφροσύνην καὶ ἀνδρείαν, ἐντετυχηκότα ἀνθρώπῳ τοιούτῳ οἵῳ ἐγὼ οὐκ ἂν ᾤμην ποτ' ἐντυχεῖν εἰς φρόνησιν καὶ εἰς ἐγκράτειαν; ὥστε οὔθ' ὅπως οὖν ὀργιζοίμην εἶχον καὶ ἀποστερηθείην τῆς τούτου συνουσίας, οὔτε ὅπῃ προσαγαγοίμην αὐτό·· ηὐπόρουν. εὖ γὰρ ᾔδη ὅτι χρήμασί γε πολὺ μᾶλλον e ἄτρωτος ἦν πανταχῇ ἢ σιδήρῳ ὁ Αἴας, ᾧ τε ᾤμην αὐτὸν μόνῳ ἁλώσεσθαι, διεπεφεύγει με. ἠπόρουν δή, καταδεδουλωμένος τε ὑπὸ τοῦ ἀνθρώπου ὡς οὐδεὶς ὑπ' οὐδενὸς ἄλλου περιῇα. ταῦτά τε γάρ μοι ἅπαντα προυγεγόνει, καὶ μετὰ ταῦτα στρατεία ἡμῖν εἰς Ποτείδαιαν ἐγένετο κοινὴ καὶ συνεσιτοῦμεν ἐκεῖ. πρῶτον μὲν οὖν τοῖς πόνοις οὐ

gung es so halten, wie es uns beiden in diesem wie in allen anderen Punkten am besten erscheint.

Nachdem ich solche Reden mit ihm geführt und gleichsam meine Pfeile abgeschossen hatte, glaubte ich doch, es sei nicht ohne eine Wunde für ihn abgegangen. Ich stand also auf und ließ ihn nicht weiter sprechen, warf meine Hülle über ihn, denn es war Winter, und legte mich mit unter seinen Mantel. Ich schlang meine Arme um ihn, diesen wahrhaft dämonischen und wunderbaren Mann, und blieb
c so die ganze Nacht neben ihm liegen. Und auch hierin wirst du mich nicht einer Unwahrheit zeihen, Sokrates. Denn bei all diesem meinem Bemühen zeigte dieser Mann eine Über= legenheit und Verachtung meiner Jugendreize, auf die ich mir doch wer weiß was einbildete, ja, er war voll Spott und Hohn. Doch bei allen Göttern und Göttinnen, wißt ihr Richter — denn ihr sollt über Sokrates' Hochmut richten: nachdem ich mit Sokrates das Lager geteilt, erhob ich mich, ohne daß etwas weiteres geschehen wäre, als wenn ich beim
d Vater oder älteren Bruder geschlafen hätte.

35. Wie mag es danach wohl in meinem Inneren aus= gesehen haben? Empfand ich es doch als eine Beschimp= fung, während ich anderseits sein ganzes Wesen, seine Besonnenheit und Mannhaftigkeit bewunderte, da ich in ihm einen Mann gefunden hatte, wie ich ihn niemals zu finden geglaubt hätte an Einsicht und Selbstbeherrschung[83]). So konnte ich es denn weder über mich bringen, ihm zu zür= nen und auf seinen Umgang zu verzichten, noch wußte ich Rat über die Mittel, ihn an mich zu ziehen. Wußte ich doch
e genau, daß er gegen Geld unbedingt besser noch gefeit sei als Aias gegen Eisen[84]), und das einzige Mittel, mit dem ich gehofft hatte, ihn für mich zu gewinnen, hatte sich mir als unbrauchbar erwiesen. Ratlos also und ganz in der beispiel= losen Gewalt dieses Mannes, konnt ich nicht Rast noch Ruhe finden. Doch dies alles hatte sich unter uns schon abgespielt, als wir gemeinsam den Feldzug nach Poteidaia[85]) mitmachten und dort Tischgenossen waren.
Was zunächst die Widerstandsfähigkeit gegenüber Stra=

μόνον έμοΰ περιήν, άλλα και των άλλων απάντων—όπότ'
αναγκασθεΐμεν άποληφθέντες που, οία δή έπι στρατείας,
άσιτεΐν, ουδέν ήσαν οί άλλοι προς το καρτερεΐν—έν τ' αύ 220
ταΐς εύωχίαις μόνος άπολαύειν οΙός τ' ήν τά τ' άλλα και
πίνειν ούκ έθέλων, όπότε άναγκασθείη, πάντας έκράτει, και
ο πάντων θαυμαστότατον, Σωκράτη μεθύοντα ουδείς πώποτε
έώρακεν ανθρώπων. τούτου μεν ούν μοι δοκεΐ και αύτίκα ό
έλεγχος έσεσθαι. προς δε αύ τάς του χειμώνος καρτερήσεις
—δεινοί γαρ αύτόθι χειμώνες—θαυμάσια είργάζετο τά τε
άλλα, καί ποτε όντος πάγου οΐου δεινοτάτου, και πάντων ή b
ούκ έξιόντων ένδοθεν, ή εϊ τις έξίοι, ήμφιεσμένων τε
θαυμαστά δή όσα και ύποδεδεμένων και ένειλιγμένων τους
πόδας εις πίλους και αρνακίδας, ούτος δ' εν τούτοις έξήει
έχων ίμάτιον μεν τοιούτον οίονπερ και πρότερον είώθει
φορεΐν, ανυπόδητος δε δια του κρυστάλλου ράον έπορεύετο
ή οί άλλοι ύποδεδεμένοι, οί δε στρατιώται ύπέβλεπον
αυτόν ώς καταφρονούντα σφών. και ταύτα μεν δή ταύτα· c

οίον δ' αύ τόδ' έρεξε και έτλη καρτερός άνήρ

έκεΐ ποτε έπι στρατιάς, άξιον άκούσαι. συννοήσας γαρ
αύτόθι έωθέν τι είστήκει σκοπών, και έπειδή ού προυχώρει
αύτω, ούκ άνίει άλλα είστήκει ζητών. και ήδη ήν μεσημ-
βρία, και άνθρωποι ήσθάνοντο, και θαυμάζοντες άλλος άλλω
έλεγεν ότι Σωκράτης έξ έωθινού φροντίζων τι έστηκε.
τελευτώντες δε τίνες των Ιώνων, έπειδή εσπέρα ήν, δειπνή-

pazen anlangt, so stach er nicht nur mich, sondern auch alle anderen aus. Wenn wir die Verbindung verloren hatten, wie dies häufig im Felde vorkommt, und dadurch in die Lage gebracht waren, hungern zu müssen, da gab es keinen, der es an Fähigkeit im Ertragen auch nur entfernt mit ihm aufgenommen hätte. Lebten wir aber in Saus und Braus, so verstand niemand so wie er zu genießen wie in allen anderen Stücken, so besonders im Trinken. Aber auch wenn er zum Mitmachen gegen seinen Willen genötigt wurde, so ließ er alle hinter sich, und — wunderbar genug — kein Mensch hat jemals den Sokrates trunken gesehen. Und ich glaube, es wird nicht lange dauern, so wird er auch hier davon den Beweis geben.

Und wie er die Nöte des Winters ertrug — an Härte sucht dort der Winter seinesgleichen — so gab er unter anderem folgende erstaunliche Probe seiner Leistungsfähigkeit: einmal bei grimmigstem Frost, als die anderen alle entweder das Haus hüteten oder nur in unglaublich dicker Kleiderumhüllung, mit Schuhen und die Füße umwickelt mit Filz und Schafpelz ausgingen, da wagte er sich trotz alledem ins Freie, nur bekleidet mit seinem gewöhnlichen Mantel, und schritt ohne Schuhe leichter über das Eis als die anderen in ihrem Schuhwerk. Die Soldaten aber witterten darin eine Verhöhnung, die er ihnen antun wolle.

36. So also in diesem Falle. Doch[86])
„wie er auch jenes erzwang und bestand, der gewaltige Krieger,"
dort in dem Feldzug, ist gewiß auch hörenswert. Tief in Nachdenken versunken über ein Problem, blieb er einmal vom frühen Morgen ab an derselben Stelle stehen, und weil es damit nicht recht vorwärts gehen wollte, ließ er nicht locker, sondern setzte seine Denkarbeit im Stehen fort. Und schon war es Mittag; die Leute wurden aufmerksam darauf und teilten es verwundert einer dem andern mit, daß Sokrates nun schon vom frühen Morgen ab in tiefes Nachdenken versunken dastände. Schließlich brachten einige Ionier nach der Abendmahlzeit ihre Lagerdecken heraus, teils um im Kühlen zu schlafen — denn jetzt war es

σαντες—καὶ γὰρ θέρος τότε γ' ἦν—χαμεύνια ἐξενεγκάμενοι d
ἅμα μὲν ἐν τῷ ψύχει καθηῦδον, ἅμα δ' ἐφύλαττον αὐτὸν εἰ
καὶ τὴν νύκτα ἑστήξοι. ὁ δὲ εἱστήκει μέχρι ἕως ἐγένετο
καὶ ἥλιος ἀνέσχεν· ἔπειτα ᾤχετ' ἀπιὼν προσευξάμενος τῷ
ἡλίῳ. εἰ δὲ βούλεσθε ἐν ταῖς μάχαις—τοῦτο γὰρ δὴ
δίκαιόν γε αὐτῷ ἀποδοῦναι—ὅτε γὰρ ἡ μάχη ἦν ἐξ ἧς ἐμοὶ
καὶ τἀριστεῖα ἔδοσαν οἱ στρατηγοί, οὐδεὶς ἄλλος ἐμὲ ἔσωσεν
ἀνθρώπων ἢ οὗτος, τετρωμένον οὐκ ἐθέλων ἀπολιπεῖν, ἀλλὰ e
συνδιέσωσε καὶ τὰ ὅπλα καὶ αὐτὸν ἐμέ. καὶ ἐγὼ μέν, ὦ Σώκρατες, καὶ τότε ἐκέλευον σοὶ διδόναι τἀριστεῖα τοὺς στρατη-
γούς, καὶ τοῦτό γέ μοι οὔτε μέμψῃ οὔτε ἐρεῖς ὅτι ψεύδομαι·
ἀλλὰ γὰρ τῶν στρατηγῶν πρὸς τὸ ἐμὸν ἀξίωμα ἀποβλεπόντων
καὶ βουλομένων ἐμοὶ διδόναι τἀριστεῖα, αὐτὸς προθυμότερος
ἐγένου τῶν στρατηγῶν ἐμὲ λαβεῖν ἢ σαυτόν. ἔτι τοίνυν,
ὦ ἄνδρες, ἄξιον ἦν θεάσασθαι Σωκράτη, ὅτε ἀπὸ Δηλίου
φυγῇ ἀνεχώρει τὸ στρατόπεδον· ἔτυχον γὰρ παραγενόμενος 221
ἵππον ἔχων, οὗτος δὲ ὅπλα. ἀνεχώρει οὖν ἐσκεδασμένων
ἤδη τῶν ἀνθρώπων οὗτός τε ἅμα καὶ Λάχης· καὶ ἐγὼ περι-
τυγχάνω, καὶ ἰδὼν εὐθὺς παρακελεύομαί τε αὐτοῖν θαρρεῖν,
καὶ ἔλεγον ὅτι οὐκ ἀπολείψω αὐτώ. ἐνταῦθα δὴ καὶ κάλλιον ἐθεασάμην Σωκράτη ἢ ἐν Ποτειδαίᾳ—αὐτὸς γὰρ ἧττον
ἐν φόβῳ ἦ διὰ τὸ ἐφ' ἵππου εἶναι—πρῶτον μὲν ὅσον περιῆν
Λάχητος τῷ ἔμφρων εἶναι· ἔπειτα ἔμοιγ' ἐδόκει, ὦ Ἀρι- b
στόφανες, τὸ σὸν δὴ τοῦτο, καὶ ἐκεῖ διαπορεύεσθαι ὥσπερ
καὶ ἐνθάδε, βρενθυόμενος καὶ τὠφθαλμὼ παραβάλλων,
ἠρέμα παρασκοπῶν καὶ τοὺς φιλίους καὶ τοὺς πολεμίους,
δῆλος ὢν παντὶ καὶ πάνυ πόρρωθεν ὅτι εἴ τις ἅψεται τούτου
τοῦ ἀνδρός, μάλα ἐρρωμένως ἀμυνεῖται. διὸ καὶ ἀσφαλῶς
ἀπῄει καὶ οὗτος καὶ ὁ ἑταῖρος· σχεδὸν γάρ τι τῶν οὕτω
διακειμένων ἐν τῷ πολέμῳ οὐδὲ ἅπτονται, ἀλλὰ τοὺς προ-
τροπάδην φεύγοντας διώκουσιν.

d Sommer — teils um aufzupassen, ob er auch in der Nacht in dieser Stellung verharren würde. Wirklich blieb er ste= hen, bis der Morgen anbrach und die Sonne aufging. Dann verrichtete er sein Gebet an die Sonne und ging von dannen.

Wollt ihr aber auch etwas hören von seiner Haltung in den Schlachten — denn die Gerechtigkeit muß ihm dies lassen — so hört: als jene Schlacht stattfand, die mir gemäß der Entscheidung der Feldherrn den Kampfpreis einbrachte, war niemand anders mein Retter als er: er wollte mich, den
e Verwundeten, nicht verlassen, sondern rettete mich und meine Waffen. Und was mich anlangt, Sokrates, so trat ich schon damals dafür ein, die Feldherrn möchten dir den Ehrenpreis des Kampfes zuerkennen — und das wirst du mir weder zum Vorwurf machen noch mich der Lüge zei= hen. Da indes die Feldherrn in Rücksicht auf mein höheres Ansehen mir den Preis zuerkennen wollten, da tratest du selber noch entschiedener als sie dafür ein, daß ich ihn er= halten sollte und nicht du.

Ferner, ihr Männer, war es wohl der Mühe wert, Sokra= tes zu schauen beim Rückzug des Heeres nach der Schlacht
221 bei Delion[87]). Ich war nämlich dabei als Reiter, er als Schwerbewaffneter. Nachdem das Gros des Heeres ausein= ander gesprengt war, war er und an seiner Seite Laches[88]) im Rückzug begriffen; ich traf sie zufällig, sprach ihnen Mut zu und versicherte, ich würde sie nicht im Stich lassen. Hier bot er mir ein noch schöneres Schauspiel als bei Potei= daia — brauchte ich doch als Reiter weniger um mich selbst besorgt zu sein — erstens, wie sehr er dem Laches über= legen war an Besonnenheit, sodann schien er mir nach
b deinen Worten, Aristophanes[89]), auch dort „einherzustol= zieren und die stierenden Augen umherzuwerfen" wie hier in Athen; in aller Ruhe schaute er hin auf Freund und Feind, und jeder konnte es schon von weitem erkennen: wenn einer Hand an diesen Mann legen wollte, so würde er sich mit aller Kraft zur Wehr setzen. Daher kam er denn auch ungefährdet davon, er und sein Genosse. In der Regel nämlich pflegt man im Kriege diejenigen, die eine solche
c Haltung zeigen, überhaupt nicht anzugreifen, sondern die=

Πολλὰ μὲν οὖν ἄν τις καὶ ἄλλα ἔχοι Σωκράτη ἐπαινέσαι c καὶ θαυμάσια· ἀλλὰ τῶν μὲν ἄλλων ἐπιτηδευμάτων τάχ' ἄν τις καὶ περὶ ἄλλου τοιαῦτα εἴποι, τὸ δὲ μηδενὶ ἀνθρώπων ὅμοιον εἶναι, μήτε τῶν παλαιῶν μήτε τῶν νῦν ὄντων, τοῦτο ἄξιον παντὸς θαύματος. οἷος γὰρ Ἀχιλλεὺς ἐγένετο, ἀπεικάσειεν ἄν τις καὶ Βρασίδαν καὶ ἄλλους, καὶ οἷος αὖ Περικλῆς, καὶ Νέστορα καὶ Ἀντήνορα—εἰσὶ δὲ καὶ ἕτεροι— καὶ τοὺς ἄλλους κατὰ ταῦτ' ἄν τις ἀπεικάζοι· οἷος δὲ οὑτοσὶ d γέγονε τὴν ἀτοπίαν ἄνθρωπος, καὶ αὐτὸς καὶ οἱ λόγοι αὐτοῦ, οὐδ' ἐγγὺς ἂν εὕροι τις ζητῶν, οὔτε τῶν νῦν οὔτε τῶν παλαιῶν, εἰ μὴ ἄρα εἰ οἷς ἐγὼ λέγω ἀπεικάζοι τις αὐτόν, ἀνθρώπων μὲν μηδενί, τοῖς δὲ σιληνοῖς καὶ σατύροις, αὐτὸν καὶ τοὺς λόγους.

Καὶ γὰρ οὖν καὶ τοῦτο ἐν τοῖς πρώτοις παρέλιπον, ὅτι καὶ οἱ λόγοι αὐτοῦ ὁμοιότατοί εἰσι τοῖς σιληνοῖς τοῖς διοιγομένοις. εἰ γὰρ ἐθέλοι τις τῶν Σωκράτους ἀκούειν λόγων, e φανεῖεν ἂν πάνυ γελοῖοι τὸ πρῶτον· τοιαῦτα καὶ ὀνόματα καὶ ῥήματα ἔξωθεν περιαμπέχονται, σατύρου δή τινα ὑβριστοῦ δοράν. ὄνους γὰρ κανθηλίους λέγει καὶ χαλκέας τινὰς καὶ σκυτοτόμους καὶ βυρσοδέψας, καὶ ἀεὶ διὰ τῶν αὐτῶν τὰ αὐτὰ φαίνεται λέγειν, ὥστε ἄπειρος καὶ ἀνόητος ἄνθρωπος πᾶς ἂν τῶν λόγων καταγελάσειεν. διοιγομένους δὲ ἰδὼν ἄν 222 τις καὶ ἐντὸς αὐτῶν γιγνόμενος πρῶτον μὲν νοῦν ἔχοντας ἔνδον μόνους εὑρήσει τῶν λόγων, ἔπειτα θειοτάτους καὶ πλεῖστα ἀγάλματ' ἀρετῆς ἐν αὑτοῖς ἔχοντας καὶ ἐπὶ πλεῖστον τείνοντας, μᾶλλον δὲ ἐπὶ πᾶν ὅσον προσήκει σκοπεῖν τῷ μέλλοντι καλῷ κἀγαθῷ ἔσεσθαι.

Ταῦτ' ἐστίν, ὦ ἄνδρες, ἃ ἐγὼ Σωκράτη ἐπαινῶ· καὶ αὖ ἃ μέμφομαι συμμείξας ὑμῖν εἶπον ἅ με ὕβρισεν. καὶ μέν-

jenigen zu verfolgen, die Hals über Kopf sich aus dem Staube machen.

Noch so manches andere Bewundernswerte wäre an Sokrates zu loben. Indes, was sein sonstiges Verhalten betrifft, so könnte man auch von einem anderen Ähnliches sagen, was aber die höchste Bewunderung herausfordert, ist dies, daß es keinen einzigen Menschen weder in der Vorzeit noch in der Gegenwart gibt, dem er ähnlich wäre. Einem Achill zum Beispiel könnte man einen Brasidas[90]) und andere als ähnlich zur Seite stellen, anderseits einem Perikles Männer wie Nestor und Antenor und auch noch andere, und dieselben Gegenüberstellungen könnte man von anderen machen. Aber einen Mann von so wunderlicher Eigenart, seiner Person wie seinen Reden nach, wird man auch nicht annähernd wieder finden, man mag noch so lange suchen, weder unter den Mitlebenden noch unter den Früheren, man müßte ihn denn, wie ich es tat, nicht mit einem Menschen, sondern mit Silenen und Satyrn vergleichen, ihn und seine Reden.

37. Denn das habe ich in meinen vorigen Ausführungen ganz unberührt gelassen, daß auch seine Reden jenen Silenfiguren gleichen, die man öffnen kann. Denn wer Sokrates' Reden zuhören will, dem erscheinen sie zuerst wohl lächerlich; sind sie doch äußerlich in Worte und Ausdrücke und Redewendungen gehüllt wie in das Fell eines übermütigen Satyrs. Von Lasteseln[91]) spricht er, von Schmieden, Schustern und Gerbern, und über denselben Gegenstand scheint er immer dasselbe zu sagen, so daß jeder Unkundige und Geistesarme über seine Reden lachen muß. Öffnet man sie aber gleichsam und vertieft sich in das Innere, so wird man zunächst finden, daß es, von innen gesehen, die einzig wirklich vernünftigen Lehren sind, sodann aber auch, daß sie die göttlichsten sind und die meisten Bilder der Tugend in sich bergen und im weitesten Sinne alles umspannen, worauf derjenige sein Augenmerk richten muß, der ein guter und tüchtiger Mensch werden will.

Das ist es, ihr Freunde, was ich zum Lobe des Sokrates zu sagen habe; anderseits habe ich auch Tadel mit einflie-

τοι οὐκ ἐμὲ μόνον ταῦτα πεποίηκεν, ἀλλὰ καὶ Χαρμίδην b
τὸν Γλαύκωνος καὶ Εὐθύδημον τὸν Διοκλέους καὶ ἄλλους
πάνυ πολλούς, οὓς οὗτος ἐξαπατῶν ὡς ἐραστὴς παιδικὰ
μᾶλλον αὐτὸς καθίσταται ἀντ' ἐραστοῦ. ἃ δὴ καὶ σοὶ
λέγω, ὦ Ἀγάθων, μὴ ἐξαπατᾶσθαι ὑπὸ τούτου, ἀλλ' ἀπὸ
τῶν ἡμετέρων παθημάτων γνόντα εὐλαβηθῆναι, καὶ μὴ κατὰ
τὴν παροιμίαν ὥσπερ νήπιον παθόντα γνῶναι.

Εἰπόντος δὴ ταῦτα τοῦ Ἀλκιβιάδου γέλωτα γενέσθαι c
ἐπὶ τῇ παρρησίᾳ αὐτοῦ, ὅτι ἐδόκει ἔτι ἐρωτικῶς ἔχειν τοῦ
Σωκράτους. τὸν οὖν Σωκράτη, Νήφειν μοι δοκεῖς, φάναι,
ὦ Ἀλκιβιάδη. οὐ γὰρ ἄν ποτε οὕτω κομψῶς κύκλῳ περι-
βαλλόμενος ἀφανίσαι ἐνεχείρεις οὗ ἕνεκα ταῦτα πάντα
εἴρηκας, καὶ ὡς ἐν παρέργῳ δὴ λέγων ἐπὶ τελευτῆς αὐτὸ
ἔθηκας, ὡς οὐ πάντα τούτου ἕνεκα εἰρηκώς, τοῦ ἐμὲ καὶ
Ἀγάθωνα διαβάλλειν, οἰόμενος δεῖν ἐμὲ μὲν σοῦ ἐρᾶν καὶ d
μηδενὸς ἄλλου, Ἀγάθωνα δὲ ὑπὸ σοῦ ἐρᾶσθαι καὶ μηδ' ὑφ'
ἑνὸς ἄλλου. ἀλλ' οὐκ ἔλαθες, ἀλλὰ τὸ σατυρικόν σου
δρᾶμα τοῦτο καὶ σιληνικὸν κατάδηλον ἐγένετο. ἀλλ', ὦ
φίλε Ἀγάθων, μηδὲν πλέον αὐτῷ γένηται, ἀλλὰ παρα-
σκευάζου ὅπως ἐμὲ καὶ σὲ μηδεὶς διαβαλεῖ.

Τὸν οὖν Ἀγάθωνα εἰπεῖν, Καὶ μήν, ὦ Σώκρατες, κινδυνεύεις ἀληθῆ λέγειν. τεκμαίρομαι δὲ καὶ ὡς κατεκλίνη ἐν e
μέσῳ ἐμοῦ τε καὶ σοῦ, ἵνα χωρὶς ἡμᾶς διαλάβῃ. οὐδὲν οὖν
πλέον αὐτῷ ἔσται, ἀλλ' ἐγὼ παρὰ σὲ ἐλθὼν κατακλινήσομαι.

Πάνυ γε, φάναι τὸν Σωκράτη, δεῦρο ὑποκάτω ἐμοῦ
κατακλίνου.

Ὦ Ζεῦ, εἰπεῖν τὸν Ἀλκιβιάδην, οἷα αὖ πάσχω ὑπὸ τοῦ
ἀνθρώπου. οἴεταί μου δεῖν πανταχῇ περιεῖναι. ἀλλ' εἰ
μή τι ἄλλο, ὦ θαυμάσιε, ἐν μέσῳ ἡμῶν ἔα Ἀγάθωνα
κατακεῖσθαι.

ßen lassen und euch Kunde gegeben von der übermütigen Behandlung, die ich mir von ihm gefallen lassen mußte. Und gewiß, ich bin nicht der einzige, den er so behandelt
b hat, sondern auch mit Charmides, des Glaukon Sohn, und mit Euthydemos[92]), des Diokles Sohn, und noch gar vielen anderen hat er ein täuschendes Spiel getrieben, als wäre er der Liebhaber. Wird er doch vielmehr (stets) selbst der Geliebte. Dies sage ich denn auch dir zur Warnung, Aga=thon: Laß dich nicht täuschen von ihm, sondern laß dir unsere Leiden zur Warnung dienen, um nicht erst, wie die Toren, durch Schaden klug zu werden, wie das Sprichwort sagt.

c 38. Als Alkibiades so gesprochen, brach ein Gelächter aus über seine Offenherzigkeit, da er den Schein erweckte, als sei er immer noch in Sokrates verliebt.

Sokrates aber erklärte: Du scheinst mir ganz nüchtern zu sein, Alkibiades; denn sonst hättest du nicht so geistreich mit kunstvollen Redewendungen zu verbergen gesucht, zu welchem Zweck du dies alles gesagt hast. Und wie wenn es nur nebensächlich wäre, hast du die Hauptsache an den Schluß gesetzt, als ob nicht vielmehr deine ganze Rede darauf berechnet gewesen wäre, mich und Agathon zu ent=
d zweien. Bildest du dir doch ein, ich dürfe bloß dich und keinen anderen lieben, Agathon aber dürfe nur von dir und keinen anderen geliebt werden. Aber es ist doch gemerkt worden, und dein Satyr= und Silenendrama aufgedeckt. Laß ihn denn keinen Gewinn davon haben, lieber Agathon, sondern trage Sorge, daß niemand uns beide entzweie!

Ag.: In der Tat, Sokrates, es scheint, du hast ganz recht. Vermute ich richtig, so hat er sich auch in keiner anderen
e Absicht zwischen uns gelegt, als um uns zu trennen. Das soll ihm nunmehr nichts helfen, sondern ich werde zu dir herüberkommen und mich neben dir niederlegen.

S.: Ja, komm nur!

Alk.: Beim Zeus, was muß ich mir wieder von dem Men=schen gefallen lassen! Er glaubt mich aufs gründlichste demütigen zu müssen. Aber geht es nicht anders, du Ein=

'Αλλ' αδύνατον, φάναι τὸν Σωκράτη. σὺ μὲν γὰρ ἐμὲ ἐπήνεσας, δεῖ δὲ ἐμὲ αὖ τὸν ἐπὶ δεξί' ἐπαινεῖν. ἐὰν οὖν ὑπὸ σοὶ κατακλινῇ 'Αγάθων, οὐ δήπου ἐμὲ πάλιν ἐπαινέσεται, πρὶν ὑπ' ἐμοῦ μᾶλλον ἐπαινεθῆναι; ἀλλ' ἔασον, ὦ δαιμόνιε, καὶ μὴ φθονήσῃς τῷ μειρακίῳ ὑπ' ἐμοῦ ἐπαινε- 223 θῆναι· καὶ γὰρ πάνυ ἐπιθυμῶ αὐτὸν ἐγκωμιάσαι.

Ἰοῦ ἰοῦ, φάναι τὸν 'Αγάθωνα, 'Αλκιβιάδη, οὐκ ἔσθ' ὅπως ἂν ἐνθάδε μείναιμι, ἀλλὰ παντὸς μᾶλλον μεταναστήσομαι, ἵνα ὑπὸ Σωκράτους ἐπαινεθῶ.

Ταῦτα ἐκεῖνα, φάναι τὸν 'Αλκιβιάδην, τὰ εἰωθότα· Σωκράτους παρόντος τῶν καλῶν μεταλαβεῖν ἀδύνατον ἄλλῳ. καὶ νῦν ὡς εὐπόρως καὶ πιθανὸν λόγον ηὗρεν, ὥστε παρ' ἑαυτῷ τουτονὶ κατακεῖσθαι.

Τὸν μὲν οὖν 'Αγάθωνα ὡς κατακεισόμενον παρὰ τῷ b Σωκράτει ἀνίστασθαι· ἐξαίφνης δὲ κωμαστὰς ἥκειν παμπόλλους ἐπὶ τὰς θύρας, καὶ ἐπιτυχόντας ἀνεῳγμέναις ἐξιόντος τινὸς εἰς τὸ ἄντικρυς πορεύεσθαι παρὰ σφᾶς καὶ κατακλίνεσθαι, καὶ θορύβου μεστὰ πάντα εἶναι, καὶ οὐκέτι ἐν κόσμῳ οὐδενὶ ἀναγκάζεσθαι πίνειν πάμπολυν οἶνον. τὸν μὲν οὖν 'Ερυξίμαχον καὶ τὸν Φαῖδρον καὶ ἄλλους τινὰς ἔφη ὁ 'Αριστόδημος οἴχεσθαι ἀπιόντας, ἓ δὲ ὕπνον λαβεῖν, καὶ καταδαρθεῖν πάνυ πολύ, ἅτε μακρῶν τῶν νυκτῶν οὐσῶν, c ἐξεγρέσθαι δὲ πρὸς ἡμέραν ἤδη ἀλεκτρυόνων ᾀδόντων, ἐξεγρόμενος δὲ ἰδεῖν τοὺς μὲν ἄλλους καθεύδοντας καὶ οἰχομένους, 'Αγάθωνα δὲ καὶ 'Αριστοφάνη καὶ Σωκράτη ἔτι μόνους ἐγρηγορέναι καὶ πίνειν ἐκ φιάλης μεγάλης ἐπὶ δεξιά. τὸν οὖν Σωκράτη αὐτοῖς διαλέγεσθαι· καὶ τὰ μὲν ἄλλα ὁ 'Αριστόδημος οὐκ ἔφη μεμνῆσθαι τῶν λόγων—οὔτε γὰρ ἐξ d ἀρχῆς παραγενέσθαι ὑπονυστάζειν τε—τὸ μέντοι κεφάλαιον,

Schlußszene

ziger, dann weise dem Agathon seinen Platz wenigstens in der Mitte zwischen uns an.

S.: Ganz unmöglich, denn du hast mich gelobt, und ich muß wieder meinen Nachbarn zur Rechten loben. Wenn nun Agathon neben dir Platz nimmt, würde er dann nicht noch einmal mich loben, während er vielmehr von mir gelobt werden müßte? Gib dich also zufrieden, du Seltsamer, und mißgönne dem Jüngling nicht eine Lobrede von mir. Trage ich doch das lebhafteste Verlangen, ihn zu preisen.

Ag.: Herrlich, herrlich, Alkibiades! Unmöglich kann ich auf diesem Platz hier bleiben, nein, ich muß ihn unbedingt wechseln, um von Sokrates gelobt zu werden.

Alk.: Nun ja, es bleibt eben beim alten: wenn Sokrates zugegen ist, dann kann kein anderer an die Schönen herankommen. Und wie hat er jetzt wieder Mittel und gewinnende Worte gefunden, um Agathon neben sich zu haben!

39. Agathon also erhob sich, um seinen Platz neben Sokrates einzunehmen.

Da erschien plötzlich eine große Schar von Nachtschwärmern an der Tür, und da gerade jemand hinausging, so fanden sie sie offen und stürmten nun gerades Weges herein zu uns und ließen sich nieder. So füllte sich denn alles mit Lärm, und ohne jede Ordnung ward man gezwungen, maßlos zu trinken. Eryximachos und Phaidros nebst einigen anderen — so erzählte Aristodemos — entfernten sich, ihn selbst aber habe der Schlaf überwältigt und lange auf dem Lager festgehalten, da die Nächte lang seien in jener Jahreszeit*). Erst bei Tagesanbruch, als die Hähne krähten, sei er erwacht und habe bemerkt, daß die einen noch schliefen, die anderen sich entfernt hatten; nur Agathon, Aristophanes und Sokrates wären noch wach gewesen und hätten aus einer großen Schale getrunken, nach rechts herum. Sokrates aber habe sich mit ihnen unterhalten. Im übrigen, erklärte Aristodemos, entsinne er sich nicht mehr der Gespräche, denn den Anfang habe er nicht mitbekommen und sei zwischendurch auch eingenickt. Die Haupt=

---

*) Im Januar.

ἔφη, προσαναγκάζειν τὸν Σωκράτη ὁμολογεῖν αὐτοὺς τοῦ αὐτοῦ ἀνδρὸς εἶναι κωμῳδίαν καὶ τραγῳδίαν ἐπίστασθαι ποιεῖν, καὶ τὸν τέχνῃ τραγῳδοποιὸν ὄντα ⟨καὶ⟩ κωμῳδοποιὸν εἶναι. ταῦτα δὴ ἀναγκαζομένους αὐτοὺς καὶ οὐ σφόδρα ἑπομένους νυστάζειν, καὶ πρότερον μὲν καταδαρθεῖν τὸν Ἀριστοφάνη, ἤδη δὲ ἡμέρας γιγνομένης τὸν Ἀγάθωνα. τὸν οὖν Σωκράτη, κατακοιμίσαντ' ἐκείνους, ἀναστάντα ἀπιέναι, καὶ ⟨ἓ⟩ ὥσπερ εἰώθει ἕπεσθαι, καὶ ἐλθόντα εἰς Λύκειον, ἀπονιψάμενον, ὥσπερ ἄλλοτε τὴν ἄλλην ἡμέραν διατρίβειν, καὶ οὕτω διατρίψαντα εἰς ἑσπέραν οἴκοι ἀναπαύεσθαι.

sache sei jedoch die gewesen: Sokrates habe ihnen das Zu=
geständnis abgenötigt, ein und derselbe Mann müsse fähig
sein, eine Komödie und eine Tragödie zu dichten, und der
kunstgerecht ausgebildete Tragödiendichter sei auch ein
Komödiendichter. Während sie nun zu diesem Zugeständ=
nis genötigt wurden, ohne recht zu folgen, seien sie ein=
genickt; zuerst sei Aristophanes eingeschlafen, bei schon
vorgerückter Morgenzeit auch Agathon. Sokrates aber sei,
nachdem sie über seinen Reden eingeschlummert, aufgestan=
den und weggegangen, und er selbst habe sich ihm, wie
gewöhnlich, angeschlossen. Sokrates habe sich darauf nach
dem Lykeion begeben, und nachdem er dort ein Bad ge=
nommen, ganz wie sonst daselbst den übrigen Teil des
Tages zugebracht. Dann sei er gegen Abend nach Hause
zur Ruhe gegangen.

ANMERKUNGEN

Vorbemerkung. Im Symposion gibt *Apollodoros*, ein leidenschaftlicher Anhänger des Sokrates, den Bericht des *Aristodemos* von dem berühmten Gastmahl des Agathon (416 v. Chr.) wieder, an dem Aristodemos selber teilgenommen hatte. Denselben Bericht hat Apollodoros vor kurzem Glaukon gegeben, der durch einen von Phoinix einem Dritten vermittelten Bericht schon undeutliche Kunde davon hatte. Der Bericht des Phoinix geht ebenfalls auf *Aristodemos* zurück.

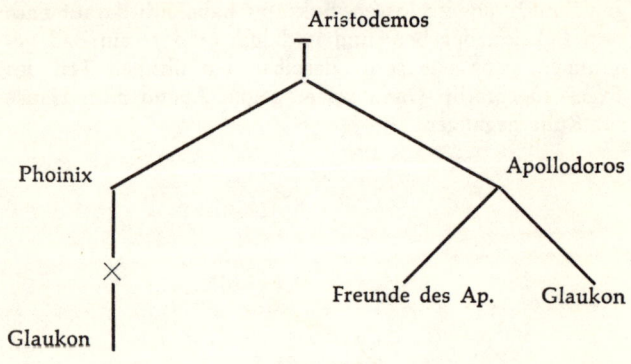

[1] S. 3. Apollodoros war Sokrates so leidenschaftlich ergeben, daß man ihn den „Tollen" nannte. In dieser Beziehung ist er uns auch bekannt aus dem Dialog Phaidon (59 A, 117 D). Dementsprechend ist er auch nach der Apologie (38 B) sofort bereit, für Sokrates gegebenenfalls Bürgschaft zu übernehmen für etwaige Geldstrafe. Auch Xenophon zählt ihn (Mem. III 11, 17) zu den treuesten Schülern des Sokrates.

[2] S. 3. Phaleron war der älteste athenische Hafenplatz an der südwestlichen Küste von Attika, ca. 5 km von der Stadt entfernt.

[3] S. 3. Der Scherz liegt in nichts anderem als in dem zu dem Namen hinzugefügten Herkunftsort; das erinnert nämlich an die Umständlichkeit und Feierlichkeit einer gerichtlichen Bekundung.

[4] S. 3. „Eros", „den wir nie mit unserem Femininum wiedergeben sollten" (v. Wilamowitz). Eros ist die begehrende Liebe.

[5] S. 3. Dieser Phoinix ist uns sonst nicht bekannt.

[6] S. 5. Vielleicht Platons Bruder; jedenfalls nicht zu verwech=

seln mit Glaukon, dem Vater des Charmides, dessen in unserem Dialog auch gedacht wird (222 B).

[7] S. 5. Agathon, der Gastgeber, Tragödiendichter und im Jahre 416 v. Chr., in welchem das Gastmahl zur Feier seines ersten tragischen Sieges spielt, noch ein junger Mann, begab sich etwa 10 Jahre später als Gast an den Hof des Königs Archelaos von Makedonien, wo er dann dauernd verweilte, berühmt nicht nur als Dichter, sondern auch wegen seiner Schönheit, die ihn zum Liebling des Pausanias machte. Von Aristophanes in den „Thesmophoriazusen" verhöhnt.

[8] S. 5. Aristodemos aus Kydathenaion, der erste und unmittelbare Erzähler des Gastmahls, war wie Apollodoros ein eifriger Anhänger des Sokrates, dem er auch in Äußerlichkeiten wie dem Barfußgehen nachzueifern bestrebt war. H. Herter weist mit Recht darauf hin, daß Platon in voller Absicht mit Aristodemos und Apollodoros Berichterstatter gewählt hat, die im sokratischen Kreis von geringer Bedeutung waren. (Griechisches Bulletin, Nr. 1, Bonn 1958.)

[9] S. 7. Zum Beinamen des Apollodoros vgl. v. Wilamowitz, Platon II 356.

[10] S. 9. Das Sprichwort lautet ursprünglich αὐτόματοι ἀγαθοὶ ἀγαθῶν ἐπὶ δαῖτας ἴασιν „Ungeladen erscheinen die Guten bei Guten zu Gaste". Die hier scherzhaft vorgenommene Umänderung besteht nur darin, daß durch Wandlung des ἀγαθῶν in 'Αγάθων' (= 'Αγάθωνι, d. h. Dat. sing. anstatt Gen. plur.) Agathon als Gastgeber eingeführt wird. So hat schon Lachmann die viel umstrittene Stelle richtig gedeutet.

[11] S. 9. Einen „weichlichen Kämpfer" nennt Apollon den Menelaos Ilias. VI 588. Die Gastmahlsszene, mit der Platon hier ein scherzhaftes Spiel treibt, findet sich Ilias. II 408.

[12] S. 9. Nach einem bekannten Homerischen Vers Ilias. X 224.

[13] S. 11. Eryximachos, einem Arztgeschlechte angehörig, Sohn des Akumenos, ist auch aus dem Dialog Phaidros (227 A und 269 A) als Freund des Phaidros bekannt und tritt im Dialog Protagoras unter derjenigen Gruppe auf, die sich zu Hippias hält.

[14] S. 11. Text nach v. Wilamowitz, Platon II 357.

[15] S. 13. Dieses Experiment gilt bekanntlich nur dann, wenn das Wasser in dem einen Becher höher steht als in dem anderen. — Zur Vorstellung von der Seele als Gefäß des Wissens vgl. Olof Gigon, Studien zu Platons Protagoras, S. 110 (Basel 1945, Benno Schwabe).

[16] S. 13. „Jene Selbstverkleinerung, hinter der sich die Überlegenheit kaum verbirgt, was die Athener Ironie nennen..." (v. Wilamowitz, Platon I¹ 373). Andererseits bezeichnet der platonische Sokrates häufig eine Erkenntnis, die erst dialektisch errungen werden muß, als ein ihm vorschwebendes Traumbild.

[17] S. 13. Diese Notiz gibt einen Begriff von der Größe des Theaters.

[18] S. 13. Wein und Wahrheit stehen in gutem Einvernehmen miteinander; das Weingelage also, der zweite und geistig bedeutsamere Teil des Gastmahls, soll die Streitfrage entscheiden; der Gott Dionysos also soll gleichsam selbst Richter sein.

[19] S. 13. Pausanias, uns aus Platons Protagoras sowie aus der Bezugnahme Xenophons auf ihn im Xenophontischen Gastmahl bekannt, erscheint immer nur als Liebhaber des Agathon, dem er auch nach Makedonien folgte. Vgl. die Einleitung.

[20] S. 15. Phaidros aus Myrrhinus, einem attischen Demos, ist seiner Eigenart nach aus dem nach ihm benannten Platonischen Dialog bekannt. Er paßt vortrefflich zu der Rolle, die ihm hier zugeteilt wird.

[21] S. 17. Für Platons Einstellung zum Flötenspiel bei Gelagen ist besonders bezeichnend die Stelle Protagoras 347 C/D.

[22] S. 17. Fr. 488 N. Melanippe war die Tochter der Hippo und Enkelin des Kentauren Cheiron. Euripides hat sie zur Heldin zweier Stücke gemacht: Melanippe die Weise und Melanippe die Gefangene. Unser Zitat gehört dem ersteren dieser Stücke an.

[23] S. 17. Man denkt dabei vor allem an den von Xenophon nachgebildeten Mythos des berühmten Sophisten Prodikos von Herakles am Scheidewege.

[24] S. 19. Die dramatische Kunst war auf das engste mit dem Dionysoskult verknüpft. Dionysos ist „der Gott des dramatischen Spiels". Am Dionysosfest der Lenäen und an den städtischen Dionysien wurden Komödien zu Ehren des Gottes aufgeführt.

[25] S. 19. Hesiod, Theog. 116 ff. Zur ganzen Stelle s. v. Wilamowitz, Platon II 340 und Glaube der Hellenen I 215, 1.

[26] S. 19. Diels-Kranz, Fragmente der Vorsokratiker[5] I 28 B 13 und Anm.

[27] S. 19. Akusilaos von Argos; 5. Jahrh. v. Chr. Vors.[9] I 9 B 2. Vgl. auch Aristophanes, Aves 696.

[28] S. 21. Vgl. v. Wilamowitz, Platon I[1] 363, 1.

[29] S. 21. Vgl. Ilias. X 482, XV 262. Od. IX 381.

[30] S. 23. Alkestis, die, um ihrem Gemahl Admetos das Leben zu retten, sich selbst dem Tode weihte. Schon Phrynichos hatte diese Sage zum Gegenstand einer Tragödie gemacht; uns ist sie geläufig durch des Euripides erhaltenes Stück Alkestis, in dem Herakles dem Thanatos (Tod) die Alkestis wieder abringt.

[31] S. 23. Die gangbare Sage von Orpheus ist hier durch starke Willkürlichkeit entstellt.

[32] S. 23. Bei Homer Od. XI 467 ff. weilt Achilleus gleich den übrigen Helden im Hades. Erst in der nachhomerischen Sage wird er in das Elysion oder auf die Inseln der Seligen versetzt.

[33] S. 23. Über die Belehrungen seiner Mutter s. Ilias. IX 410 ff. XVIII 95 ff.

[34] S. 23. Das angebliche Liebesverhältnis zwischen Achilleus und Patroklos ist erst Erfindung der nachhomerischen Zeit. Bei Homer handelt es sich nur um innige Freundschaft der Helden.

[35] S. 23. Das kann sich nur beziehen auf Ilias. XI 786.

[36] S. 25. Diese Darlegung beruht mehr auf eigener Konstruktion als auf tatsächlichen Kultverhältnissen. Vgl. v. Wilamowitz, Platon I^1 362 mit Anm.

[37] S. 27. Dieses ist sophistische Lehre, wie sie vor allem von Protagoras vertreten wurde.

[38] S. 29. Zu diesen „Manchen" gehört auch Sokrates, wenigstens der Xenophontische. Vgl. Xen. Symp. VIII, Mem. I 2, 29.

[39] S. 31. Hipparch, der Tyrann, stellte dem Harmodios, dem Geliebten des Aristogeiton, nach.

[40] S. 33. Homerische Wendung: Ilias. II 71.

[41] S. 37. Dergleichen Wortspielereien, Gleichklänge und Künsteleien aller Art waren namentlich durch Gorgias in Mode gekommen.

[42] S. 43. Damit wird von Herakleitos das Walten der Gegensätze, der beständige Wechsel von Anspannung und Abspannung, von Straffheit und Schlaffheit, von Aufwärts und Abwärts als welterhaltendes Prinzip gekennzeichnet. Vors.^{5} I 22 B 51, und Wilhelm Capelle, Die Vorsokratiker, S. 134, Nr. 27 und Vorbericht (Alfred Kröner Verlag, Stuttgart).

[43] S. 43. Nämlich der Töne.

[44] S. 43. An die Stelle der himmlischen Aphrodite tritt hier für das musische Gebiet die Muse Urania, an die Stelle der gemeinen Aphrodite die Muse Polyhymnia. Das hat sich Eryximachos eigenmächtig so zurechtgelegt. — Es ist bezeichnend für ihn, daß er trotz allem für den gemeinen Eros eine Hintertür offenhält.

[45] S. 51. Od. XI 307 ff.

[46] S. 51. Eine Belustigung bei den ländlichen Dionysien, bei der es galt, mit *einem* Beine auf einem mit Wein gefüllten und mit Öl bestrichenen Schlauch herumzuhüpfen. Zum Text s. v. Wilamowitz, Platon I^1 367, 1.

[47] S. 55. Das sind die tesserae hospitales der Römer, je eine Hälfte einer Marke oder eines Würfels, dessen andere Hälfte einem Gastfreunde gehörte, und deren Zusammenpassen auch für die Nachkommen noch das Erkennungszeichen ehemaliger Gemeinschaft war.

[48] S. 55. Die Schollen oder Butten haben Augen und Maul nur auf der einen Seite des Kopfes und sehen fast wie halbiert aus. Das Gleichnis ist, wie H. Müller erkannt hat, aus Aristophanes selbst entnommen, nämlich aus Lysistr. 115.

[49] S. 57. Zu diesem „Anachronismus" vgl. v. Wilamowitz, Platon II 176 f. und I¹ 369, 1. — Zum Mythos des Aristophanes im ganzen vgl. K. Ziegler, Menschen= und Weltenwerden. N. Jb. f. d. klass. Altert. 1913, S. 529 f.

[50] S. 61. Damit ist nicht die eigentliche Aufführung im Dionysostheater gemeint, sondern eine Art Vorspiel dazu, der sog. Proagon, der in einer feierlichen Ankündigung der zu erwartenden Festspiele bestand, verbunden mit persönlicher Vorstellung der Dichter, Choreuten usw. im Odeion des Perikles. Der ὀκρίβας ist also nicht die Bühne, sondern eine Art Tribüne. Vgl. Dörpfeld=Reisch, Das griechische Theater. S. 303.

[51] S. 65. Text nach Hermann Diels.

[52] S. 65. Ilias, XIX 92 f.

[53] S. 67. Od. VIII 266 f.

[54] S. 69. Euripides Fr. 663 N.

[55] S. 73. Ein durch den Anklang des Namens veranlaßter Scherz, der sich auf Od. XI 633 f. bezieht (die Angst vor dem Gorgonenhaupt). — Gegen E. Hoffmans Wertung der Agathonrede (Über Platons Symposion, S. 16) lassen sich Zweifel erheben.

[56] S. 75. Anspielung auf die berühmte Stelle Euripides Hippol. 612; „Die Zunge hat geschworen, nimmermehr der Geist".

[57] S. 75. Diese Bemerkung hat ihren Grund in der Vieldeutigkeit des griechischen Genetivs; es soll nämlich festgestellt werden, daß der Genetiv hier weder die Abstammung bezeichnet, noch irgendwie als genetivus subiectivus gedeutet werden darf, sondern lediglich genetivus obiectivus ist, d. h. den Gegenstand bezeichnet, auf den sich die Liebe bezieht.

[58] S. 81. Die Gestalt der Priesterin Diotima dient Platon dazu, Sokrates platonische Gedanken vortragen zu lassen. Über Diotima s. W. Kranz, Diotima von Mantineia, Hermes 61, 1921, S. 437 f. und „Die Antike" II 1926, S. 313 f.

[59] S. 81. Die große Pest im Jahre 430 v. Chr.

[60] S. 87. Poros, das eigentlich den Weg, dann den Ausweg bezeichnet (v. Wilamowitz).

[61] S. 87. Vgl. Eduard Mörike, Peregrina=Gedicht V.

[62] S. 89. „Stets nach Weisheit suchend" (φιλοσοφῶν), denn φιλόσοφος und φιλοσοφεῖν bedeutet nie den fertigen Zustand des „Philosophen". — Unten 203 E: Text nach v. Wilamowitz, Platon II 359.

[63] S. 89. „Die nach Weisheit streben" (φιλοσοφοῦντες).

[64] S. 93. Durch ein Beispiel hat Sokrates klargemacht, daß es Worte gibt, die nicht nur einen Artbegriff bezeichnen, son=

dern daneben auch die Bedeutung von Gattungsbegriffen haben. So das Wort ποιητής (eigentlich Schöpfer, ποίησις = Schöpfung), das vorwiegend zwar die Spezies, die „Dichter" bezeichnet, daneben aber auch Bezeichnung jedes künstlerischen Schaffens überhaupt ist, also zugleich für Art und Gattung als Ausdruck dient. So steht es auch, meint Sokrates, mit dem Ausdruck Liebe (ἔρως): er bezeichnet gemeinhin die Liebe im engeren Sinne, d. h. die Herzens= und Sinnesneigung der Menschen gegeneinander und das dadurch bestimmte Verlangen nach Vereinigung, im weiteren Sinne aber auch das Verlangen nach jedwedem Guten und Glück. Die Bezeichnung des Eros als „listenreich" stammt wahrscheinlich aus einem Dichterzitat.

[65] S. 95. Das zielt auf die Rede des Aristophanes 191 A ff., der sie selbst, Diotima, nicht beigewohnt hat. Auf diese Beziehung wird von Aristophanes selbst später (212 C) angespielt.

[66] S. 95. Über das Verhältnis des „Eigenen" zum „Guten" geht die Erörterung in Platons Jugenddialog Lysis, der gegenüber das Symposion einen bedeutenden Fortschritt darstellt.

[67] S. 97. ἑλόντα (206 E 1) nach v. Wilamowitz, Platon II 172, 3.

[68] S. 101. Dieses ist *nicht* Platons Standpunkt, sondern Sokrates trägt hier heraklitische Lehre vor. μνήμην (208 A 6), in diesem Zusammenhang untragbar, ist nach Boll u. a. ge=

[69] S. 101. ἀδύνατον Creuzer, die Hss. ἀθάνατον.   [tilgt.

[70] S. 103. Die Nachkommen des Kodros waren zwar nicht mehr Könige, wurden aber als lebenslängliche Archonten noch „Könige" genannt.

[71] S. 105. „An Tempel ist keinesfalls zu denken, wohl eher an Altäre" (v. Wilamowitz, Platon II 173, 1.).

[72] S. 107. Platon spricht in diesem Abschnitt von beiden, vom Führer wie vom Geführten. Über die „Stufen des Aufstiegs" s. E. Hoffmann, a. a. O., S. 20 unten.

[73] S. 109. Zu diesem Abschnitt ist heranzuziehen Platons VII. Brief in der Übertragung von Ernst Howald (Die Briefe Platons, Zürich 1923. Orell Füssli) und v. Wilamowitz, Platon I[1] 368 und Anm. 68 zum VII. Brief der Apeltschen Übertragung.

[74] S. 111. Nach Platons Grundanschauung kommt der eigentliche Wahrheitsgehalt nur den Ideen zu. Die davon abhängenden Erscheinungsformen, z. B. der Gerechtigkeit, sind nur Abbilder.

[75] S. 117. 1 Kotyle = 0,27 l.

[76] S. 117. Ilias. XI 514.

[77] S. 121. Marsyas, ein kleinasiatischer Silen oder Satyr, Meister im Flötenspiel, dem Apollon nach einem Wettkampf im Flötenspiel die Haut abzog. Alkibiades vergleicht Sokrates

hier einerseits mit Marsyas, indem er die Wirkung der Gespräche des Sokrates mit der Wirkung des Flötenspiels des Marsyas vergleicht. Dagegen in seinem Äußeren und in seinem Verhalten gegenüber den Menschen vergleicht er ihn mit den Silenen (vgl. die Bezeichnung ὑβριστής („voller Ironie") 215 C und 216 D den Ausdruck σιληνῶδες „silenartig", für sein ironisches Spiel mit den Menschen). — Der Unterschied zwischen Silenen und Satyrn hatte sich schon längst verwischt. Beide haben ihre Stellung im Dionysoskult, für den im Gegensatz zu dem Apollonkultus ursprünglich wenigstens die Flötenmusik charakteristisch ist. In dem Wettkampf zwischen Apollon und Marsyas drückt sich dieser Gegensatz am sprechendsten aus.

[78] S. 123. Die Korybanten, Priester der phrygischen Göttin Kybele, versetzten sich, ähnlich wie die Schamanen, mittels ihrer Zaubertrommel, durch rauschende Musik und wilden Tanz in einen Zustand der Raserei und Verzückung.

[79] S. 123. Alkibiades meint, daß Sokrates ihn dazu ermahne, sich um seine „eigenen" Angelegenheiten, d. h. um seine *Seele* zu kümmern, ehe er sich mit der athenischen Politik befasse. Man erkennt aus Alkibiades' Worten, daß es ihm nicht leicht geworden ist, sich von Sokrates' Einfluß loszureißen.

[80] S. 129. Scherzhafte Verschmelzung von zwei Sprichwörtern: οἶνος καὶ ἀλήθεια und οἶνος καὶ παῖδες ἀληθεῖς.

[81] S. 129. Aus der Mysteriensprache. Vors.⁵ I 1 B 7.

[82] S. 131. Anspielung auf den bekannten Waffentausch zwischen Glaukos und Diomedes. Ilias. VI 234 ff.

[83] S. 133. ἐγκράτειαν nach dem Papyrus.

[84] S. 133. Erst die nachhomerische Sage kennt die Unverwundbarkeit des Aias, die ihm durch des Herakles Vermittlung zuteil geworden.

[85] S. 133. Dieser mehrjährige schwierige Feldzug, veranlaßt durch den Abfall von Poteidaia zu den Korinthern, fällt in die Jahre 432 bis 429 v. Chr.

[86] S. 135. Od. IV 242.

[87] S. 137. Niederlage der Athener durch die Thebaner im Jahre 424 v. Chr.

[88] S. 137. Vgl. Plat. Lach. 181 B.

[89] S. 137. Aristophanes, Wolken 361.

[90] S. 139. Der ausgezeichnete spartanische Feldherr, der 422 v. Chr. siegend bei Amphipolis fiel.

[91] S. 139. Diese Stelle zeigt uns, daß nicht nur Xenophon überliefert hat, daß Sokrates oft vom trivialen Beispiel des täglichen Lebens ausging.

[92] S. 141. Wohl zu unterscheiden von dem gleichnamigen Sophisten, von dem der betreffende Dialog Platons den Namen trägt.

REGISTER

Achilles (Ἀχιλλεύς) 179 e ff., 208 d, 221 c.
Admetos (Ἄδμητος) 179 b, 208 d.
Agamemnon (Ἀγαμέμνων) 174 b.
Agathon (Ἀγάθων) Person des Dialogs Symposion 172 a f., 194 e f., 222 c f.
Aischylos (Αἴσχυλος), der Tragödiendichter 180 a.
Akumenos (Ἀκουμενός) Arzt, Vater des Eryximachos 176 b, 214 b.
Akusilaos (Ἀκουσίλαος) 178 b.
Alkestis (Ἄλκηστις) ihre aufopfernde Liebe für Admetos 179 b f., 208 d.
Alkibiades (Ἀλκιβιάδης) Sprecher im Dialog Symposion. 212 d f., seine Preisrede auf Sokrates 215 a f.
Allgemeines (Begriff) im Gegensatz zu den Einzeldingen 210 b f.
Ananke (Ἀνάγκη) Göttin der Notwendigkeit, regierte, ehe Eros geboren ward 195 c, 197 b.
Antenor (Ἀντήνωρ) mit Perikles verglichen 221 c.
Aphrodite (Ἀφροδίτη) Aristophanes und A. 177 e. Zwei Göttinnen dieses Namens 180 d. Eros und A. 203 b/c.
Apollodoros (Ἀπολλόδωρος) der Phalereer, Bruder des Aiantodoros, Erzähler des Symposion 172 a f.
Apollon (Ἀπόλλων) 190 e. Seine Wohltaten für die Menschen 197 a.
Ares (Ἄρης) 196 d.
Aristodemos (Ἀριστόδημος) aus Kydathen 173 b. Hat dem Apollodoros das Gastmahl erzählt 174 a.
Aristogeiton (Ἀριστογείτων) der Tyrannenmörder, 182 c.
Aristophanes (Ἀριστοφάνης) Mitredner im Symposion 189 b f. Sonstiges über ihn 176 a, 177 e, 185 c, 213 c, 221 b, 223 c.
Arkadier (Ἀρκάδες) Ihre staatliche Zerstückelung 193 a.
Asklepios, Äskulap (Ἀσκληπιός) 186 e.
Astronomie (ἀστρονομία) 188 b.
Ate (Ἄτη) Göttin, 195 d.
Athene (Ἀθηνᾶ) Erfinderin der Webkunst 197 b.

Banausentum (βαναυσία) Dem Banausen (βάναυσος) opp. der „dämonische" Mann 203 a.
Barbaren (βάρβαροι) opp. Griechen (Ἕλληνες). Geschlechtliche Verhältnisse 182 b, 209 e.

Besonnenheit, Mäßigkeit (σωφροσύνη). Besonnenheit und Gerechtigkeit als höchste Weisheit gepriesen 209 a.
Brasidas (Βρασίδας) mit Achilles verglichen 221 c.

Chaos (χάος) bei Hesiod 178 b.
Charmides (Χαρμίδης) des Glaukon Sohn 222 b.

Dämonen (δαίμονες) Vermittler zwischen Göttern und Menschen 202 e.
Delion, Sokrates in der Schlacht bei D. 221 a.
Dichter (ποιηταί) 205 c f., 209 a, 209 d.
Diokles (Διοκλῆς) Vater des Euthydemos 222 b.
Dione (Διώνη) Mutter der Aphrodite 180 d.
Dionysos (Διόνυσος) 175 e. Aristophanes und D. 177 e.
Diotima (Διοτίμα) die erleuchtete Mantineerin, 201 d f.
Doxa (δόξα) s. Meinung.

Eileithyia (Εἰλείθυια) Geburtsgöttin, 206 d.
Ephialtes (Ἐφιάλτης) Gigant, 190 b.
Erkenntnis (ἐπιστήμη, γνώμη, γνῶσις, μάθησις) und Erkennen (γιγνώσκειν, τὸ γνῶναι) 209 a. Stufengang der Erkenntnis 210 b f.
Eros (Ἔρως) Liebesgott. Thema des Symposion, E. ein Dämon, 202 d f. Doppelnatur 202 c ff. Zeugung 203 b. Sein Wesen und Wirken das Zeugen im Schönen 204 e ff. Stufenleiter des Schönen und der Zeugung vom Körperlichen bis zum höchsten Geistigen 209 b ff. E. in der Dichtung 177 a f. E. als kosmische Kraft 186 a ff. Seine Tugenden 196 b ff. Mythologisches 178 a f., 195 b f. Weckt den dichterischen Drang 196 e. Umfaßt mancherlei Arten 205 b. Der Liebende steht höher als der Geliebte, denn der Gott ist in ihm 180 b; L. zu dem (nicht was man hat, sondern), was man begehrt 200 a ff. Liebe (ἔρως, φιλία) und Feindschaft in der Natur 186 d.
Erotik (ἐρωτικὴ τέχνη) d. i. die Philosophie als Liebeskunst, 204 a ff.
Eryximachos (Ἐρυξίμαχος) Arzt, Person des Dialogs Symposion 175 a, 176 b f. Seine Rede 185 e f., 188 e f., 214 a.
Euripides (Εὐριπίδης) der Tragödiendichter, Zitate aus der Melanippe 177 a, Stheneboia 196 e, Hippolytos 199 a.
Euthydemos (Εὐθύδημος) des Diokles Sohn, 222 b.

Flötenspiel (αὐλητική, αὔλησις) 176 e, 215 b f. im Vergleich.
Fortpflanzung = irdische Unsterblichkeit 207 a ff., 212 a.

Ge (γῆ) Erde als Göttin 178 b.

Gegenteil (ἐναντίον) Entgegensetzung, Entgegengesetztes. Unterscheidung des konträren und kontradiktorischen Gegenteiles 201 e f., 203 e f. Das Feindliche des Entgegengesetzten 186 d.
Gerechtigkeit (δικαιοσύνη) 209 a.
Geschlechter (γένη) drei, 189 d f.
Glaukon (Γλαύκων) Vater des Charmides, 222 b.
Glaukon, tritt als Sprecher in der Erzählung des Gastmahls auf 172 c.
Gleichnis und Vergleich im Gastmahl: Wasserableitung 175 d, Traum 175 e, Radschlagen 190 a, Figuren auf den Grabreliefs 193 a, Sklavendienst am Einzelnen 210 d, Gleichnisse für Sokrates 215 a f., Korybantische Tänzer 215 e, Von der Schlange gebissen 217 e, Gold gegen Kupfer 219 a, Pfeile 219 b, Zikaden 191 c.
Glückseligkeit (εὐδαιμονία) 204 e f.
Gorgias (Γοργίας) 198 c.
Gut, das Gute (ἀγαθόν) Verhältnis von Gut und Schön (καλόν) 201 b f. Das Gute als Bedingung des Glücks 204 a f.
Gymnastik (γυμναστική) 182 c, 187 a.

Hades ("Αιδης) 179 d, 192 e.
Handlung (πρᾶξις) an sich und der Art nach 181 a.
Harmodios (Ἁρμόδιος) 182 c.
Harmonie (ἁρμονία) in Bezug auf Herakleitos 187 a ff.
Heilkunde, Heilkunst (ἰατρική) 186 b f.
Hektor ("Εκτωρ) 179 e.
Hephaistos ("Ηφαιστος) Seine Künste und seine den Menschen geleisteten Dienste 192 c f., 197 b.
Herakleitos (Ἡράκλειτος) seine Lehre 187 a.
Herakles (Ἡρακλῆς) 177 b.
Hesiod (Ἡσίοδος) 178 b, 195 c, 197 b, 209 d. Zitat aus der Theogonie 178 b.
Homer ("Ομηρος) passim.

Iapetos (Ἰαπετός) 195 b.
Idee (εἶδος, ἰδέα) Ideenlehre 210 a f.
Ionien (Ἰωνία) Anschauungen über Knabenliebe in Ionien 182 b.
Ionier ("Ιωνες) 220 c.

Knabenliebe (παιδεραστία) 178 a f., den Barbaren politisch verdächtig 182 b, die rechte 211 b.
Kodros (Κόδρος) sein Tod für das Vaterland 208 d.
Komödie (κωμῳδία) Komödiendichter und Tragödiendichter im Verhältnis zueinander 223 d.

Korybanten (Κορύβαντες) 215 e.
Kronos (Κρόνος) 195 b.
Kydathenäer (Κυδαθηναιεύς) Einwohner aus Kydathenai, einem attischen Demos 173 b.

Laches (Λάχης) erwähnt 221 a.
Lakedämonier (Λακεδαιμόνιοι) Ihre Stellung zur Knabenliebe 182 b, ihr Verfahren gegen Arkadien 193 a.
Landbau (γεωργία) 187 a.
Liebe (Ἔρως, φιλία) s. Eros.
Lykeion (Λύκειον) 223 d.
Lykurg (Λυκοῦργος) 209 d.

Mannweibgeschlecht (ἀνδρόγυνον) als drittes Geschlecht neben männlichem und weiblichem 189 e ff.
Mantik (μαντική) s. Seherkunst. Beruht auf Vermittlung durch Dämonen 203 a.
Mantineische Gastfreundin (Μαντινική ξένη) Diotima 201 d ff.
Marsyas (Μαρσύας) Sokrates mit M. verglichen 215 b f.
Meinung (δόξα) Das richtige Meinen (ὀρθὰ δοξάζειν) ist ein Mittleres zwischen Wissen (ἐπίστασθαι) und Unwissenheit (ἀμαθία) 202 a.
Melanippe (Μελανίππη) (des Euripides) 177 a.
Menelaos (Μενέλαος) 174 c.
Metis (Μῆτις) Klugheit, Mutter des Reichtums (Poros) 203 b.
Moiren (Μοῖραι) die drei Parzen 206 d.
Musen (Μοῦσαι) die himmlischen 187 d, 197 a.
Musenkunst (μουσική) 187 a ff.

Nachsinnen (μελέτη, μελετᾶν) 208 a.
Nestor (Νέστωρ) 221 c.

Oiagros (Οἴαγρος) 179 d.
Olympos (Ὄλυμπος) der Flötenspieler 215 c.
Orpheus (Ὀρφεύς) 179 d.
Otos (Ὦτος) der Himmelsstürmer 190 b.

Parmenides (Παρμενίδης) Zitat 178 b. 195 c.
Patroklos (Πάτροκλος) der Waffengenosse des Achill 180 a, 208 d.
Pausanias (Παυσανίας) aus dem Demos Kerameis, Sprecher im Gastmahl.
Pelias (Πελίας) Vater der Alkestis 179 b.
Penia (Πενία) Personifikation der Armut 203 b.
Perikles (Περικλῆς) 215 e, 221 c.
Phaidros, (Φαῖδρος) der Myrrhinusier, Sprecher im Gastmahl.

Phaleron (Φάληρον) Hafenstadt Athens 172 a.
Philippos (Φίλιππος) Vater des Phoinix 172 b.
Philosophierende (φιλόσοφοι, φιλοσοφοῦντες) 204 a, plötzliche Erleuchtung 210 e.
Philosophische Raserei (φιλοσόφου μανία) 218 b.
Phoinix (Φοῖνιξ) Sohn des Philippos 172 b.
Poly hymnia (Πολύμνια) 187 d.
Poros (Πόρος) Personifikation des Reichtums 203 b.
Poteidaia (Ποτείδαια) 221 a.
Priesterkunst (ἱερέων τέχνη) 202 e.
Prodikos (Πρόδικος), der Sophist 177 b.

Rhythmus (ῥυθμός) R. und Musik 187 b f.

Satyrdrama (δρᾶμα σατυρικόν) 222 d.
Satyrn (σάτυροι) 215 b, 221 d.
Schau (des Urschönen) 210 a f.
„Das Schöne" (τὸ καλόν) 201 c, 204 e, 206 e, 209 e ff. Als Idee 210 a f. Das göttliche Schöne in seiner Reinheit den Menschen nicht sichtbar 211 e. Bildet den Wirkungskreis des Eros 201 a ff.
Schönheit (καλλονή) 206 d. Geistige Schönheit steht höher als Körperschönheit 209 d/e, 210 c.
Schön und häßlich (καλὸν u. αἰσχρόν) 201 a f., 206 c f.
Schöpfen, Schöpfung der Dichter (ποίησις) 205 b f. (Grund u. Schöpfung)
Seherkunst (μαντικὴ τέχνη) in Bezug auf Eros 188 c, als Dämonenkraft 203 a.
Silenen (Σιληνοί) 215 a, 222 d.
Sirenen (Σειρῆνες) 216 a u. d.
Sokrates (Σωκράτης) Aussehen silenartig 215 a f. Barfuß 220 b. Mitkämpfer bei Poteidaia u. Delion 219 e, 220 e f. Größte Selbstbeherrschung 218 b f. Trinkfestigkeit 223. Alkibiades gibt in begeisterter Rede ein glänzendes Charakterbild von ihm 215 a ff. Seine leidenschaftlichen Anhänger 172 a f. Sein Stehenbleiben 174 e f., 220 c. Leidenschaftlicher Eifer für Unterredungen 194 d. Besonderheiten 215 a f. S. und die Wahrheit 201 c, 214 e. Vergleich mit Silenen und Satyrn 215 a f., 216 c f. Dämonischer Mensch 219 c. Seine Reden 221 d f.
Solon (Σόλων), der Gesetzgeber, Dichter und Weltreisende 209 d.
Sophisten (σοφισταί) die vollendeten S. (τέλεοι σοφοί) d. h. die zusammenhängend (ohne Katechese) dozierenden 208 c. Eros als Sophist 203 d.
Sprichwörtliches: Gleich und Gleich 195 b. Zu der Guten Mahl

kommen die Guten ungeladen 174 b. Ein Liebeseid kein Eid 183 b. Im Weine Wahrheit 217 e. Der Schlangenbiß 217 e f. Durch Schaden klug 222 b.
Staat (πολιτεία) 192 a, 209 a.
Sternkunde (ἀστρονομία) 188 b.
Stoffwechsel 207 d/e.

Theater (θέατρον) 175 e.
Thetis (Θέτις) 179 e.
Tragödiendichter, der T. auch Komödiendichter 223 d.
Tugend (ἀρετή) 209 a f. Tugenden vereint im Eros 196 b f.

Unsterblichkeit (ἀθανασία) Irdische U. 207 d f., 208 a f., 212 a.
Urania (Οὐρανία) Muse, 187 d, vgl. 180 d.
Uranos (Οὐρανός) Vater der himmlischen Aphrodite 180 d.
Ursache, Grund (αἰτία), Grund und Schöpfung (ποίησις) 205 b.

Wahrheit (ἀλήθεια) 201 c, 212 a, 214 e.
Weibliches (τὸ θῆλυ) 190 b, 191 e.
Weihen, Sühnungen (τελεταί, τέλη) Unter dämonischem Einfluß stehend 203 a.
Wissenschaft (ἐπιστήμη) Die höchsten Wissenschaften 211 c f., Schönheit der Wissenschaften 210 c.

Zeus (Ζεύς) Vater der Aphrodite 190 c, 197 b.